阅

阅读成就思想……

Read to Achieve

商业模式设计新生代

如何设计一门好生意

[荷] 帕特里克·范德皮尔（Patrick van der Pijl）
[美] 贾斯汀·洛凯茨（Justin Lokitz）
丽莎·凯·所罗门（Lisa Kay Solomon）◎著

丁晓松　宋冰玉　李凤清◎译
张瀚文◎审译

DESIGN A BETTER BUSINESS

NEW TOOLS, SKILLS, AND MINDSET FOR STRATEGY AND INNOVATION

中国人民大学出版社
· 北京 ·

推荐序

林志垚 Business Models Inc. 大中华区执行总裁、战略设计师

说到创新，你会发现那些能够长期保持成功、总是能为生意带来源源不断的新意的企业，必然是有叛逆精神的企业，这类企业能够在高风险与不断变动的模糊情境中，在不可能中找到可能。那么，这种“叛逆精神”是可以学习、可以复制的吗？

我的同事们决定在《商业模式新生代》（*Business Model Generation*）的思维架构与落地应用的基础之上回应这些问题。我们想为不同型态及组织中有理想的叛逆者，写一本关于创新设计的新书，并且计划用 100 天写完。

我们首先问自己：市面上已经有这么多谈创新和策略的书，读者为什么还需要这本？于是，我们试着从服务全球客户的经验中去寻找答案。我们的客户说，他们需要一套新的且清楚的架构来思考与执行策略，绝对不要空谈概念与理论。我们的客户需要落地、需要应用工具、需要清楚好用。同时，客户也表明他们不要那些显得遥远的、不能引起共鸣的“成功者”案例，他们需要的是能在案例中找到有启发性、贴近现实的“顿悟时刻”。

于是我们把探索创新过程中的经验，淬炼成一个简单易懂的“双回圈”。双回圈的中心，我们称为“观点”，是关于“初衷”的，也就是你想要改变什么？你希望为谁创造什么价值？观点常被我们忽视，但它是成功生意的起点与差异化的源头。观点不是一天形成的，也无法闭门造车。我们必须在过程之中不断地挑战自我，反省自己存在的意义，才能在众多的机会中梳理出属于自己的成功路径。

横放的双回圈是一个代表无穷尽的数学符号，也意味着创新其实不是一个线性的过程，它始于观点，但没有终点。创新必须不断地被反复检视与修正，反复地“了解、构想、设计、验证”，才能在不断变动的经营环境与顾客间持续修正，创造出生意中的动态平衡与协调。

运用双回圈，我们需要设计思维。设计，不仅仅是一个名词或形容词，更不是特定部门或职业的人才需要的技能。它是一个动词，代表行动，也代表行动背后的态度与动机。设计以人为本，为你的顾客服务，以满足他们的需求为目标，因此设计在乎的是解决对的问题。如果无法解决顾客的问题，生意的存在就会有问题。

在设计思维的基础上，我们加入了更多商业元素以及可视化工具，以提高在商业中的可操作性，让读者可以针对商业模

式创新的不同阶段，应用适当的工具，让设计思维体现在商业环境中，真正做到从想法到做法再到全方位的战略设计。

策略设计与创新是一个团队行动，在过程中需要内部与外部不同专业经验背景的人士进行观点交流，在碰撞之中发现盲点与机会，建立共识。困难之处是，除了每个人的个性、经验、与专业背景的差距之外，最重要的是每个人对于生意相关的词汇有各自的定义与诠释。因此，建立商业的共同语言，甚至让原本没有商业背景的人都能够一起讨论生意，是生意建立与成长的基础。

策略设计除了需要多方参与建立共识，也需要兼顾全局与细节，既要掌握客户需求，也要理解自己的需要。我们常说，策略设计的困难之处不在于选择做什么，而在于选择不要做什么。此时回到我们做生意的观点与初衷，设计明确的策略准则以规范创新的范围与框架十分重要，这是面对不确定时做出抉择的关键，也是我们策划这本书的目的。

创新要成功，工具、方法、技能、心态缺一不可。我们可以学习创新成果者的精神，勇于冒险犯难。但我们更需要学习拥抱不确定性的工具与方法。双回圈将为你带来一个非常务实的起点，期待大家能够发挥战略设计师的精神，随时挑战问题的本质，从观点出发建立共识，让所有的利益相关者都有共同的话语与愿景，在不确定的旅程中知道如何抉择，并通过持续的设计与验证修正生意的走向。

希望大家能爱上这本工具书，帮助你设计一门好生意！

如何

目录

8 大章节

48 个案例分析

20 种分析工具

7 大核心技能

29 位设计师

36 次修改审阅

>**150** 幅插图

使用本书

本书包含了29位设计专业人士以及思想引领者的**人生故事和实际经验**，这些人生导师包括：

斯蒂夫·布兰克
（Steve Blank）

多萝西·希尔
（Dorothy Hill）
荷兰银行战略副总裁

罗布·菲茨帕特里克
（Rob Fizapatrick）
作家，《母亲测试》（*The Mom Test*）的作者

工具图标一览

个性化
这一工具需要使用者具有个性

弹性
这一工具帮助使用者学会构建事物

创造选项
这一工具帮助你创建选项

抓住焦点
这一工具帮助使用者确定并选择目标

常规任务
常规工作环节

高压锅模式
高压环节

团队规模
表示团队规模的大小

回顾
你多久回顾一次

本书的设计完全符合你的想象！与其他书籍不同，你可以采用多种方式阅读本书。

你可以选择按部就班一页一页地阅读，各章节内容环环相扣。同时你还可以浏览书中自己感兴趣的内容，搜寻新工具和新技能。另外，本书第 14 页还有一个快速浏览部分，方便你现在就获取自己感兴趣的话题和内容。

现在就开始吧！

前言

不确定性：你的秘密武器

UNCERTAINTY: YOUR SECRET WEAPON

你周围的世界以及你的企业都充满了种种不确定性，但在这种不确定之中又存在着无数机遇，帮助你创造（或重新创造）出能够翻盘的契机。机遇总是为有准备的人准备的，我们需要一双能发现机遇的眼睛。

世界已经发生了改变。除了客户习惯、科学技术以及那些曾经使某些产业繁荣发展的社会潮流，整个市场也正因为当今互联网经济时刻存在的不确定性而不断变动、发展。有趣的是（当然对于某些人而言也许是令人火冒三丈的），这一变化在二十年前并不存在，但现在很多企业正在引领这一变化潮流。这些时代弄潮儿并非完全因为幸运或是雇用了更聪明、更有能力的员工。那么，它们究竟是如何在某些看似不可能的地方看到了升值空间的？答案只有一个：设计。

从根本上来说，设计强化了你看待世界的方式，这是一种可学习、可重复、经训练的过程，同时可以为使用者创造出独特而优质的价值。设计并非将自己所有的工具和商务技能一股脑儿丢出来，恰恰相反，设计能够使新手创造出全新的商业模式和市场，帮助他们依照一定的次序来使用自己的工具，采取崭新的方式，并最终做出更好的商业决策。

大多数情况下，设计就是在不确定性和不断变化中为企业创造条件，促使其成长并发展壮大。因此，优秀的企业往往能够采用新颖、系统的方式处理问题，更注重执行而非计划或预测。它们能够将设计与决策相结合，把握机遇，在瞬息万变的世界中谋求发展与转向。

本书恰恰能够为你带来这些新工具、新技能，以及在关键时刻把握机遇的思维方式，帮助你做出更好的企业设计。另外，本书还囊括了大量的实例，向读者展示了熟谙设计本质的大师们的想法，以及基于设计进行决策以谋求转向的企业案例分析。不仅如此，正如设计是一项永不休止的活动，这本书也不仅仅是在设计之路上为读者保驾护航，同时也能为企业将某个项目或产品的设计规模化提供持续的参考。

你已经获得了一切。

成为一名设计师

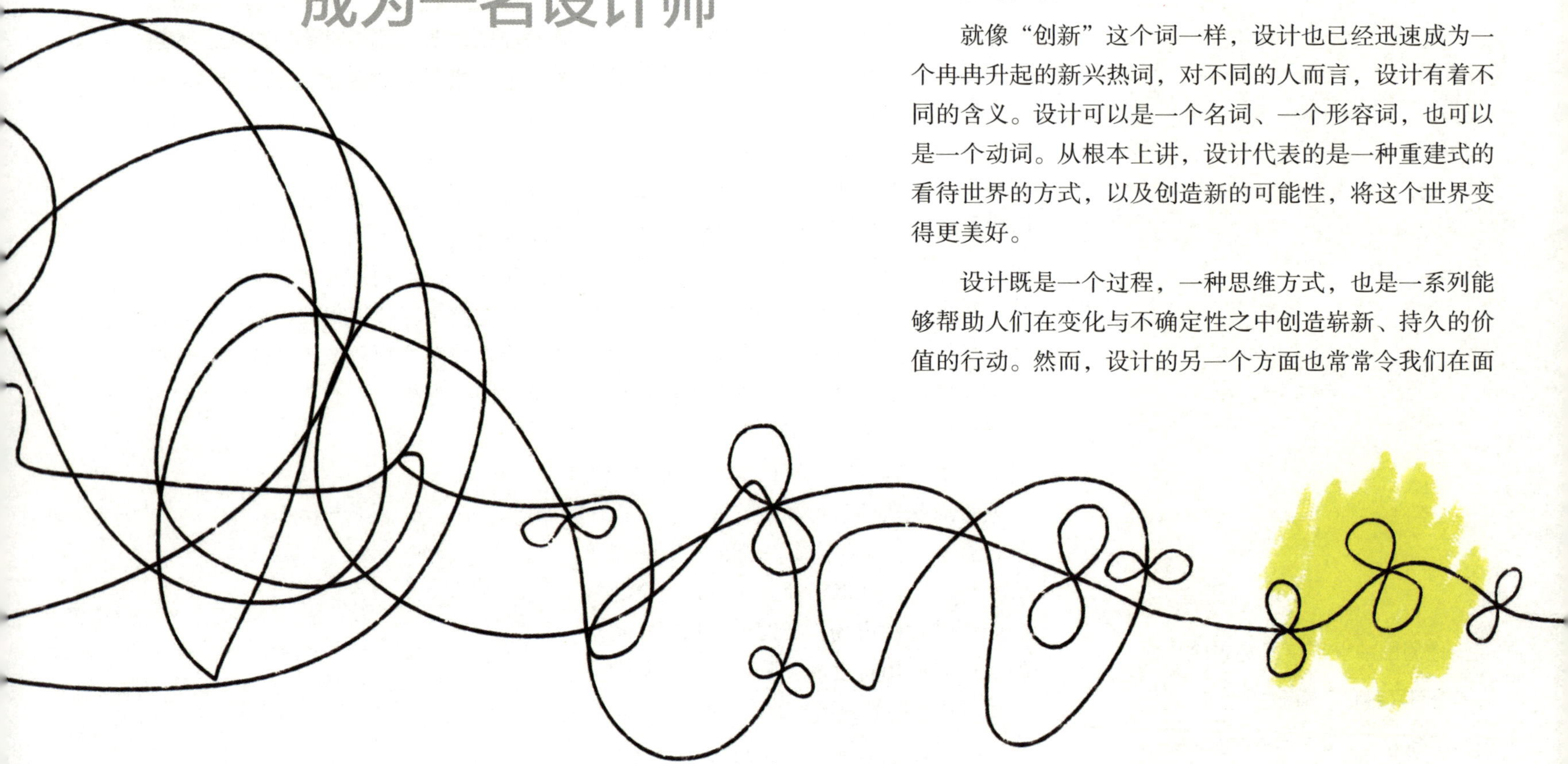

设计是什么

就像“创新”这个词一样，设计也已经迅速成为一个冉冉升起的新兴热词，对不同的人而言，设计有着不同的含义。设计可以是一个名词、一个形容词，也可以是一个动词。从根本上讲，设计代表的是一种重建式的看待世界的方式，以及创造新的可能性，将这个世界变得更美好。

设计既是一个过程，一种思维方式，也是一系列能够帮助人们在变化与不确定性之中创造崭新、持久的价值的行动。然而，设计的另一个方面也常常令我们在面对眼前突发的变动时变得不知所措，莽撞行事。

拥有更强的能力

对我们大多数人而言，好消息是我们至少在某些情况下已经是一名设计师了，即当我们有意识地根据灵感设计战略或是做出决策时，我们所做的就是设计师的工作。同时，我们在当前决策中使用的很多工具往往并不能一劳永逸地解决问题，至少仅仅依靠这几种方法是不能实现目标的。那么，真正的设计师们在进行决策时是如何做的，又使用了哪些工具呢？

迭代性

设计与设计工具的关键是：它们都遵循着一个迭代过程，像你一样，设计师们也是先有了脑中的灵光乍现，然后通过观察世界强化灵感，将自己现有的机遇具体为几个选项，评估各个选项，选取其中最符合自身境遇的选项执行。最重要的是，设计师从不会仅仅关注所选项目的执行情况，设计是一项长期迭代的工作，目的是为了长久地解决我们遇到的变化与不确定性。

设计是一种经过训练的发现、定义和获取价值的方法。

设计师：有理想的叛逆者

设计师的七大核心技能

一切从顾客开始。

对顾客的观察能够帮助我们更好地了解他们，以获得对他们的需求的最新洞见。同时还应当问正确的问题，以获得我们寻求的答案。

将构想与工作可视化。

可视化使我们能看到更大的图景，让复杂的事物顿时一目了然，同时能够为决策会谈创建可见锚点，加强与听众的互动。

不要单打独斗，你并不比任何人睿智。

团结合作，广泛吸收不同的观点，将公司内和市场中的所有人都联系调动起来，往往能为我们带来意想不到的机遇。

讲好故事，分享经验。

故事应该具备清晰的开头和结尾，这样才能让听众们与主人公产生共鸣。精彩的故事往往能够吸引人们的注意，并且广为传播。

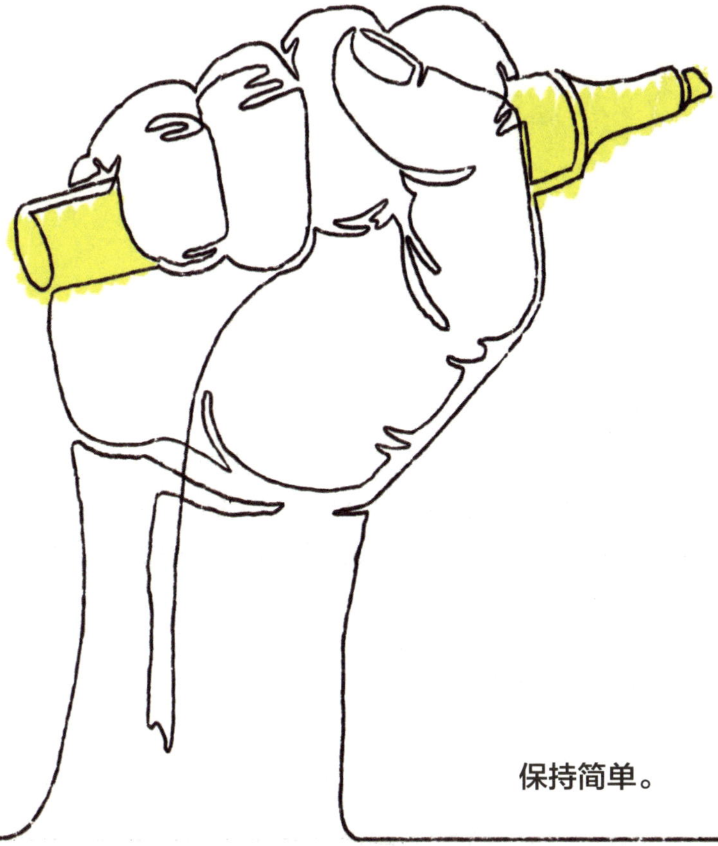

保持简单。

做好开头，不要试图开发最终产品，不要添加那些不能解决实际问题的特性。

进行小型实验并总结经验。

每一次小的迭代和实验都能将无数有用的新想法重新串联编织，这是我们在最开始进行项目时无法预见的。现实总是与我们的假设有所不同。

拥抱不确定性，这是对我们智慧的馈赠。

商业中只有变化是一成不变的。接受这一点，并且学会从不确定性中把握机遇。

设计更好的商业模式

联结创新、商业与战略

现在，作为一名设计师，你的任务是设计一个更好的商业模式。那么什么是更好的商业模式呢？我们应当如何设计这样的模式？

如今许多已经建立的企业，尤其是那些并非白手起家的企业，其关注点仅仅集中在如何让产品迎合市场的同时又能降低成本、提高利润。这些企业的商业战略是线性的：由准备到执行。它们往往忽略了交易活动中的另一方：顾客，以及那些为满足消费者需求在背后默默设计、制造产品的人。

观点 P38

设计师则不同，他们总是能够将顾客摆在第一位。设计师能够从独特的角度处理人际关系和生活中的问题，利用概念构思、建模以及验证等设计工具进行分析。设计师在工作中使用以人为本的工具、方法和理念，根据其理论知识去寻找、设计、创造新的价值定位和商业模式。设计师的工作具有重复性，通过不断迭代，在不确定的现实中寻找可以把握的机遇。

本书通过全新的方式向你展示设计师的设计过程，这个过程以你的观点为中心，其他所有的理解、构思、建模、验证等环节都会影响这一观点。设计的过程是迭代的、周期性的。

那么，什么是更好的商业设计呢？就是能够以人为中心，在设计过程中将设计工具、行为、步骤结合起来的设计。

理解 P74 —— 构思 P116 —— 建模 P144 —— 验证 P172

在设计过程中，设计师要持续不断地寻找新的顾客、新的价值定位以及新的商业模式，并通过商业活动和规模化将其付诸行动。设计师的工作就是要建立这种联结，为企业的可持续发展创造、测试新的商业选项，从顾客的角度思考问题，并从中获得新的独到见解。

要完成这些任务，设计师必须增强设计的严密性，运用自己的新工具、新技术、新理念指导设计决策，完成设计任务，而不是简单机械地完成每天的任务。

长此以往，你对未来的选择会更加清晰，更容易从不确定性中发现隐藏的机遇。≫

双回圈

设计之旅

双回圈源于一个简单的观察：每一个项目、每一个产品、每一家企业、每一个变化或是创意都是从观点开始的，而观点源于实际生活，也可能是推测。无论何种观点，要为企业带来持久的改变都需要付出努力，向目标迈进。

双回圈以设计师的观点为基础，同时增强了设计过程的严密性和持续性。在此过程中，设计师的观点会被不断地解读，产生新的创意，新的创意又可以催生新的观点。新观点经过建模和验证，对其实用性进行测评，反过来又为设计师提供反馈，使其能更好地将观点付诸行动。

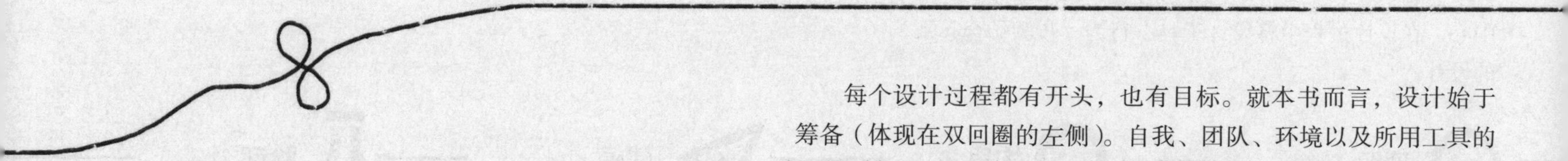

每个设计过程都有开头，也有目标。就本书而言，设计始于筹备（体现在双回圈的左侧）。自我、团队、环境以及所用工具的准备都是你开启成功之旅的基础。双回圈右侧是目标——规模化。在本书中，规模化可以指两点：第一，将你的创意或变革付诸实施的规模化，这一切始于你的观点；第二，将设计过程规模化。这一切都是为了设计出更好的商业模式，设计是全书的核心。只有设计本身才具有规模化的价值。■

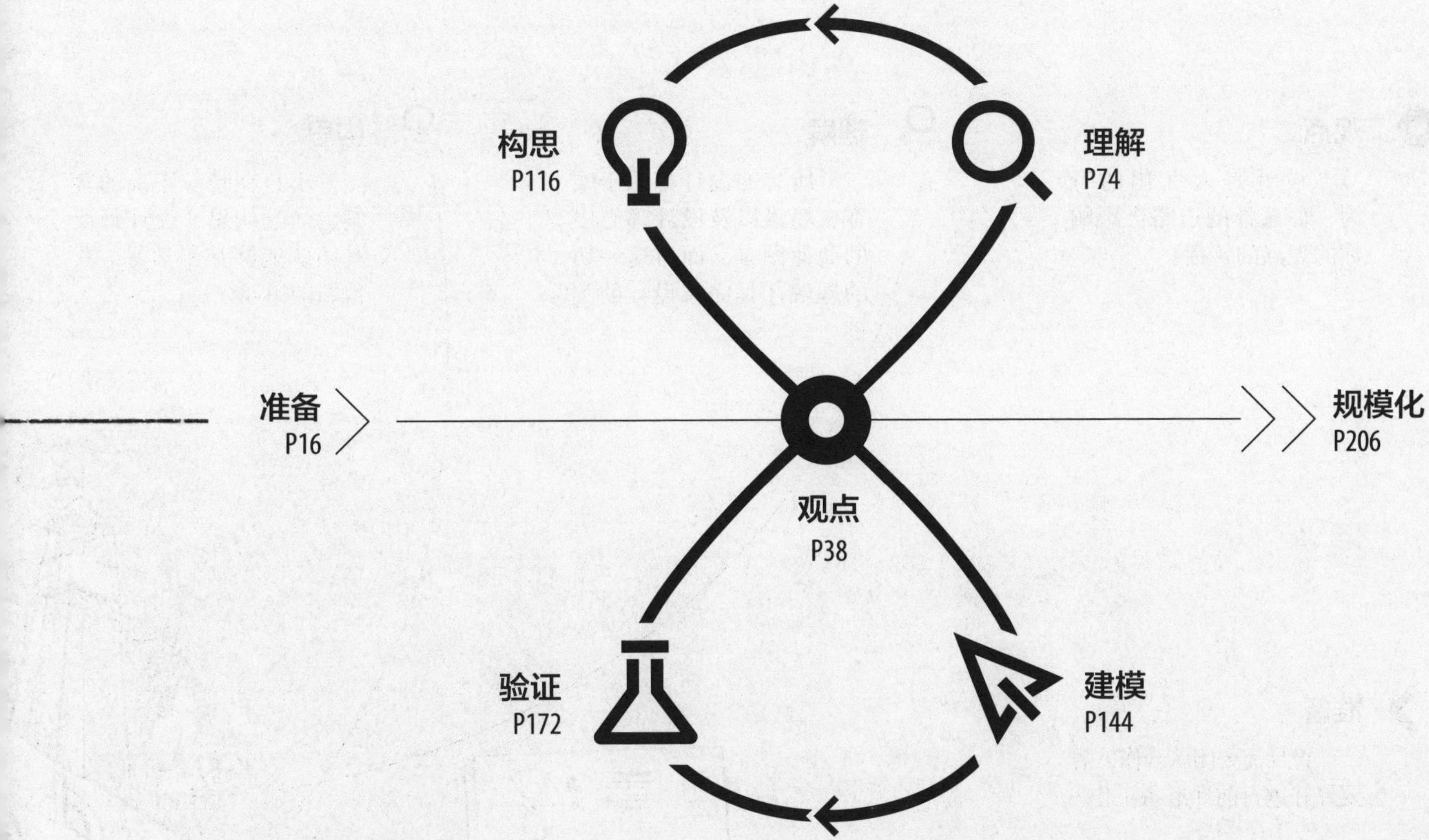
构思
P116
理解
P74
准备
P16
规模化
P206
观点
P38
验证
P172
建模
P144

双回圈地形

观点

设计是人性化的行为，你选择的道路会影响你的观点的传播。

理解

所有的设计都源于顾客、场景以及设计师心中的商业图景。而对这一切的理解才是完善设计的关键。

构思

不存在唯一正确的答案，通过构思，设计师及其团队能够互相学习，获得新的思路。

准备

设计需要团队合作，需要好好进行前期准备工作。

规模化

设计之旅是不断迭代的、周期性的。规模化设计要从小项目开始再扩展到整个公司的文化规范。

建模

某一时刻，你的设计会问世。通过建模，设计师就能够更清楚地看到自己的创意在现实中的表现，并从中收获经验教训。

验证

创意仅仅是基于假设的想法，要想弄清楚真正的价值所在，必须对你的创意进行测试，对结果进行测量。

创新之旅
自此展开！

设计工具

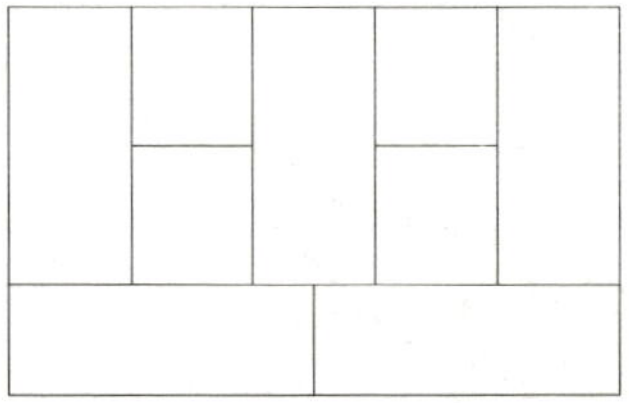

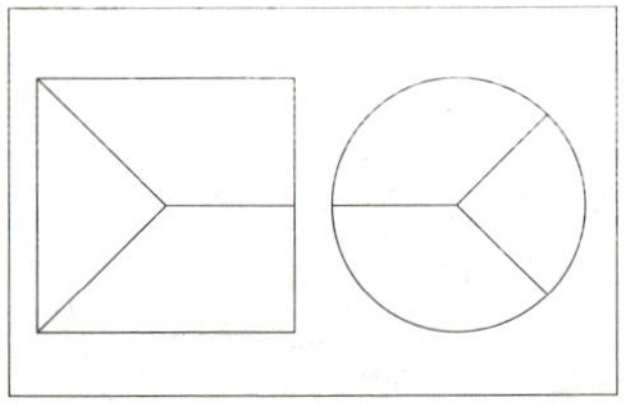

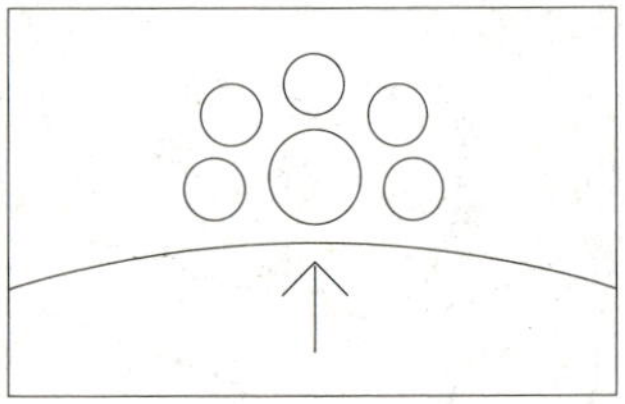

作为设计师，你的第一个任务就是走出象牙塔，去观察这个世界，观察自己的顾客在自然状态下的行为举止。要避免先入为主的想法，觉得顾客应该想要什么或者世界应该是怎样运转的。作为旁观者，你只须静静地观察和聆听。

设计师的第一个工具是我们每个人都具备的能力——观察。你最后一次回头观察并倾听顾客是什么时候？尝试去倾听，你一定会有新的发现。

制造声势

当你在观察和聆听的时候，试着去发现顾客行为的规律或是有趣的、意想不到的行为、事件或是效果。这些发现能成为你的故事素材，在你向经理或是团队成员展现产品背后的有关人的故事时，能起到意想不到的效果。如果你在此之前从未在演示中引用过真实的顾客故事，那你在尝试后一定会大吃一惊。

我们都喜欢听故事，比起干巴巴的数据，故事能使人对产品更感兴趣，更容易进行投资。事实上，下一章介绍的设计工具之一正是用来帮助你设计故事、制造声势的。

拒绝陈旧

当你逐渐习惯于观察和聆听顾客的行为时，就应该尽快使用新的设计工具进行设计。可以肯定的是，你不能就此停滞不前，也不是说不能接着使用原来习惯的工具。正如我们不能指望一夜之间让公司发生翻天覆地的变化，也不可能让所有人在第一时间就发现你使用的工具已经陈旧落伍了，更何况它们还没有那么糟糕。因此，正像在家里用一套新工具开始一个小工程一样，更好的办法是将新的设计工具添进原有的设计方案之中（你总不会用螺丝刀去测量墙的高度吧）。

实用的设计工具

首先要用好观察工具。这些工具包括帮助你观察人们的渴望、需求、痛苦以及野心的工具。你也可以在设计方案中加入提问与问题框架。毕竟我们仅仅通过观察

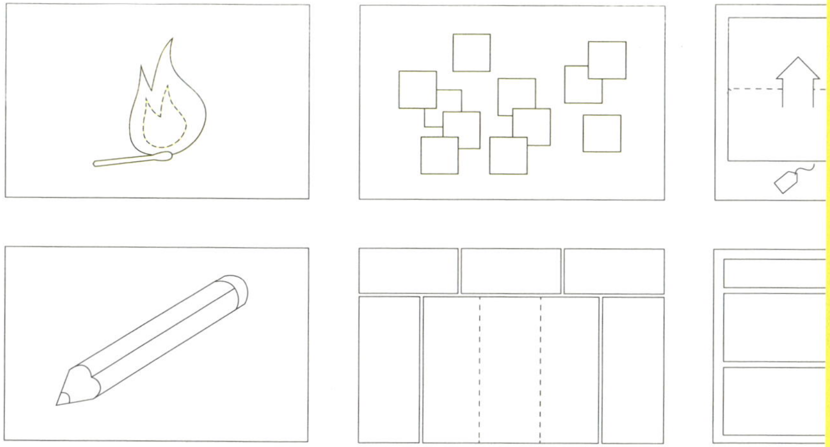

无法全面了解顾客。除了观察工具，其他设计工具还包括构思、建模、验证和决策等工具。对于团队里设计经验丰富的成员而言，这些工具也许是耳熟能详的，但无论如何，本书收纳的设计工具一定能使你的商业设计水平更上一层楼。

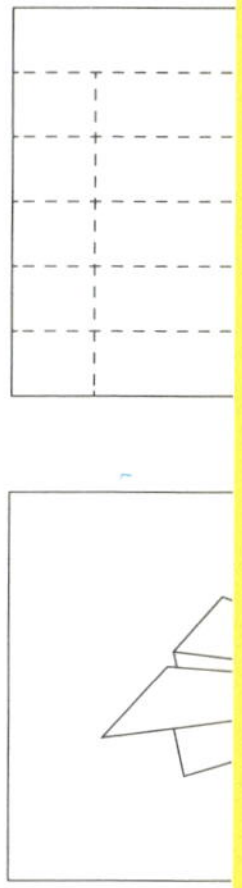

习惯成自然

当你越来越习惯于使用这些工具时，你就会觉得自己以前使用的工具慢慢变成了辅助甚至是后备力量，你甚至会将原有的工具与新工具进行搭配以取长补短。比如，你可以用市场数据来支持自己在该领域收集的顾客故事。试想一下！最开始使用新工具时可能会举步维艰，掌握其要领的速度很慢。不要担心，用过几次后，新工具的使用就会变得轻松容易，借助新的设计工具，你一定会发现过去没有发现的精彩。

世界上没有工具文化（目前为止）

当会计、医生、外科手术师训练自己使用工具的能力时，企业家们却在训练自己运营的能力。企业家们觉得自己具备创新的能力，但事实上，如果没有正确的技能和工具，再好的企业家也无法进行创新。

当苹果和亚马逊公司不断调整自己的商业模式并创新成功的时候，其他公司却停滞不前，无法创新。这些公司传统的组织结构与新式的设计流程和创新相悖，在短期内这不会损害到任何人的利益，所以大家都漠不关心。当然，企业还是会进行产品创新的，但除了产品创新和传统的调研外，企业几乎无法做出别的创新。

现在，越来越多的商学院将商业模式创新以及设计和创新工具作为学习内容加入到其课程中，但我们仍然处于起步阶段。

我很高兴能看到更多的人设计并使用设计、创新和企业战略等工具，并将其作为企业发展的驱动力。

亚历山大·奥斯特瓦德
策略合伙人、《商业模式新生代》《价值主张设计》的作者

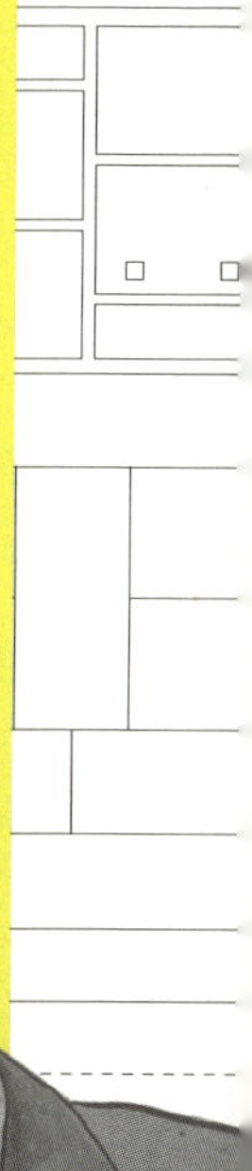

BM 1106 03.21 J30 18E

FLIGHT NO. START BOARDING GATE SEAT NO.

FAST FREQUENT FLYER

快速通道

想要快捷解答吗

在这里，我们为你准备了某些常见问题的快捷解答，可免除一页页翻阅的麻烦。这些快捷解答将带你直击相关设计工具、技能或案例。现在就来学习一下别人的经验，将其运用到实际中去吧。

我想设计一个商业战略

我需要制订商业计划，能带领团队向着未来理想状态进发。

步骤： **页码：**

- » 了解你当前的商业模式，通过观察和提问了解你的顾客； 78
- » 通过构建你的“五步大胆愿景画布”，并将你的愿景放进现实故事中，看它是否符合实际情况； 50
- » 构思新的商业模式选项； 134
- » 为新的价值定位建模。 144

BM 1106 03.21 J30 18E

FLIGHT NO. START BOARDING GATE SEAT NO.

我想制订商业计划

我想摆脱无穷无尽的数据报表，与团队共同打造自己的商业规划。

步骤： **页码：**

- » 了解当前企业的经营环境； 102
- » 了解当前所用的商业模式； 106
- » 了解（未来的）顾客情况； 90
- » 回顾企业愿景； 48
- » 设计未来的商业模式选项； 134
- » 对创意进行建模。 144

FLIGHT DB BIZ8 TIME 05MAR GATE G13 SEAT 19B

FAST P... BOARDING

时间 屏幕 通道 座位
4.11 20:00 03 15 21

我想建立一个更清晰、可分享的企业愿景

我想为团队设定一个引航灯塔，以便更好地认清自己的发展方向。

步骤： **页码：**

» 明确自己的观点，与团队成员共同将其完善为团队的愿景故事； 56
» 在公司内外对愿景故事进行验证。 172

我想为企业进行态势分析

我的企业的优势、劣势、机遇以及挑战分别是什么？

步骤： **页码：**

» 了解企业的背景环境； 102
» 了解你现有的商业模式； 78
» 明确企业的优势与劣势。 108

•UNIQUE OFFERING! -FAST PASS-•

我想进行商业创新（或我想让企业获得发展）

企业创新或是发展并没有什么捷径，但在此我们还是为你准备了一些可创建未来的实用的方法。

步骤： **页码：**

» 制作双回圈。 15

我想创业

当你想将自己的想法投向市场时，以下建议能帮你精益工作，学会创业。

步骤： **页码：**

› 准备好观点； 40
› 了解市场：观察并提出问题； 78
› 构思几种商业模式选项； 134
建立低逼真度与高逼真度两种原型 164
验证、验证、验证； 172
在商业模式设计过程中恰当运用故事。 64

获得快速通行证

选择快速通道或是准备开始我们的旅程吧！

准备

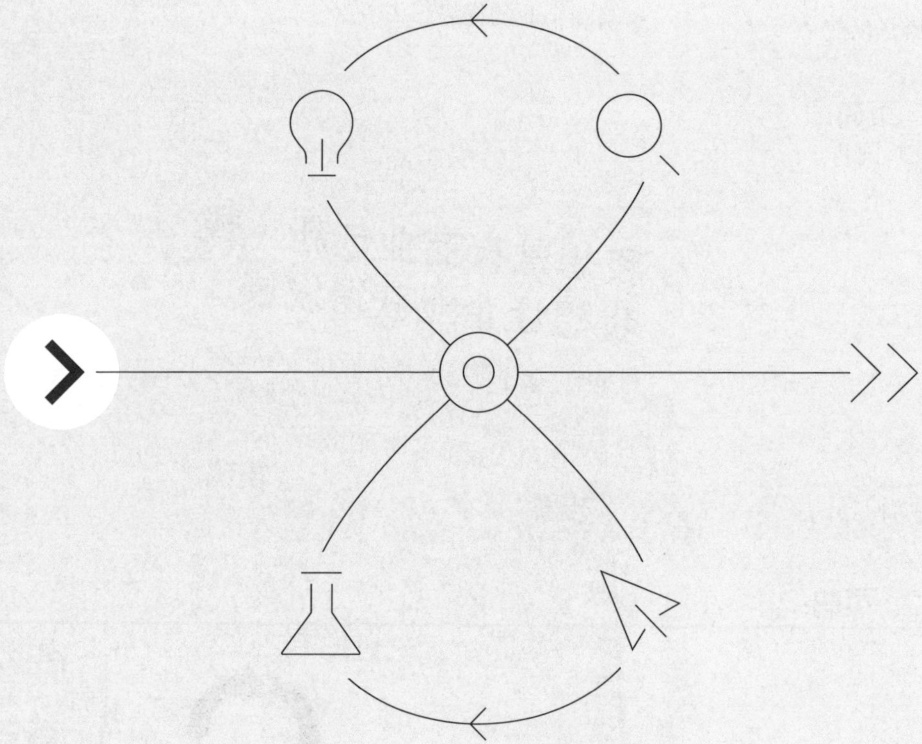

第1章 准备

准备团队

准备环境

准备工作方法

简介：每个旅程都始于准备

不管是了解顾客还是设计新的商业模式，准备都是最重要的一环。没有准备就不能投入竞争。同样，在开始设计之前也需要做好准备工作。

设计就是准备

设计程序的良好运行离不开准备。企业必须准备观察，了解顾客、商业与背景，必须准备构思、建模并验证设计理念。总之，要想使得商业与团队取得成功，就要让团队提前做好准备，创造有利于工作开展的环境，准备好工具，使每个人都能各尽所能。

为成功进行自我准备

设计过程与其他过程不同。例如，设计过程不是线性的，而是具有周期性和不断迭代的。它是一个不断拥抱不确定性的过程。不是每件事情都可以提前规划或受控制的。设计过程也需要团队的全方位沟通，做好充分准备工作的团队往往能取得较好的结果。设计也需要一定的工作空间，而不仅仅是人一直弓着腰坐在电脑前。人们要设计出良好的商业活动，就需要工作空间来进行构思、建模并验证设计理念。设计过程还需要运用新工具，这些新工具需要提前做好准备，才能达到最佳效果。最后，设计需要团队适应新的工作方式与新的项目结构。设计不只是规划，而是要将好结果的发生概率最大化，赋予每个人改变的权力。有的事情能够控制，有的事情没办法控制。因此，我们需要将能掌控的活动控制好，并为自己与团队做好准备，不要把事情交给运气。

准备团队

美国著名的棒球运动员贝比·鲁斯（Babe Ruth）说过："球队的整体性决定其成败。一个球队里即便有许多球星，但是如果他们没有合作精神，那球队也将一文不值。"这句话也适用于设计商业活动：最好的商业活动是团队合作的成果。

不是每个团队都能做到这一点。能够从关键发现中产生有用的想法，将这些想法制作成原型并加以验证的团队，通常是由不同寻常的怀疑者组成的（将他们想象成A团队而非朋友）。他们慧眼识人，互相挑战对方。由于团队成员的多样性，这些人能够带来一个由其他人组成的人际网络，以及能够让他们全身心投入工作的资源。

提示！ 不是每个团队都具有合作精神。团队成员一定要有意愿留在团队达成目标。否则，他们只会像平时一样做事。

寻找叛逆者

当出现问题时，大多数人往往不想超越自我，去尝试新做法，以达到想要的结果。为了达到这个目的，此时需要一个叛逆者。叛逆者能够站出来并宣称采取新方式解决问题的时机到了。这个人能够挤出设计的时间与资源。叛逆者能够坚持并确保在恢复用旧方法做事时，不断尝试新方式。

做好环境、空间的充足准备

你已经知道设计不是线性的，而是不断迭代的过程。在这个过程中，你需要不断参考沿着该设计思路开发。如果每隔一天，你就在办公室展示一下这些产品原型，并将其贴在不同的墙上，这种做法不仅让人厌烦，而且还会挤占你设计的时间。这样就降低了整体的生产力。成立一间“作战室”，将团队成员聚集起来，监控进度，才能提高生产力与效率。

做好在一起开展工作的准备

脚本（在本章后面介绍）之类的工具有助于会议设计（或设计冲刺），以最大化团队成员在一起的时间。诸如顾客旅程、商业模式画布之类的视觉工具有助于团队聚焦在战略性对话上。花时间想想如何运用这些工具会有助于发挥其最大的价值。这个工作不难，但是非常重要。

应该从哪里着手

从大处着眼，从小处着手。大多数企业通过寻求来自董事会或执行委员会的委托来获得大项目和新的设计过程。这样做很好，在有些情况下是适用的。但是，设计不是结果，而是一个过程，要在过程中获得新发现、产生新的创意并验证这些创意。因此，这里提供了一些已经被用过的开启设计之旅的方法。

这里给出了一些开始设计之旅的方式。

当然，你也可以从大处着手，直接去跟董事会谈。如果你决定这样做，就要申请预算，培训那些执行战略与创新设计的团队。不管企业是否想开展设计活动，公司的员工都会培养技能，开展能够取得更好成果的活动，不管这个活动是微不足道的还是可以增值的。

1 找到灵感

变化始于灵感。有的事情发生转变之后，人们就会对这种转变做出反应。不管是对你自己还是公司而言，要开始设计之旅，首先都需要一个理由来开展设计过程。

2 找到代言人

如果没有支持的代言人，通常企业不会为设计过程留下太多空间。与少量潜在的支持者交流你的创意。如果能够得到他们的赞同，你的设计之旅就会顺畅很多。

3 组建正确的团队

设计不是单枪匹马能完成的活动。设计的成功开展需要团队成员共同努力，一起监督设计的过程。设计需要不同的观点、不同的技能以及一个良好的关系网络。在建立团队的时候记住这一点就不会出错。

4 动用所有资源

组织有针对性（而非一般的）的培训课程，或者聘用有想法的领导，有助于激发商业模式创新与战略设计的兴趣。培训课程与高级讲习课程是学习新的工作方式并熟悉新工具、新技能与新思维方式的好方法。你经常会得知其他企业成功地开展了设计活动。运用这些洞见来评估在何处以及如何进一步在企业中引进设计活动。

5 设计研讨会

组织研讨会，用来集中讨论商业模式创新与战略，这样能够让自己投身于设计过程，并确定个人与团队的目标，共同创造出具体的成果。这个成果可以是愿景设计、商业模式设计、新概念的价值定位设计。

6 发现落后者

从现有产品或服务中挑选出很难产生收入（或盈利）的一项。与团队开展研讨会探讨新的商业模式创意。

7 走出企业

走出企业，与顾客交流，了解他们在乎什么。他们怎么说？怎么想？并将你的调查结果展示给企业中的人。

发现代言人

为大企业做好准备工作与为小团队做好准备工作不同。

作为一家成熟的企业，如何做好创新的准备呢？我们调查了 3M 公司、德国汉莎航空公司、思爱普公司、安银银行、万事达、通用电气、飞利浦公司与丰田公司，询问它们如何培养并支持创新文化与设计思维。它们在 2015 年 2 月纽约举办的峰会上分享了自己的观点。

要为创新与设计思维做好准备，企业必须找到能够熟练运用诸如商业模式画布、愿景画布以及其他以人为中心的设计工具的员工。这些顶尖人才或支持者要熟练运用“精益”方式进行设计开发，并不断用设计者的思维方式思考问题。对这些代表来说，问题不在于大小。这是从这些被访企业得到的最大的收获。

当你的目标是将设计普及整个企业时，发现并培训多个代表至关重要。实际上，你需要打造一个代表团，这个代表团里的每个人都熟悉并热衷于新工作方式。这些代表需要采用设计方式并通过更多的实际行动将其传播至整个企业。

准备团队

如果足球队里有 11 个中锋或是 11 个后卫，是不可能赢得比赛的。在商业上也是一样。不管是想赢得比赛还是想取得商业上的成功，聘用具备不同技能（或者超能力）的员工至关重要——团队需要拥有不同学科背景的成员。

不要忘了一起快乐！嘿！是谁将无人机带到聚会上的？

非同寻常的怀疑者：刚刚聘用的毕业生；精力充沛、有进取心的人；某个具有特别想法的、年轻的理想主义者。

了解顾客的销售与营销专家。

建立拥有不同技能的员工的团队

最好的团队能够完成多种不同的工作。需要有人写建议书吗？将具备这种技能的人招进团队。需要人设计融资演讲稿吗？可能还需要编码员……这样你就懂了。

团队提出的观点越多样化，产生的选择就越多样。在设计或商业活动中没有唯一正确的解决方案。

发现不同寻常的怀疑者

如果团队里的每个成员都有同样的生活经验、技能、知识与观点，他们集中给出的观点范围无疑会非常狭窄。为了避免这种情况发生，要刻意将不同部门，具备不同技能、背景、文化与思维方式的人组合成团队。

角色：不会呈现在名片上

在看一张商业名片时，名字下方是什么？通常是职称，这个职称很可能不是这个人承担的角色。

角色体现了一个人作为团队的一员所承担的责任，不管这种责任是正式的还是非正式的。角色是执行的核心部分。角色是成功的关键，而非职称。不管是在设计过程中还是将设计想法呈现给利益相关者，团队的每个

掌握方向的战略制定者或产品经理。

强大的视觉引导者推动项目进展，使每个人各尽其能。

横向思维者、打破常规思维者与叛逆者，黑客、开发人员与设计师。

执行发起人会负责处理棘手的问题。

代表与粉丝要增加参与度。

成员都对这一设计拥有所有权是很重要的。为团队成员设计角色，有助于让他们了解如何、在何处为结果做出贡献。在设计团队里，成员的角色可以是代表，可以是销售，也可以是视觉思考者或者工程师。

正如刻意挑选团队成员一样，也要刻意设计团队成员的不同角色。如果团队成员不了解自己的角色，就不能触地得分。

组成团队的时机

组合团队时，在正确的时机选择具备端正态度的合适的成员是很关键的。这支团队需要开展设计研讨会，进行头脑风暴与实地考察（走出企业，了解顾客需求与行为），需要设计并制作原型。

与大部分企业的情况不同，组合团队不只是为了某个项目或是参与会议与研讨。如果团队不能参与设计过程，就不要让他们参与规划。不要为了沟通项目而组合团队，那是设计领导者做的事。设计团队的目标是采取行动、不断学习并取得成果。

准备环境

设计不是一般的商业活动。设计团队所处的工作环境必须适应新的工作方式。

聚集的工作空间

应该有地方可让同事们快速聚集起来，思考并探讨新的想法。

足够的空间

房间应该足够大，让整个团队能舒服地坐下来，或是四处走动。

团队工作的空间

如果设计需要全方位的沟通交流，那么设计团队所处的工作环境必须适合团队成员进行频繁的交流。设计并不是见面、就座、交谈，然后结束会面，回去发邮件。设计就是要站着、相互交流、在便利贴上做记录、走出企业、一起处理数据并在重复这个过程之前聚在一起互通最新情况。

最佳的设计环境会考虑到团队成员之间需要互相交流——不仅仅是大家坐着的时候，还会考虑到他们站着评估墙上画布的情景。这样的工作环境适合大家一起工作，展示各自的想法。最好的设计环境是为某个具体项目设定的，在这种环境中，团队中的每个成员都能快速获得所有设计作品的进展情况。

大本营

不管怎样准备工作环境，你的目标就是要建立一个大本营，在这个大本营中，团队具有创造力，不断获取信息

空白的墙壁

任何设计环境中都少不了足够面积的空墙，可以悬挂或贴上各种画布、草图。

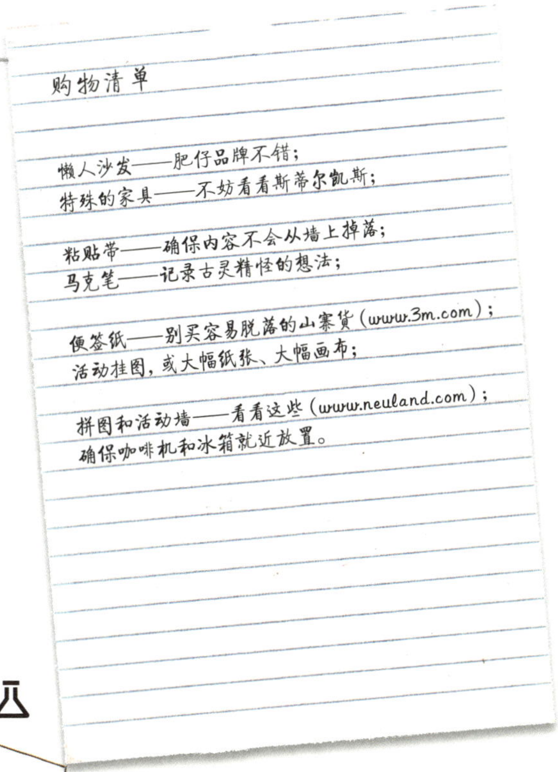

工具

备齐所有必要的设计工具：便签、白纸、马克笔、油画棒等。

保持该环境

理想情况下，在项目期间，所有东西都应该原封不动地保留在该房间内。

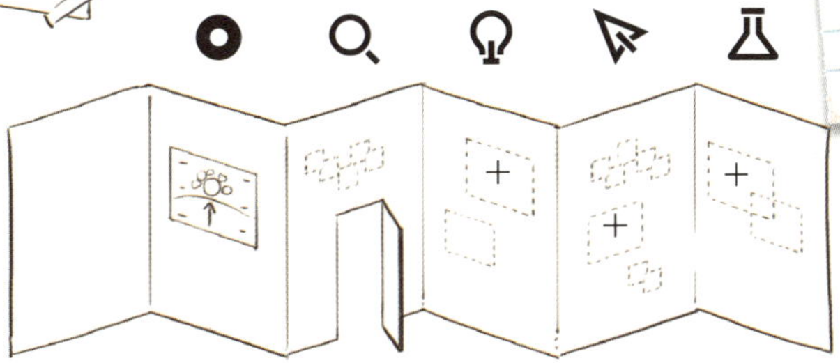

在设计过程中，“作战室”是设计取得进展的关键。

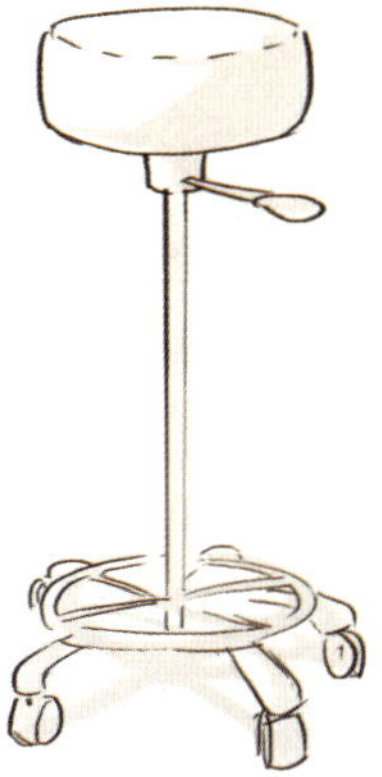

创意家具

房间内的桌椅家具应该便于布置，用于不同的工作模式。

并进行有意义的讨论。尽可能打造一个“作战室”：供员工开会、工作并能看到工作进展的空间。或者你可以建立临时的空间，这个空间可自由调整大小，并被有效利用。有了这样的空间，你会发现团队在工作与思考上会有变化。

技能：掌握提供帮助的技巧

设计就是准备的过程，设计领导者要使每个人便于参与这一准备工作。有能力的领导者既能掌控重要的场合，又能使办公室中的员工精力充沛、牢记目标。团队要有效且高效地取得成果取决于领导者。

伊曼纽尔·比坦（Emmanuel Buttin），法国巴黎银行业务线首席财务官

掌控重要场合

设计领导者（你或是其他人）必须根据日程安排开展会议工作，还要为团队的讨论、决策提供空间。领导者要时刻注意时间（还需要时不时地休息、提供咖啡与食物），还要抓住特别的观点、想法与决策（或者挑选记录员来做这件事情）。

当然，有很多方法可以做到这一点。可以使用白板、黑板或者大的活动挂图来记录大家说出的要点。

成为领导者

如果想使战略与创新设计过程顺利开展、使团队成员参与到这一过程中并培养领导力，你需要具备领导技能。你越了解如何设计和开展良好的学习过程，团队成员就越能掌控自己的想法。因此，他们会接受任务并承担责任，这样才能取得良好的成果。

1 学习管理员工精力

领导最重要的一点就是管理精力。团队成员精力充沛才能使产出最大化。“精力”在这里是指团队成员愿意并能够付出的程度。员工精力充沛有助于设计过程的开展，在合适的时间进行讨论就能充分发挥员工的精力。但是，在不合适的时间安排讨论，员工会很快感到精疲力尽。因此，领导者最关键的能力就是在面对工作一筹莫展与构建员工精力之间寻求平衡。

2 领导不只是开展会议

领导不仅要推动讨论或会议，还要推动整个设计过程，并成为整个设计过程的主导者。这不是指做对的事情，而是要通过设计与管理整个过程有效地帮助团队。领导要促进工作环境、信息、人际关系、团队与员工能量的提升，包括与团队沟通每一步

的工作及其所做的承诺。

3 在不同的场合需要不同的态度

有时需要绝对乐观，有时又需要有批判能力。例如，构思是产生创意的过程，阐述需要 90% 的时间，而对想法的评估与选择需要 10% 的时间。团队里的每个人在创意构思过程中，至少 90% 的时间里要保持乐观态度，这非常重要。

在对想法进行评估与选择时，每个人又都要保持批判态度。在这两种情况下，领导者有责任在合适的时间与场合确保大家都保持合适的态度。

4 视觉引导

说出的话是无形的。五分钟前说的话只会停留在记忆中，这就需要参与者不断重复自己的论点。

大卫·西贝特（David Sibbet）是视觉引导的开拓者，他发现将大家表达的观点写在挂图中，让每个人都可以看清楚，就不需要再重复讲述这些观点了。拿一支马克笔记下大家说过的话，可以使讨论更加顺利地展开。

洗盘子

在会议中会出现两类人，一类人“眼神专注”，一类人“眼神迷茫”，他们分别是商业人士与设计者。这两类人在会议中扮演着不同的角色，但对团队来说都是不可或缺的。

商业人士通常被误认为目光短浅、挑剔苛刻，其实他们只看事物的外在价值（天生如此）。他们会自由表达观点，快速给出一切问题的答案；设计者呆滞的眼神绝不是说他们不感兴趣，而是体现出他们正在思考，并看准机会表达想法。

从旁观者的角度来说，很难想象这两类人能够在一起高效地工作。其实，团队需要这两类人：快速行动者与思考者。我的任务就是建立这两类人之间的联系，发挥双方的思维能力，让双方怀有共同的愿景。当这种情景出现时，我会点燃火花，使他们朝着正确的方向努力，然后我会退出去做一些琐事，而他们则会共同创造奇迹。

马库斯·奥尔巴赫（Markus Auerbach）
奥迪创新研究实验室总监

技能：员工精力管理

时间管理

正如其他过程一样，设计过程也需要时刻注意时间。达成目标要设定具体的时间与日期，而不能没完没了地构思与验证。领导者有责任对设计过程进行时间管理。

为了使团队中的每个人步调一致，要用活动挂图与大号马克笔创建日程，并将其贴在墙上。严格按照时间安排工作，不要忽略休息时间。你会发现随着大家不断适应这一方式，他们会一起取得更好的结果。

细节与概况

虽然团队中总会有善于思考者与战略思考者，但这些人往往会陷于众所周知的营运执行引擎窠臼中。当然，董事会中有这样的人很重要。但是，领导者会因此面临引导团队接触更多战略选项的挑战。

这种情况在大公司尤其常见，大公司会不断在“行动”与“确保做了正确的事情”之间进行取舍，这就要求领导者与参与者能够快速在大局与细节之间跳转。这就说明了为什么组建核心团队、在公司章程方面达成一致以及

提示！ **运用推拉策略管理员工精力**

时间管理

最好的方式就是让参与者参与到时间管理中来，这样他们就会有效地开展工作。

推

以行动“推进”：加入团队，确保每个人都理解自己的话，让团队打破常规结构，进行讨论。

拉

以行动“拉动”：后退一步，不要急于给出答案，保持沉默并提出诚实的开放性问题。

拿着马克笔

拿着马克笔就意味着你有权力架构讨论内容并继续这个过程——大家的观点都被记录下来就不需要重复了。

在整个设计过程中确保透明度是如此重要。真正的领导始于此！

可视化

人类是视觉、空间动物。要总结讨论内容和决策点以使每个人都永远记住，使得讨论发挥作用，就要按照大卫·西贝特说的去做，记录并可视化大家所说的内容（至少一部分）。

俗话说，“一张图片胜过千言万语”，这句话用于记录会议内容或是重现会议与设计冲刺场景再合适不过了。拿着笔的另一个好处是有助于将注意力集中在白板、挂图与墙上。

图片还有助于重新回顾整个讨论过程，而不需要在纸上写一个字。不管你决定怎么做，最重要的是你记录下了导向结果的时刻和决策。

更多视觉引导相关信息，请参阅大卫·西贝特的著作《视觉会议》（*Visual Meetings*）。

视觉引导就像爵士乐一样

大卫·西贝特说视觉引导就像爵士乐一样，在平缓的节奏与规范的结构中演奏，同时赋予自发性与活力。

话语像现场爵士乐一样不断涌出。在会议中，常常需要不断重复所说的话以引起大家的注意。西贝特发现将这些话记录在大的挂图上能够说明大家在倾听，就不需要重复了，团队的记忆由此建立起来了，讨论也就能继续下去了。

西贝特是视觉引导的先行者之一，并于 20 世纪 70 年代通过丛林国际咨询公司实践并传授这一领域的知识。视觉引导是鼓舞团队、提高团队参与度、支持大局思维、建立团队记忆的关键。

诸如封面故事视觉图形指南（Cover Story Vision Graphic Guide）与场景图形指南（Context Map Grahic Guide）等工具都会在这本书中重点说明。

大卫·西贝特

作家、丛林国际咨询公司创始人、主席

工具：准备工作方法

你已经组建了团队并创造了适合一同工作的环境。现在到了大家一起有效且高效开展工作的时候了。你需要一些设计工具以确保团队既能取得良好的成果，又能步调一致。

设计师的核心

设计师与具有创造力的人通常拿着便利贴与永久性马克笔是有原因的。便利贴不需重复使用、可附加、可粘在任何东西上，而且因尺寸限制具有更大的价值。永久性马克笔具有不可擦性，用其写在便利贴上的内容更有利于阅读。

阅读第164页有关草绘原型与视觉思维的内容

让每个人都拿着这样的工具，让大家自由发表自己的看法。一天下来，你会得到满墙的想法与满地的计划。通过让每个人将自己的想法写在便利贴上，你得到了额外的收获。关于简单草绘原型的一些建议，在建模那一章介绍丹·罗姆（Dan Roam）时会提到。

用画布来架构讨论内容

本书的每章中都会提到画布，例如商业模式画布、价值主张画布，用来可视化内容、讲故事、验证想法等。这些可视化工具既有助于激发有趣的对话，又能架构讨论内容。

上述工具不是拿来填写完后就放在一边的。这些画布作为重要的设计工具是有生命的，是可以呼吸的记录，会将设计过程记录在册。组建团队、利用便利贴与马克笔并画出原型草图不仅能够加快、简化设计过程，还能够取得更好的成果，学会使用一种新的共同语言。

通过脚本开展更有效的会议

会议已经成为大部分大型企业的习惯，实际上，这些会议已经变成了我们的工作方式。我们要不坐在桌子旁独立工作，发送许多邮件、拨打一些电话，要不就是在开会。

开会未必是坏事，但是通常会议都是计划好的而不是设计出来的。因此，出席会议不会带来任何改变。如果会议的目的、参会人员、如何在会议上决策、会议的预期没有清晰的结构，那会议往往就会变成一屋子人聚

提示！ 开展行走的会议。在走路或者站立的时候，不仅是身体在动，大脑也会跟着动起来。移动的时候很难陷入争论。

在一起，浪费时间、资源和精力。

而且，在会议上分享信息也是浪费时间，会议通常具有社交性与政治性。在发送邀请函时，不发给同事会让我们感到不安。我们一直在思考不能排除哪些人员参会，而不去思考哪些人适合参加会议。不合适的人参加会议或者太多人参加会议都会阻碍会议进展，这是在浪费每个人的时间。

有效的会议与研讨会需要设计脚本。脚本与日程不同，它详细列出了什么人在何时需要做什么事情。最显著的是，它有助于基于预期结果来设计会议。

像冠军一样即兴演出

我在舞台上、电视上、广播中进行演讲之后，大家经常对我说："你看起来从容不迫，就像在现场即兴演出一样，你是怎么做到的？"

答案很简单，这需要时间。我在自己的脚本上花费了大量的时间。为什么这么做？因为设计某个事件的发展过程是你的任务，当你一步步做这件事的时候，就会知道在什么地方需要花费更多的精力，什么时候需要放慢节奏或者加快步伐，哪些地方可以下更多的功夫。

当你找到清晰的思路与目标时，就可以过十字路口了。也就是说，一旦正确抓住了基本的东西，就可以找到即兴演出的地方。脚本迫使人们思考如何将信息变得易于理解，如何调动观众的能量，增加与观众的互动。

信息得以成功接收才能说明该信息成功发送出去了。因此，要通过脚本帮助信息接收者理解信息。

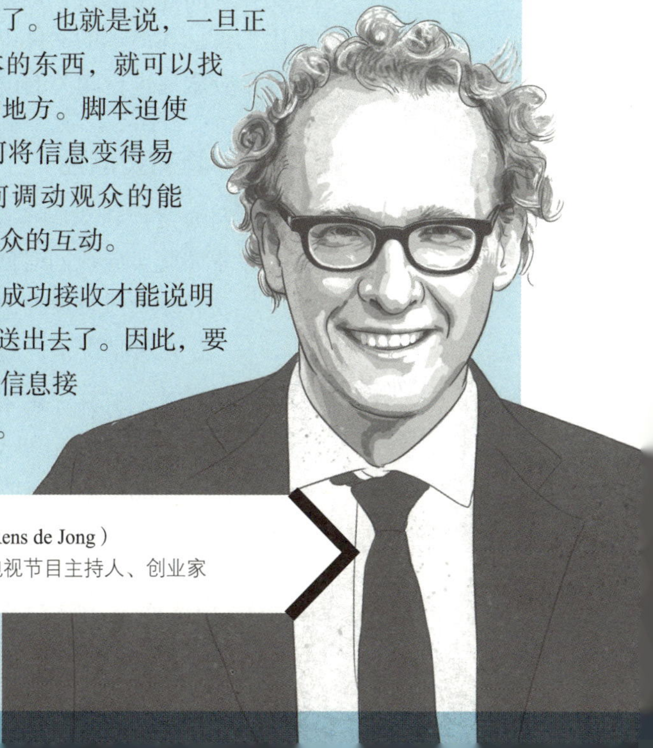

雷恩·德·荣（Rens de Jong）
调解人、广播与电视节目主持人、创业家

工具：脚本

脚本在设计会议与在电影制作方面具有相似的作用，能够提高会议的效率与成效。脚本越详细，会议质量就越高。

焦点
定义脚本

±45 分钟
工作对话

1~2名
参与者人数

脚本是能够引导设计过程的工具

脚本有助于设计会议或研讨会，并将会议与研讨会内容与关键利益相关者和领导者分享。设计良好的脚本有助于了解研讨会的内容，以便在涉及的时间、活动与主题等方面做出决策。更重要的一点是，脚本是一种可视化工具，在简单的文件中整理所有的信息时有助于为取得相应成果进行相关的设计。

脚本具有灵活性

人们通常误以为脚本是一成不变的，缺乏灵活性。事实并非如此。应该同时创建脚本与核心团队，以帮助每个成员设计结果驱动型会议或研讨会。在这种情况下，脚本可以提高灵活性。

另外，脚本分时间段、分活动进行设计有助于在预期与突发情况下灵活改变时间，例如由于交通拥堵造成迟到等。

> 我喜欢看到一份完整全面的计划。
>
> 汉尼拔（Hannibal），A团队

提早到达
至少提前一小时到达研讨会现场，确保万事俱备，咖啡、水都已准备好，检查无线网与投影仪状况。

日程、角色与规则
从日程、角色、规则与结果出发开始会议，确保团队在这些方面达成一致。

时间段
最短的时间段是15分钟，但是30分钟更好。

战略性愿景
可以设计战略性愿景，详见第48页“观点”中有关“愿景”一节。

休息时间
不要错过休息时间。休息时间需要30分钟，大家需要休息！

小结
总结时重新回到目标上，确保包括了所有的内容。

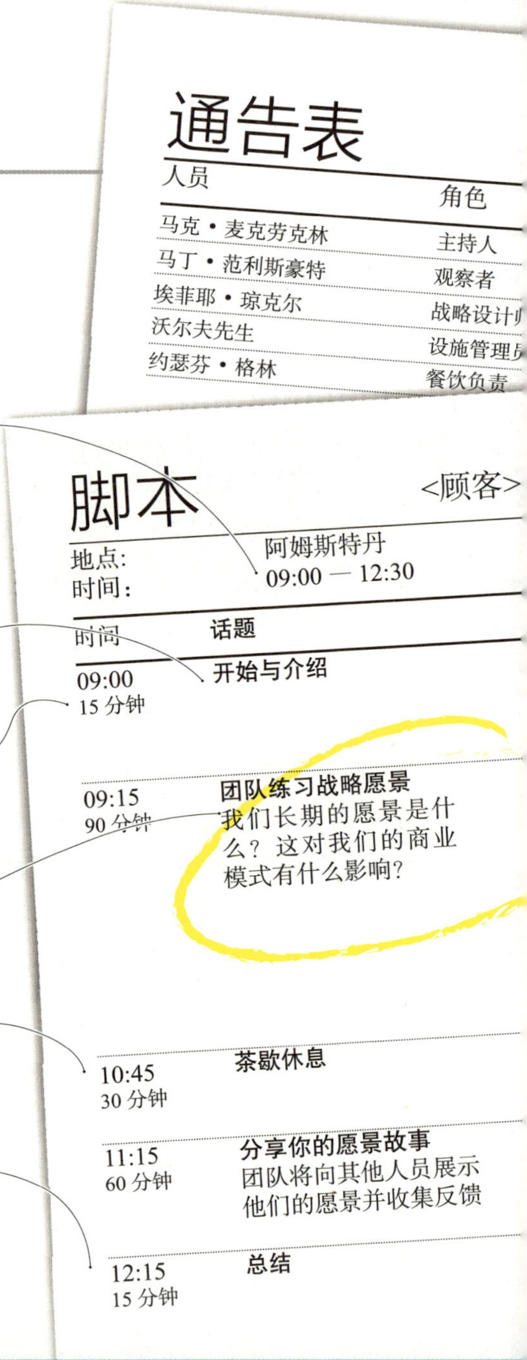

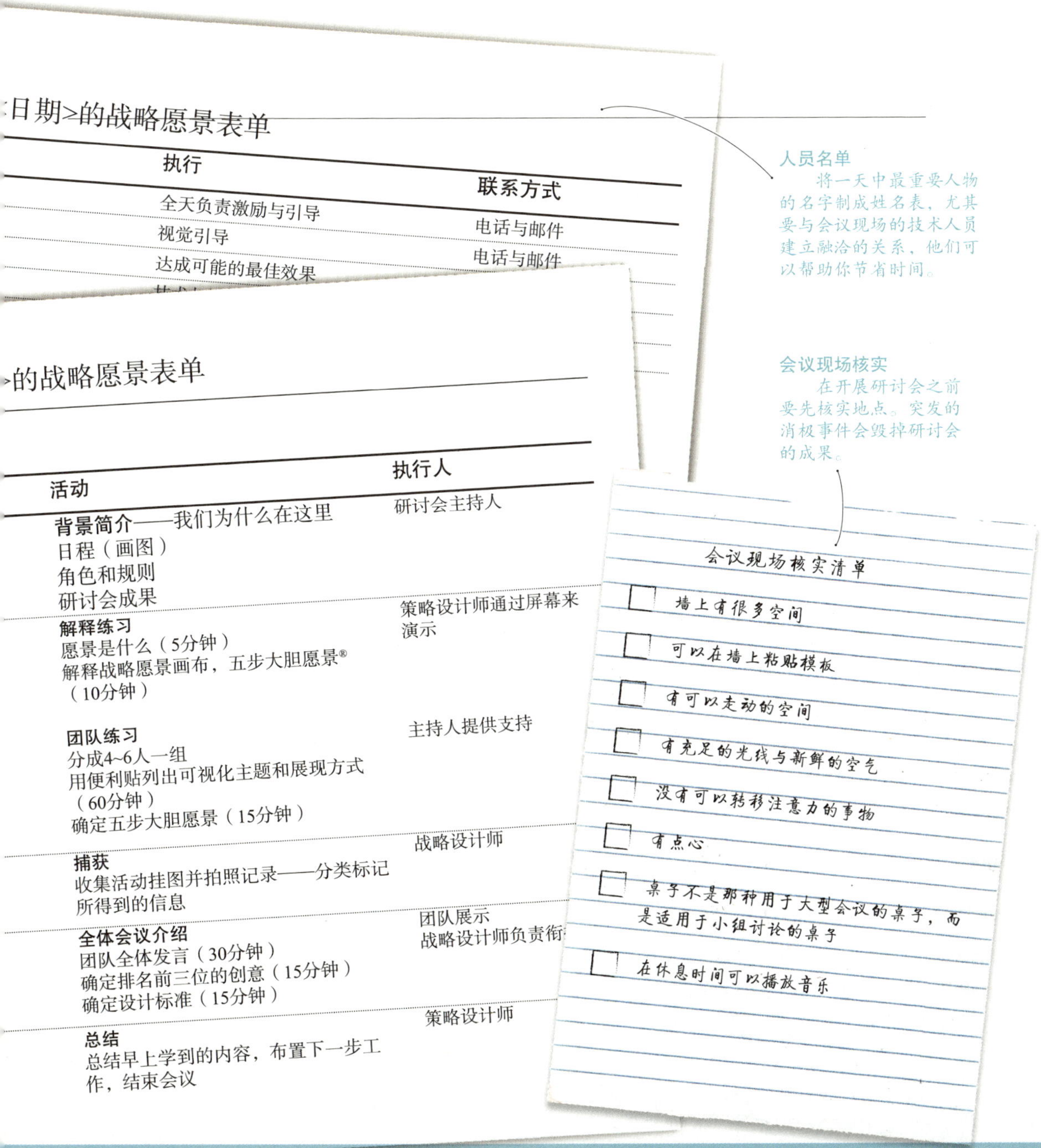
<日期>的战略愿景表单

执行	联系方式
全天负责激励与引导	电话与邮件
视觉引导	电话与邮件
达成可能的最佳效果	

>的战略愿景表单

活动	执行人
背景简介——我们为什么在这里 日程（画图） 角色和规则 研讨会成果	研讨会主持人
解释练习 愿景是什么（5分钟） 解释战略愿景画布，五步大胆愿景®（10分钟）	策略设计师通过屏幕来演示
团队练习 分成4~6人一组 用便利贴列出可视化主题和展现方式（60分钟） 确定五步大胆愿景（15分钟）	主持人提供支持
捕获 收集活动挂图并拍照记录——分类标记所得到的信息	战略设计师
全体会议介绍 团队全体发言（30分钟） 确定排名前三位的创意（15分钟） 确定设计标准（15分钟）	团队展示 战略设计师负责衔
总结 总结早上学到的内容，布置下一步工作，结束会议	策略设计师

会议现场核实清单

- [ ] 墙上有很多空间
- [ ] 可以在墙上粘贴模板
- [ ] 有可以走动的空间
- [ ] 有充足的光线与新鲜的空气
- [ ] 没有可以转移注意力的事物
- [ ] 有点心
- [ ] 桌子不是那种用于大型会议的桌子，而是适用于小组讨论的桌子
- [ ] 在休息时间可以播放音乐

人员名单

将一天中最重要人物的名字制成姓名表，尤其要与会议现场的技术人员建立融洽的关系，他们可以帮助你节省时间。

会议现场核实

在开展研讨会之前要先核实地点。突发的消极事件会毁掉研讨会的成果。

从www.designabetterbusiness.com网站下载脚本案例和清单。

检查清单

- [ ] 核实每个环节与休息的时长；
- [ ] 清楚每个时段的活动；
- [ ] 摄制日程表。

下一步

> 开始举办各类研讨会、会议，或者走出公司。

工具：团队章程

将不同寻常的怀疑者、性格多样的人组建成团队之后，如何让他们就目标、期望与价值观达成一致？如何处理棘手的问题？这需要一起设计团队章程！

个人信息
了解你的团队

±30分钟
工作对话

3~5人
每组参与者人数

制定团队章程

你无法总是决定可以跟谁一起工作。即便可以，也不能保证取得成果。利益冲突、价值观、目标的不同会阻碍团队取得进展。

团队章程有助于为团队的项目引擎——团队平衡建立蓝图。由团队共同设计的团队章程还有助于阐明团队的方向，为团队设置界限。

团队章程有两个目的：第一，作为对内资料，团队成员能够了解团队建立的原因、团队的工作重点、团队为实现目标而需要努力的方向；第二，作为对外资料，团队章程有助于经理与其他公司领导者了解团队的工作重点与方向。

团队价值观

你需要确定团队提倡的价值观，这是团队合作的一部分。这些价值观有助于为团队的成功奠定基础，便于降低团队目标的模糊性，达成目标。更重要的是，团队章程还就团队成员如何一起工作、每个成员的工作重点、什么事情有助于团队进步而非阻碍进步等内容制定了指导规则。

团队章程包括下列内容：团队成员、团队目标、团队期望、团队最初成立的目的、团队价值观、团队处理问题的方法、团队领导者。不要害怕加入诸如“玩得开心”与“团队每周聚餐”等提升团队成员精力的事情。这些都有助于提高团队的凝聚力。

不管如何设计团队章程，要确保每个人步调一致。你最终想要的是团队成员可以凝聚一起，互相依靠，而不是一群仅仅在做一份工作的人。

清楚知道

你正与谁同行！

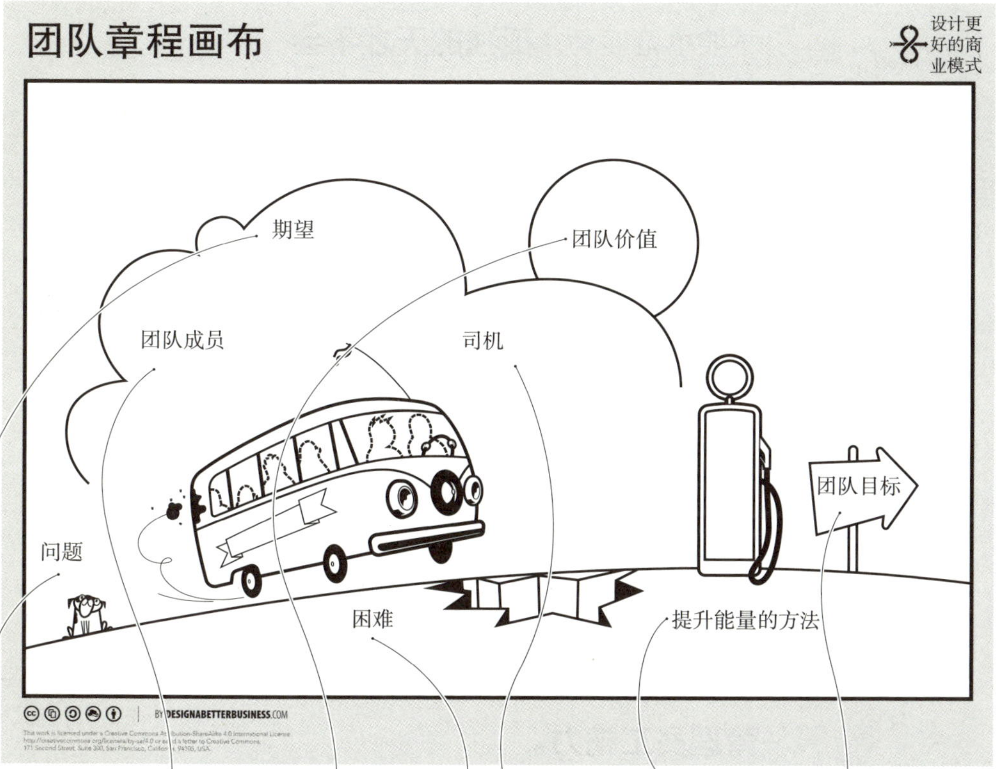

问题

若有脏东西掉在“房车”上了，你怎么办？

期望

为了取得成果，团队成员对彼此的期望是什么？

团队成员

谁在“房车”里？每个成员能为团队带来什么？例如：角色、个人核心价值观、技能、个人座右铭、性格特点。

团队价值

团队价值观是什么？团队成员认可这些价值观吗？

司机

谁在车轮后面？谁在导航？

困难

哪些困难阻碍团队取得进展并达成目标？

提升能量的方法

什么能提高团队能量？什么能让团队成员提起干劲，为取得最好的结果而努力？

团队目标

团队想达成什么目标？团队所有的努力什么时候能取得成果？

从www.designabetterbusiness.com网站下载脚本案例和清单。

检查清单

- ☐ 定义了团队目标；
- ☐ 定义了司机、团队成员以及共同的价值观；
- ☐ 明确了困难和提高精力的方法；
- ☐ 你让每个人都签署了这个章程。

下一步

> 让我们开始观点章节！

如今，你已经……

下一步

回顾

不要单枪匹马，**孤独的天才不会成功**。

准备，自己做好**成功的准备。**

组建具有不同学科背景的成员的团队，**多元化**是关键。

找到执行发起人。寻找代表。

让工作可视化。你会感谢自己所做的一切。

管理员工精力。

从现在开始吧！

NOW, LET'S GET STARTED!

«

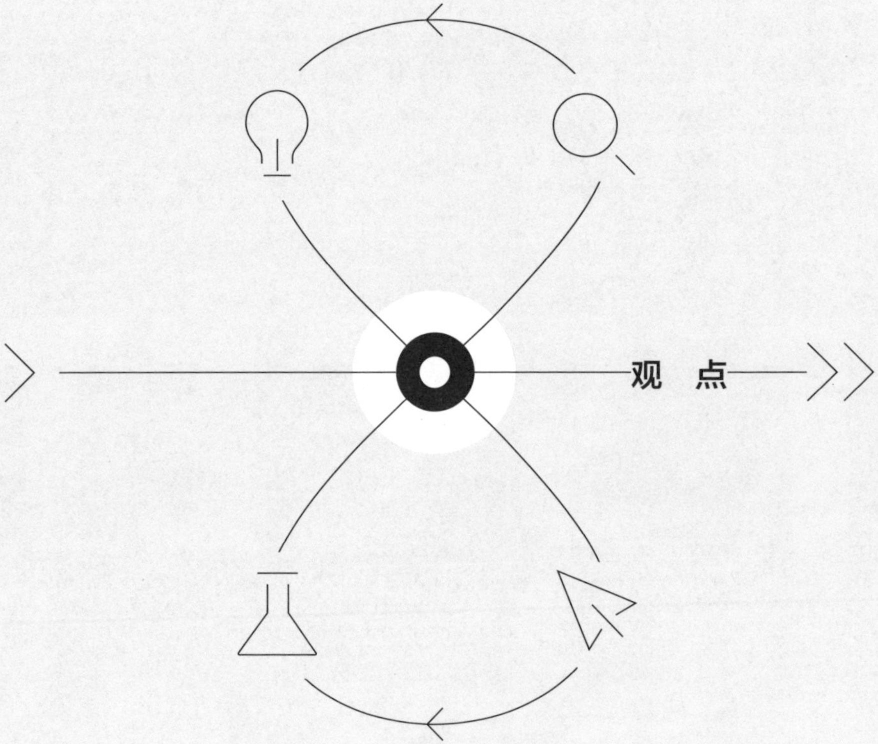
观　点

第2章 观点

做一个叛逆者

提出自己的愿景

设计自己的故事

打造自己的设计标准

入门：你的观点

每项设计都有源头，也许是一家新公司要为自己设计可持续盈利的商业模式，也可能是业界翘楚想为自己找到新的发展方向，以保持竞争力，快速发展。无论哪种情况，设计都始于一个观点。

对于市场、顾客、产品或服务乃至竞争对手，我们都会有一定的看法。在设计过程中，观点是我们最宝贵的财产，是验证现实与空想的试金石。作为设计师，你有责任在设计过程中根据所学不断修正自己的观点。

万事开头难

开发新的商业创意对企业家而言犹如一项艰难的试炼。白手起家的人心中往往满怀希望，相信自己的企业在未来一定能有所成就。你会不断努力奋斗，销售产品；但往往你越努力，离梦想的距离越遥远。当企业已经初具规模，意味着相同的管理策略已经执行了很多年。此时，股价上升，红利增长，公司股东已经享受到由你的劳动带来的利益，董事会希望你能在过去的成功之上找到新的发展战略。然而，如果要带领公司走进新的发展领域，过去的辉煌往往就变成了负担。

要了解如何使用强大的观点设计更好的商业模式，请阅读彼得·泰尔的著作《从0到1》。

要鼓励变革，即使周围充斥着反对的声音，也必须从自己的观点出发。你也许会想：“这仅仅是我的想法！基于我的想法，我还能做出什么改变？”放心，这么想没错，你并不是第一个这么想的人。只要将想法与具体的工具、技巧以及理念相结合，就一定能够实现我们心中预期的变革。

成为叛逆者

如果你想影响别人，特别是那些你希望引进团队将你的想法转变为成功的商业战略的人，一个看似矛盾的方法就是成为叛逆者。叛逆者的性格及其叛逆的想法恰恰是变革创新的催化剂。叛逆并不是指反对公司或领导的所有指示，而是对未来发展有着强烈的变革意愿。你不一定要反对现有的制度，但至少要对现有的制度抱有质疑态度，并且提出自己觉得值得探究的创意。

把愿景变为自己的行动路线图

强烈的意愿能成为变革的催化剂，而心中对未来的愿景则是指导我们进行变革的路线方针。即使是讨论有关啤酒的观点，人们也会以愿景作为指引方向（也许会用今后赚的钱，买更多的啤酒！）。

本书中的“愿景”与其他书籍或文章中的定义有所不同，并不是一句简单的口号，而是一种振奋人心的号召。愿景是全方位的，包括实现愿景的环境支持因素、企业家需要做出的努力，以及在实现目标的过程中遇到的各种机遇与挑战。本章将向你介绍可与团队成员协同创新的工具，使你的愿景变得更为具体实用。

设计你的故事

当你走进会议室，或是战略会议室，抑或是视频会议室，你将如何发言？要如何使人们信服你的观点，或者至少劝说他们同意与你一同探究这一愿景？故事在其中起着至关重要的作用。你是否注意过所有优秀的演说家在进行 TED 报告、会议发言或是在酒店主持晚宴的时候，都是如何通过逸闻故事来表达自己的看法的？虽然有一些天才演说家可能是出于本能，但大多数人在讲述故事时都会精心挑选故事题材、叙述方式、叙述时间以及叙述对象，以实现自己的目的。为了获得预期效果，说服别人，你必须深入研究自己的观点。换一句话说，你必须设计适合自己的故事。

当然，你无须为这些烦恼，正如我们为你提供了建立愿景的新工具，本章也会为你带来故事设计的创新工具，帮助你的团队设计出巧妙的故事。

设计标准

你的愿景为你指明了未来的状态，但愿景又不仅仅是一个未来状态，你在设计道路上尝试的所有改变，同样要遵循一定的标准，它规定了你在探索、评估未来观点的道路上可以做、应该做或绝对不能做的事情。这就是设计标准，它们为你的设计过程夯实了基础、划定了界限。设计标准要根据设计的愿景目标以及企业的经营环境来设定。类似地，你所研究的不同设计方案也要比对同一套设计准则进行评估。

五步大胆愿景画布（本章节）第50页

设计标准画布（本章节）第60页

封面故事愿景画布（本章节）第56页

故事讲述画布（本章节）第66页

技巧：勇于实践

人人都有自己的观点，但只有极少数人才能将其付诸实践。他们觉得自己没有能力完成超出常规工作范畴的事情。事实上，商业设计也不是我的专长：我是一名首席财务官，但我决心走出自己的安乐窝，这是我们寻求突破的唯一途径。

我们渴求目标

最近几年，我们公司经历了几个极其艰难的时期，这从公司活力上可见一斑。经济危机带来的灾难开始显现，两家公司的并购案（法国巴黎银行与富通银行）也带来了文化上的不协调，而且我发现我们过度关注过去的事情。公司形象开始受到人们的质疑。当然，我同意同事们的观点，即使如此，我们之间的对话还是困难重重，甚至充满分歧。

企业犹如行驶在大海中的巨轮，我们总觉得没有时间自省，但我认为我们需要时不时停下来，看看自己的情况，解决问题，然后继续前进。这并不是说我们可以将问题抛到脑后，而是说要直面它们、解决它们并从中有所收获，再继续前进。

提示 1

坚持信仰。制定的目标如果连自己都不相信，又怎能使别人相信？

将重心重新转移到未来

尽管我们当前面临着恐惧、不安与犹疑，但我们还是应当将公司重心转移到未来，向前看。作为首席财务官，这并不在我的工作职责中，但我还是想这么做。事实上，我们公司的每个人都能够振奋精神，承担比自己名义工作职责更多、更广泛的责任。但是，我作为财务官还是会有所疑惑，为什么我们需要关注未来，而不是仅仅盯着数据显示的预估就好了呢？未来究竟会是什么样子的？（银行）业界瞬息万变，但有一样东西是恒定不变的：数据并不能反映我们需要的全部信息，也不能让人们对我们的未来充满信心。

对我而言，故事对我们的重要性远比数据要大得多。要构建企业故事，我们需要的也远远不只是数据驱动的

提示 2

勇于做自己：在工作中就像在生活里一样敢于表现自己。

智商，还需要情感驱动的情商。我必须让人们摒除消极情绪，构建出一个积极有为的未来。我们的故事应立足过去以及现在的辉煌、我们是谁以及企业基因中镌刻的信息。

向前进发

我是那个一直在前进的人，这对于一个首席财务官——一个与数据打交道的人而言无疑是不同寻常的。事实上，这是我在职业生涯中第一次感受到我需要向前看。虽然我在领导层工作已久，但骨子里还是深爱着这家银行，我想为它打造一个能长期发展的未来。»

我是自己命运的主宰

我从未想过我能成为公司外围管理的主持人，但我还是站在了这里，穿着一身正装，登上了这个 360 度全方位的舞台，向观众们介绍我的团队，为你带来属于我们的愿景故事。这是我们亲自设计讲述的愿景故事，并非什么咨询专家提供的枯燥的战略规划。我们这样做，旨在鼓励其他 250 位公司成员能够主动为公司做出更多的贡献。在此之前，巴黎银行从未有过这类举动，我们鼓励人们走出温室，迎着未来进发。我们在展示中使用的音乐和场景选自电影《成事在人》（*Invictus*），鼓励人们做自己命运和未来的主人。

这是一段激动人心的旅程，很多人参与其中，去探索未知。这远远没有听起来那么容易，但我们还是设法做到了。如今，我也以身作则，成了自己命运和未来的主人。

伊曼纽尔

法国巴黎银行业务线首席财务官

提示 3

每天都突破一点点，才能让自己真正得到成长。

人们需要走出自己的舒适区，参与掌控巨轮的航行。这并不意味着你在刚开始会一丝慌乱都没有，至少我在最开始的时候就感到十分不安。但焦虑不安的情绪能使人们更容易接受新环境，使人们对外界刺激更加敏感，也更容易发现自己的企业愿景。

工作没有现成的秘诀

我已习惯于运营管理的思维模式，一时不知道该怎样将工作重心转移到近期目标上来。事实上，我们团队里没有人知道该怎么做。但如果我迈出了第一步，我们就能共同探索出将来的路线。此时此刻，我正在引领一场运动，吸引着越来越多的人加入进来，为我们公司的下一步发展提供动力。这一发展动力又会反过来吸引更多的人加入我们。在刚开始的几步中，我们并不清楚前方的道路如何，但这并不妨碍我们保持乐观的心态。

我也清楚，大企业中大多数像你我这样的人，要参与这样一场运动十分困难。不是说人们不想参加，而是大多数时间里，用现有的信息执行今天的战略才是最安逸无忧的做法。这才是我们在学校里学到的正确做法。但是用昨天的信息执行昨天的战略，这是人们为自己停滞不前找到的最差的借口。所有基于过去的信息都不能保证我们获得成功。当然，你也可以聘请第三方为你进行愿景规划，制定公司战略。但如果这样做，你就没有承担起自己领导团队走向成功的责任。

团结合作

在我不断向前的同时，总有人能站出来帮助我们共同设计未来。当我们携手迈出第一步时，我认识到那些最有趣的点子往往来自不同部门的人们，他们将自己不同的观点分享给了众人。我们并不是将观点简单地列在纸上，几天后又抛诸脑后。要想将愿景付诸实践，必须协同创新，而不是等待执行委员会出面，公司各级员工都应当去探索并讲述愿景故事。

250 人创造愿景

我们的人员来自公司各个层级，虽然人人都有自己的日常职责，但我们仍然开始了设计之旅。我们收集信息，与顾客交谈，使我们的故事与路线图合拍。这让我感觉我们正经历着一个宏大愿景的开端。

那一年年末，我们主持了一个为期两天的“管理学堂”活动，为大家提供了彼此分享自己收集的故事的机会。活动颇具规模，来自不同国家不同企业的约 250 位精英汇聚一堂，共同商讨银行业未来的发展。对于我和我的 35 人的核心团队而言，这无疑是一个绝佳的机会，可借此分享并验证我们过去一年的努力。团队的所有成员都出席了此次活动。

作为活动的一部分，每个人都要向其他 250 个人讲述团队故事的一部分。为了使活动更具冲击性，我们摒弃了传统的讲台，而是选择了 360 度全方位舞台，演讲者站在正中间；为了激发人们的创意，我们甚至连幻灯片也不用，用 TED 报告那种形式的要点来讲述故事。

练习：银行是什么

我们的愿景故事很出彩，但要让大家都能参与到活动中来，而不仅仅是那 35 个共同打造愿景基础的核心成员。演讲当天，我们以集体活动来开场，活动主题为“我们是一家什么样的银行”。借鉴过去的创意，我们用剪刀、汽车零件模型纸板、马克笔以及胶带来设计我们当前所在银行的样子。这个活动听起来如此奇特（甚至你可能也会觉得新奇），我们根本想不到人们会那么积极地拿起工具组装自己的汽车——花了大约 20 分钟。我们共度了一段欢乐时光，共同分享了公司的故事。大家都为自己能参与这一活动而感到自豪。

为银行带来持久的影响

我可以肯定地说，此次活动让银行及其管理者学到了很多，我们在新的工作方法使用上迈出了第一步。这一方法就是，相信自己的团队能够协同合作推动企业发展，无须聘请第三方顾问为企业设计规划。我们在公司内部寻找能够勇敢站出来并鼓励别人、也积极为公司做贡献的英才。而今，我们相信自己也能够通过不同的思考和工作为公司做出贡献。

示范团队往往采用汽车零件来暗喻它们对银行的解读。

观点的故事

具体有形的策略

霍默·辛普森（Homer Simpson）的“顿悟”时刻指的是，我们在某一刻忽然发现自己常做的某一件事完全过度设计了下一步的行动。从这个角度而言，这五大步骤反而是进行有形策略规划最容易的方法，即使这些策略既大胆又具有强制性。相比那些模棱两可的策略，我们还是更喜欢这种！

维利·西利（Viley Seeley）
莫斯科斯派达有限公司首席运营官

坚持自己的梦想，不要因为别人的安排而改变。

苏·布莱克（Sue Black）
邓迪大学

土耳其西门子健康中心

作为西门子公司土耳其健康中心销售与市场营销董事会，我们在最近一次企业洗牌与重新整顿后，提出了自己的愿景和商业战略。我们关于商业模式和场景的所有提议都与企业愿景有关，很多我们达成一致的行动都源于五步大胆愿景画布。

埃尼斯·索尼麦尔（Enis Sonemel）
土耳其西门子健康中心，诊断影像部门

整体性愿景

作为阿伯劳尔儿童保健信托公司（Aberlour Childcare Trust）总裁参与这项活动之初，萨利安·凯利（SallyAnn Kelly）就明确了自己的目的：为公司制定明确的商业战略。当她想要为公司寻求持续性变革时，发现要实现这一目标就必须将公司所有的员工都动员起来。

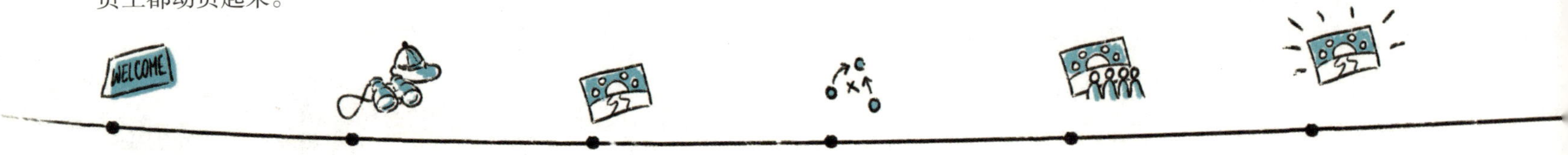

2014年6月
萨利安·凯利走马上任，担任总裁，发现公司缺乏一个明确的目标愿景。

2014年7月~8月
萨利安·凯利浏览了整个公司的资料，有了初步想法。

2014年12月
与策划团队、部门主管共同制定了“五步大胆愿景法”。

2015年1月
将五步大胆愿景步骤联系起来制定商业战略，提交给董事会。

2015年1月~2月
与公司超过300名员工（大约为全公司的13%）进行谈话获得变革反馈，增强策略的可行性。

2015年2月
在最终策划中加入调整建议与三年规划中的第一年的商业规划。

麦德佩耳公司

在麦德佩耳公司，我们要改变提升以及谈论自我的方式。我们过去的话都过于复杂，也不现实。如今，我们基于我们在哪儿、我们是谁、我们想成为什么样的人这样的问题建立了一个清晰的目标愿景。企业员工已经能够将个人与企业全球形象联系起来。我们重新建立了行动与叙事之间的联系。

卡琳·戴尔，麦德佩耳公司总经理

现在，我可以把自己的商业战略在一张纸上展示出来了！

克雷格·莫汉（Craig Mohan）
芝加哥交易所集团营销技术与数据服务部门董事总经理

防弹衣的产品愿景

在构思封面故事的过程中，一支芳纶纤维团队想到了一个创意：“奥巴马为其妻子准备了一件杜嘉班纳的防弹连衣裙作为圣诞节礼物。”整个团队都将其视为笑料，没有人在一开始就认识到这一创意的价值。后来，当我们冷静下来时，我们发现这是一个推销时尚防弹服装的绝妙点子。那些简陋的防弹夹克或是背心早已过时，但这类时尚防弹衣反而会很有市场，尤其会受到部分国家有权有势人群的欢迎。

每个部门一个目标

我们医院本来要求整形手术科、皮肤科、肿瘤科、妇产科分别设计自己的目标愿景，但我们很快发现大家共同合作进行设计会更有趣、更有效率，效果也会更好。愿景是联合制定的。在设计过程中关键的一点是想着顾客。

这对医院来说是一项大工程，我们之前的目标导向是优先考虑专业化、技术强的手术，而非顾客的需求或意愿。制定出新的医院发展愿景后，我们积极地与医院内外进行沟通，运用影像和宣传活动来构建清晰的故事。

弗里茨·凡·梅罗德（Frits van Merode）
马斯特里赫特大学医学部执行董事

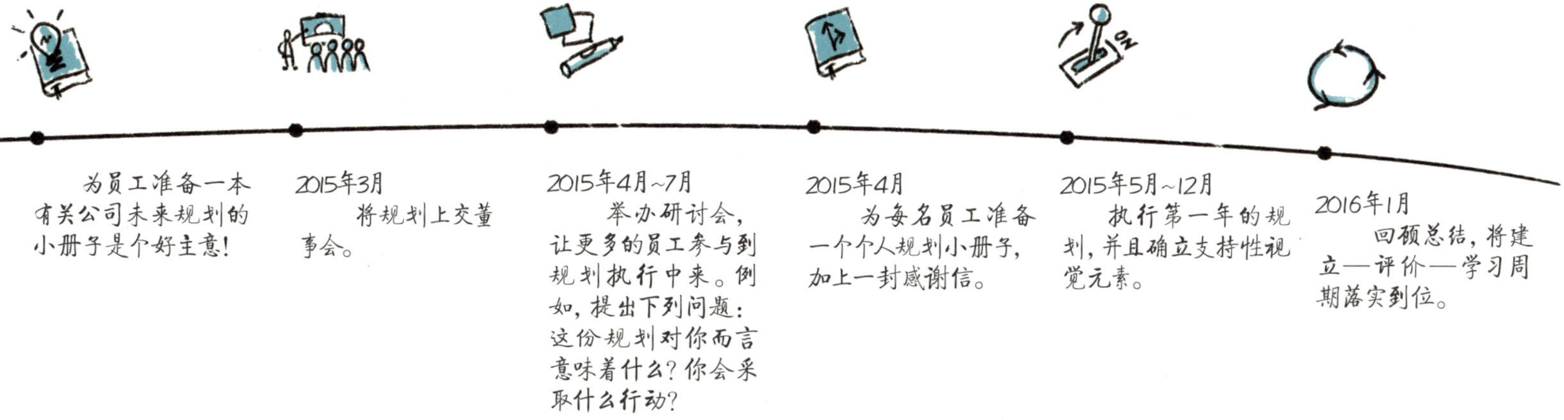

工具：你的未来愿景

绝大多人一听到“企业愿景”一词，第一个反应就是打哈欠，因为大多数企业愿景都是模棱两可、模糊不清的，准确来说，一点也不吸引人。良好的企业愿景应当是对员工行动、创意以及创新的号召性口号。

愿景是公司行动的指南针

如果你在构思观点的时候能放眼未来，由此设定的愿景就是能够引导你和你的团队向前行驶的北极星。清晰的企业愿景具有侧重点，为企业制定战略选项提供锚点，为新商业模式的探索提供动力。作为号召性口号，清晰的企业愿景给你和同事做的所有工作都指明了方向。我们每天都应该问问对方这个问题：我们所做的这一行动、这一活动、这一实验或是这一项目是否让我们更靠近我们的企业目标？如果答案是否，那我们就不应该再继续浪费时间、精力和金钱了。企业愿景确保了公司团队所做的工作都能够以顾客或其他利益相关者的利益为重，能够激励人们更好地完成工作。

企业愿景不仅仅是愿景宣言

愿景宣言是公司更为丰富的未来故事的标题，为更宏大的企业故事而服务。愿景宣言是对团队（或整个公司）计划在中长期取得的目标的描述，为增强实用性和强度，愿景宣言除了指出企业未来的发展方向和实现目标的时间，还要说明如何实现这一目标。

企业愿景远比愿景宣言更丰富

愿景设计的第一步就是对愿景宣言进行扩展。是的，愿景应当包含愿景宣言的内容，包含根本的主题和案例。但是，如果要设计一个针对未来的号召性口号，就必须由整个公司进行设计或至少体现出来。愿景的设计过程必须包含企业赖以生存的价值，以及公司真实的中长期发展目标。企业家与企业（或团队）共同设计的愿景应当概括公司的核心目标、高水平策略、企业组成以及核心价值观。这些内容将帮助企业中的各类团队建立自己的战略，实现愿景中提出的目标。如果企业愿景完整统一，那公司所有的员工就得步调一致，向同一个目标进发。企业愿景将成为企业未来的指路灯。

实际愿景的三大组成部分

任何企业能够设计的高质量、有可行性、有激励作用的企业愿景应当满足以下三大特点：明确企业近期（2~5 年）将要取得的目标；具有一定的激励性，鼓舞人心（号召性口号）；应当明确实现愿景的具体步骤。

我们应如何开始

要设计一个能够成为口号的公司愿景，我们首先应当团结团队成员，使之向共同的目标努力。这就需要我们将能量、娱乐、创造力以及野心结合起来，刚开始就要有远大的梦想。不要将目光局限于每天的日常事务，与团队成员一起头脑风暴，可视化中长期希望达成的目标。

扪心自问，自己的团队（或公司）在未来几年最想解决的问题是什么。你们想达成什么目标？你们的目标客户群是谁？你们想为顾客做什么？你们未来的商业模式又是什么样的？

我们的愿景有什么支持资源

当你与团队成员开始构思未来目标时，你还应当从公司、企业战略以及宏观环境等方面寻找能够为企业愿景提供支持的资源。要找到支援，最关键的就是对自己或团队提出问题：“为什么是我们？为什么是现在？”公司看重什么或是哪些行动能够支持这一愿景？企业所处的哪些宏观背景（甚至包括发展趋势），能够为这一愿景提供持续动力？

不要因“睡”失大

丹麦床上制品公司荷兰欧品（Auping）的总裁阿特·鲁斯（Aart Roos）为其公司找到了一个不同寻常的愿景设计方式。区别于脱离顾客以及在执行委员会层面进行愿景设计，阿特转向顾客，与他们共同进行欧品的企业愿景设计。

顾客指出：“睡眠是保持健康活力的最重要的活动。睡眠让我感觉自己确实是活着的！”

如今，荷兰欧品公司的产品理念较少将重心放在床品制作上，而是致力于那些顾客更为关注的部分：为他们提供有活力的一天。

他们的宣传口号是：“欧品助眠，精彩一天。”

阿特·鲁斯
荷兰欧品公司首席执行官

工具：五步大胆愿景

本设计方法由丛林国际咨询公司大卫·西贝特提出。

个人
建立自己的企业愿景

±90分钟
高压模式

3~5人
每个团队的人数

如果你想为自己的公司进行积极的、以未来为导向的变革，就不应该只满足于准备那些冗长的纸质规划书，而是应当与团队成员共同制定大家想要为之奋斗的目标，以及实现目标的步骤。五步大胆愿景画布正是团结团队成员、制定企业愿景的好方法。

采取的步骤

这一愿景画布不仅能帮助你和团队成员共同设计出企业愿景，还包括实现这一愿景的五大关键步骤。与此同时，利用这一工具，你的团队还能认清企业愿景的支持资源、面临的阻碍以及在实现目标的过程中可能发现的机遇。最重要的是，愿景画布还可以为你的商业模式和战略找到适合的设计标准。

综合性宣言

愿景宣言有时又称为公司未来的发展图景，但其意义远不止这些，愿景宣言是你的商业灵感，是你所有策略规划的框架蓝图。设计愿景宣言的时候，你实际上是在描绘自己对于企业的理想，是在提醒你自己想要实现的目标。

愿景宣言也许适用于整个公司，也许适用于公司的某一个部门。无论何种情况，愿景宣言都回答了同样的问题：“我们要去往何方？”

具体的指导方针

愿景画布最好的一点就是你所有的愿景规划，包括行动、支持、机遇、挑战都将呈现在一张纸上，而不是厚厚的一本书上！这一特点使得愿景规划更容易分享，也更容易转化为具体的指导方针，帮助决策者或执行者更好地完成任务。更妙的是，基于画布可视化公司愿景，更有利于愿景的传播。

准备好了吗？出发！

无论你选择什么方法进行愿景规划，都需要选择正确的人来执行。人员包括决策者在内的所有人。没有执行力或是愿景传递大使，再好的愿景规划也没用。

如何展示愿景

公司的愿景是如何展现在人们面前的？如何使可视化目标更加具体可感，更加鼓舞人心？

愿景宣言

公司未来的愿景宣言是什么？我们将为消费者带来什么？

关键主体

支撑整个愿景的关键主体是什么？用一到两个简单词来描述。

登录网站www.designabetterbusiness.com.下载五步大胆愿景画布。

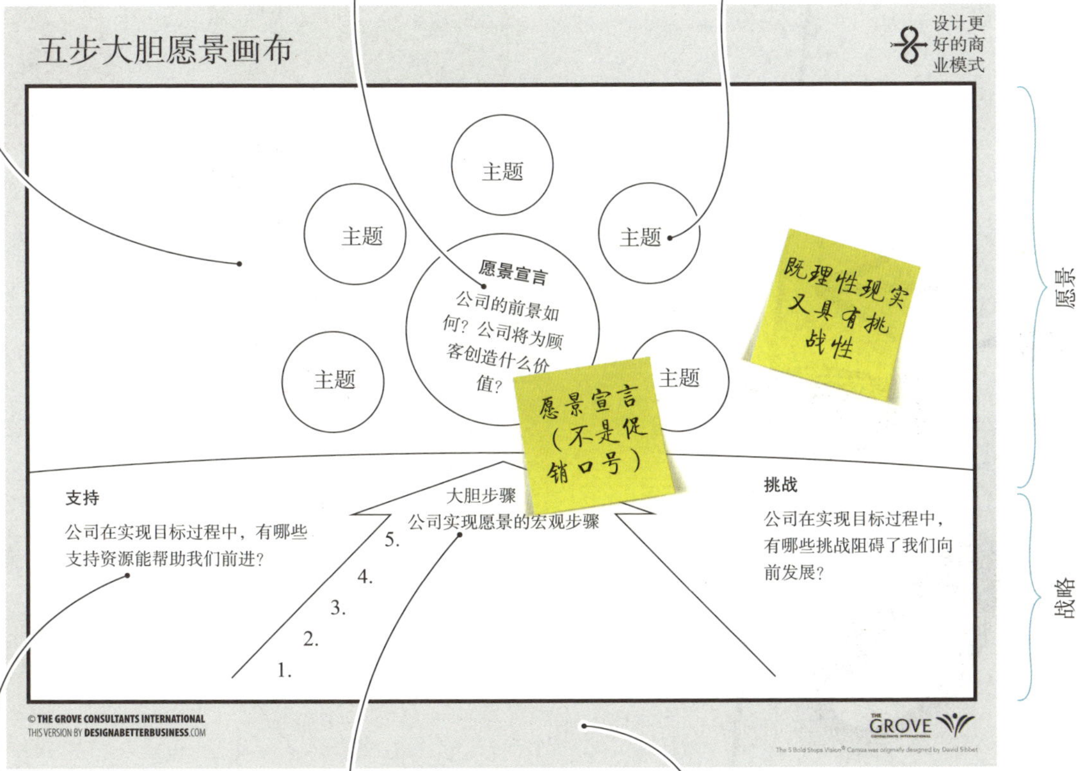

支持与挑战

在我们向未来目标进发的过程中，有哪些支持或挑战？

五步大胆步骤

为实现愿景公司即将执行的五步行动是什么？

核心价值观

形成公司愿景以及实现步骤的核心价值观是什么？我们如何将这些价值观联系起来？

检查清单

- □ 清楚规划出了实现愿景的五大步骤；
- □ 愿景宣言具有清晰的主题和切实的展示方法；
- □ 制定了适合你的商业模式和价值定位的标准。

下一步

> 检查这一愿景能否引起共鸣。

案例：荷兰银行的五步大胆愿景

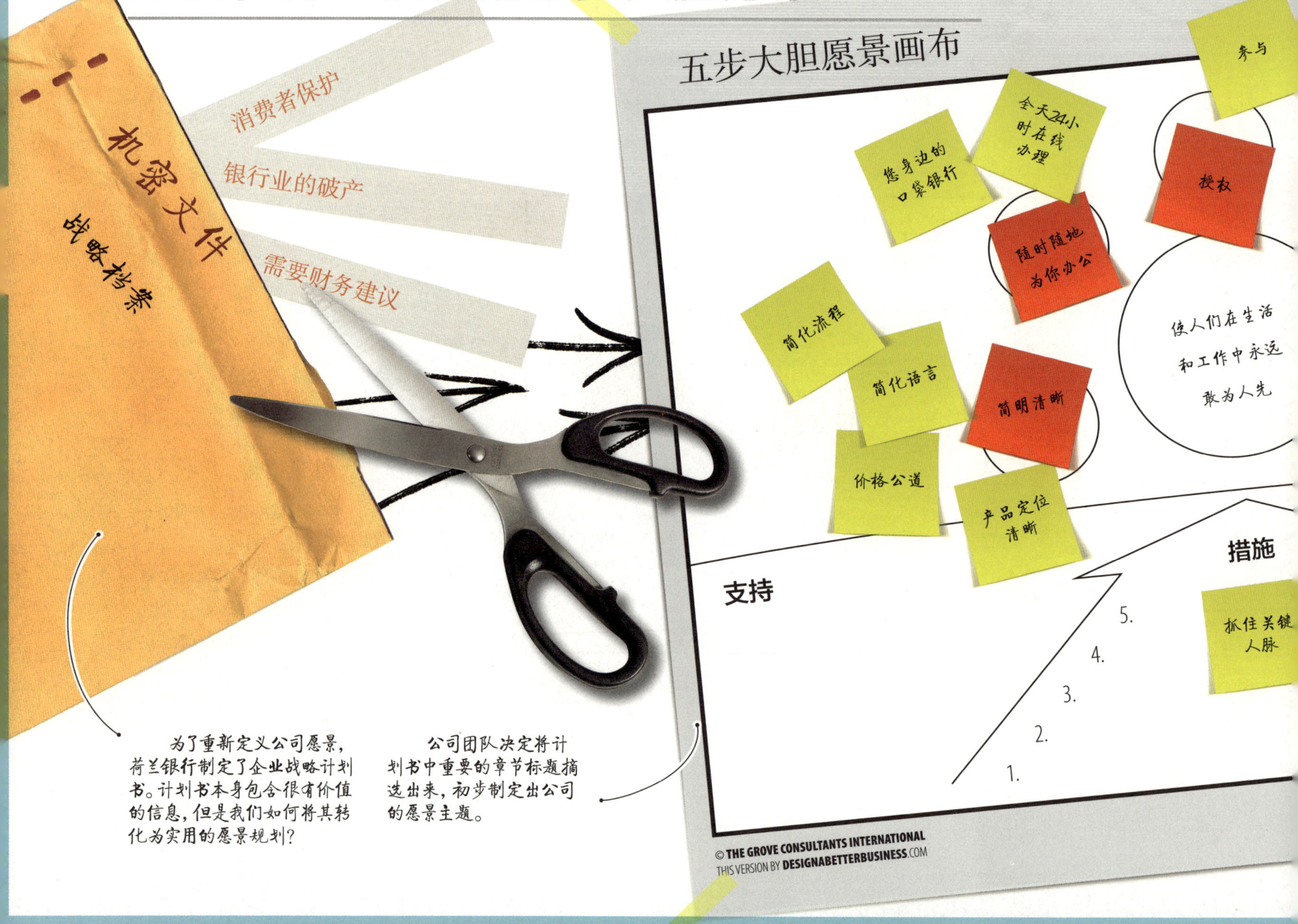

为了重新定义公司愿景，荷兰银行制定了企业战略计划书。计划书本身包含很有价值的信息，但是我们如何将其转化为实用的愿景规划？

公司团队决定将计划书中重要的章节标题摘选出来，初步制定出公司的愿景主题。

荷兰银行利用五大步骤为其与顾客对话打下了良好的基础。

案例：可视化愿景

在起草愿景时，可在会议上对愿景进行可视化标注。如今，这幅愿景图已经成为办公室一处特殊的景色，激励着所有员工奋发努力。

在公司的新任 CEO 拉尔夫・汉默斯（Ralph Hamers）上任之初，公司就准备开展新的更为大胆的战略了。银行业已经从过去的金融危机中挣脱出来，但如今又面临着全新的金融技术竞争。与此同时，亚马逊公司和 Spotify 公司为顾客提供了无缝式数字化体验更是提高了消费者对银行服务业的心理预期门槛。

经过一番完整的战略综述，我们汇总出了一份 250 页的计划书。如何将计划书浓缩成足以激励全公司员工的口号呢？我们如何保证所有人都能将这一目标时时记在心中呢？

我们分别从战略部、内外沟通部门、投资联系部门、人力资源部门抽调人手组成了一支团队。利用五步大胆愿景，我们将公司愿景浓缩到了一张纸上，将企业目标和愿景通过一系列简明扼要的优先发展战略联系了起来。这为公司发展提供了清晰的方向，保证银行上下都能不断地分析解释这一愿景。这一页战略规划至今都还是我们的行动指南。

多萝西・希尔
荷兰银行战略部副部长

工具：封面故事愿景

由国际丛林咨询公司的大卫·西贝特提出。

个人

探究自己的愿景

±45分钟

高压模式

3~5人

每组人数

欲了解更多封面故事信息，请阅读大卫·西贝特的著作《视觉会议》。

你为公司（或自己）设想过的最美好的未来是什么样子的？谁想出的愿景规划最大胆？设想一下如果自己出现在杂志封面上，人们会如何谈论你和你的公司？为自己设计一个封面故事，这样有助于你构建未来的思维方式。

人们会如何描述你

封面故事愿景画布要求你和你的团队畅想未来：有朝一日你取得成就，全世界会如何回应你？提醒一下，这一工具可能无法提供你公司发展所需的“交钥匙”愿景，但可以让你超越日常所知的安全范畴。为什么你的公司故事会出现在全球最畅销的几本杂志封面上？封面故事工具会给你带来所需的多种资源，帮助团队成员制定属于自己的实际愿景。同时，这样制定出的愿景务实又直观，能引起公司内外大量的反馈。

杂志（或电子杂志）

开始进行封面故事设计，首先要成立一支团队（多支团队更好），大家共同深入讨论一下，如果有朝一日接受杂志访问，大家要选择哪种风格的杂志。这一讨论十分关键，不同杂志的语言、特点、读者群体都不相同。无论你的选择是什么，进行这样的讨论都很有趣，又能激励人心。

标题

讨论完了杂志风格，再让我们来看看标题。你能为公司想到的最大、最有激励作用的标题是什么？你（或者至少你的公司）运用自己的理念正使世界发生着什么改变？访谈故事不仅谈论你最主要的成就，同时还要讨论你是如何白手起家的，并记录下你一路走来发生的那些顿悟时刻。文章的概要、作为支撑的事实和数据也十分重要。

正如其他许多杂志文章，访谈文章包含了采访内容。记者们可能提什么问题？你将如何回答？要如何表现你的疑虑？社交网络上人们的评论又会如何？

现在到了激动人心的时刻了，开始着手设计自己的故事吧。杂志是可视化载体。公司的封面故事同样也要配图。封面上会出现什么内容？这一切又将如何吸引读者关注？

封面

想方设法让封面抢眼，不要仅仅满足于便利贴式的提醒，自己画或是从杂志上剪下所需内容。

标题

设想几个令人眼前一亮的标题，人们会因为何种标题驻足，又会受何种标题吸引开始阅读这一故事呢？

概要

这篇专访的主要内容是什么？根据文章所说，该公司已经取得了什么成就？

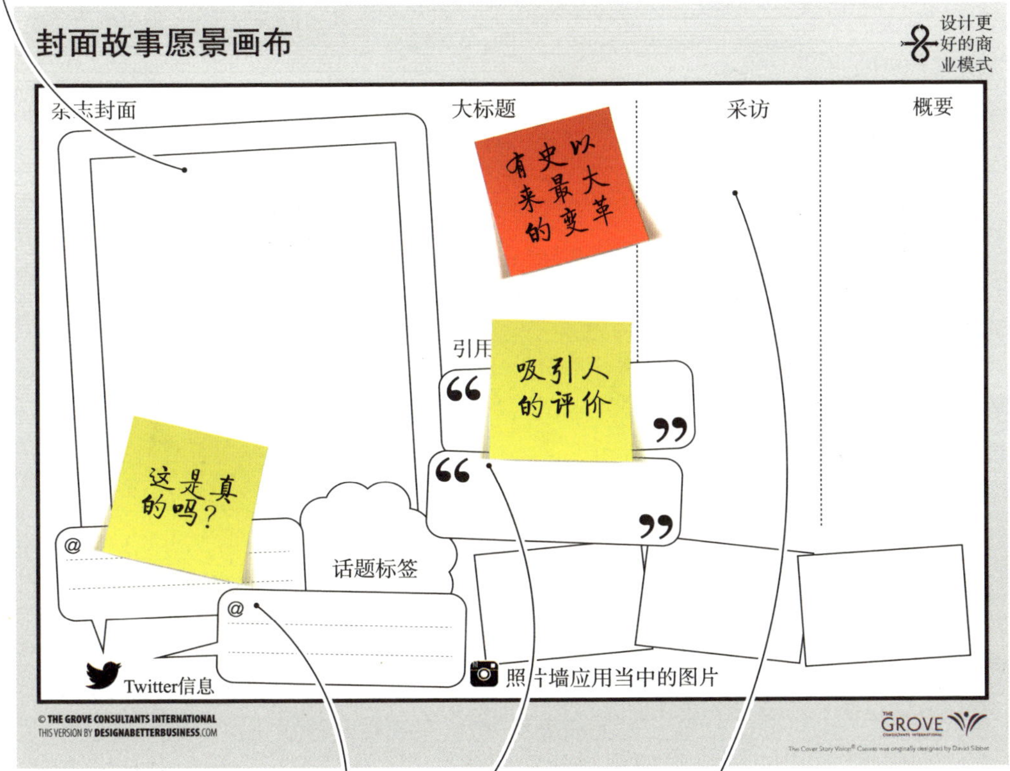

可以登录www.designabetterbusiness.com 网站下载封面故事愿景画布。

社交媒体

利用社交媒体和Instagram软件的图片功能，为你的故事添砖加瓦。哪类故事会得到人们的关注和点击？

公司评价

不要净说好话，也要考虑一下竞争对手和批评者会说什么。

采访

在采访中，谁是公司故事的叙述者？是你的同事，还是顾客？采访的主要内容是什么？

检查清单

- ☐ 你已经与同事们分享了自己的封面故事；
- ☐ 为使你的愿景更具体，设计一个可以添加内容的可视化封面；
- ☐ 你走出了自己以及公司的舒适区；
- ☐ 你制定出了一个可以在五年内实现的愿景。

下一步

- 运用五步大胆愿景画布完善你的封面故事；
- 与别人分享自己的故事，交流意见；
- 检查愿景是如何引起他人共鸣的。

愿景小结

询问顾客

从另一个角度审视你的愿景可以获取新的洞见，可以运用五步大胆愿景画布，询问一些顾客来做到这一点。顾客希望你能做什么？对他们而言最重要的是什么？当你邀请顾客参与自己的未来规划时，他们会变得惊人地诚实可靠。

愿景制作

收集一捆杂志，给组内每位成员发放剪刀和胶水。制作愿景情绪板，看看会发生什么。你们可以借鉴五步大胆愿景画布中的方法，将愿景陈述放在中间，两边是主题，底部是五大步骤。这为今后的对话提供了良好的材料，也为实现未来愿景的第一步绘制了美好的图景。

愿景杂志（封面故事）

让你的团队制作电子杂志，收集大家的想法。团队对未来的发展有什么设想？有哪些主题？

设计一幅能反映公司未来的封面：反映出公司对世界的影响。印制并在公司内部传阅这份杂志，这将成为点燃斗志的最佳方法（见 56 页“封面故事愿景”）！

从愿景陈述和主题开始

五步大胆愿景画布还有一种使用方式，那就是填好愿景陈述以及相关的支持主题，团队的工作重心就可以放到对主题的深入挖掘上了。每支团队还需要界定属于自己的五个步骤。详见 52 页荷兰银行的案例中，公司成员是如何进行这一步骤的。

白手起家

还有一种解决方案是给你的团队一张白纸，让他们任意发挥，将所有的想法收集起来，讨论并同步展现在图纸上。这种方法能够有效获得意想不到的视角，设计出更好的愿景。

共享可视化愿景

五步大胆愿景画布为企业的故事或可视化展示提供了绝佳的蓝图（见 52 页荷兰银行案例）。

打造商业故事最好的方法是：先准备好愿景陈述；将其支持主题按一定顺序排列，凸显这些主题是如何为愿景陈述服务的。解释每个主题的由来，最后再解释为实现这一愿景需要采取哪些行动。

工具：设计标准

无论你设计的是一种新的价值定位、商业模式还是未来整个发展战略，设计标准都为你即将要做的变革提供了行动的准则与标杆。设计标准并不是凭空产生的，恰恰相反，设计标准的产生与你的企业、愿景、顾客调研、文化与经济环境甚至是你在变革过程中形成的理念息息相关。

焦点
定义设计标准

±45分钟
会议对话

3~5人
每组人数

设计标准是什么

不要仅仅将这些标准简单当成你自己的想法，设计标准远远不只是你的想法。例如，环保设计理念也许恰恰来自你要为地球环境保护做贡献的公司愿景；如果公司愿景是要为顾客带去欢乐，就会产生不同的设计标准。你的新商业活动有在三年里获取一定利润的需求吗？如果有，这就需要制定更多的设计标准与之匹配。简而言之，设计标准能够驱使企业家保持正确的发展方向。

制定设计标准

你指定的设计标准最初极有可能来自团队共同形成的企业愿景。你会发现愿景中存在一些不容商量、十分重要的要求。当然，这也就是说还有一部分内容是可以灵活对待的（虽然可能并非那么灵活）。要找出愿景中最核心、最重要的组成部分，就要运用“MoSCoW”方法，将所有组成部分分为“必须（must）”“应当（should）”“可以（could）”“不能（won’t）”四种，各有侧重点。

现在，事情就容易多了（好吧，也许不一定容易了，但至少有了头绪）：将所有不容置疑的部分筛选出来分入“必须”一组，剩下的部分重要的分入“应当”组，不是必需但可以锦上添花的部分分入“可以”组。

在制定设计标准的过程中，企业愿景只发挥了一小部分作用，其他影响因素包括利润、市场份额、影响力以及公司的公众形象。这些因素都考虑进去后，根据重要性将它们按照“可以”“应当”“必须”进行分类。

当你开始制定设计标准时，也许会觉得自己应当稍微修改一下企业愿景，但这可能会改变你的发展方向。一旦出现这种情况，根据新的方向调整设计标准。随着理念的变化，设计标准可能会被不断修改与更新。

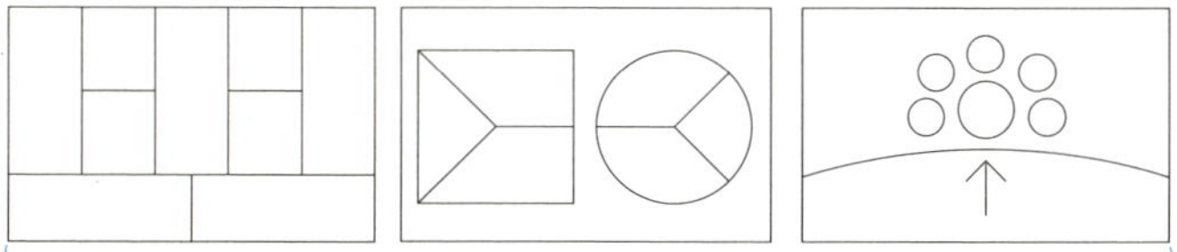

利用商业模式画布、VP画布、愿景画布作为设计标准的原料。

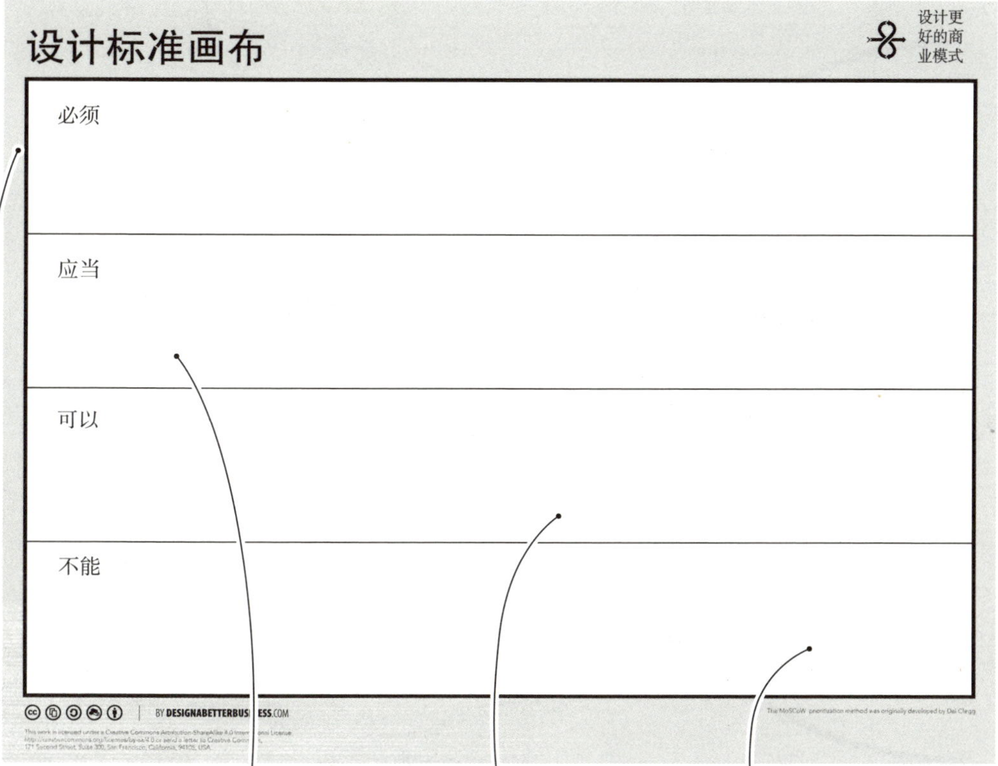

登录www.designabetterbusiness.com网站下载设计标准画布。

必须具备
设计中不可或缺的组成部分。

应当具备
不是必需的但可以锦上添花的设计标准。

可以具备
与实现目标没有必然联系的任何事物。

不能具备
设计标准绝对不能出现的事物。

检查清单

- ☐ 你已经通过投票等方式对设计标准进行了筛查，去除了不重要的部分；
- ☐ 你与自己的团队共同优化并丰富了设计标准；
- ☐ 你已经将设计标准与企业愿景相联。

下一步

- 丰富设计标准，使之达到S.M.A.R.T的要求，即明确（specific）、可测量（measurable）、可实现（achievable）、有相关性（relevant）、有时间限制（time-bound）；
- 重新审视自己的设计标准，看这一标准是否还具备实用意义。

案例：荷兰银行的设计标准

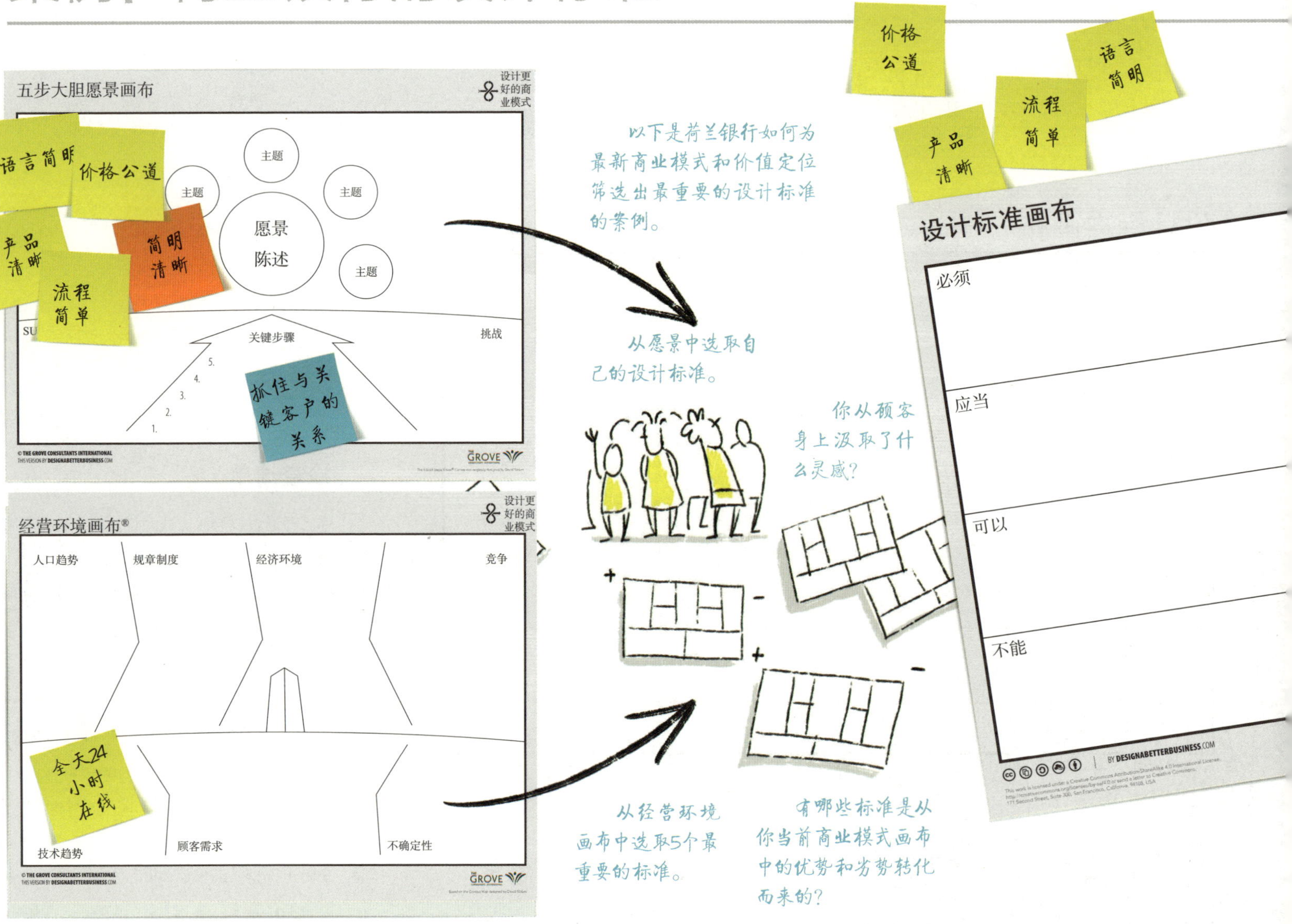

五步大胆愿景画布
见50页

经营环境画布
见102页

设计标准将在哪一部分体现？在商业模式中，还是在价值定位中？

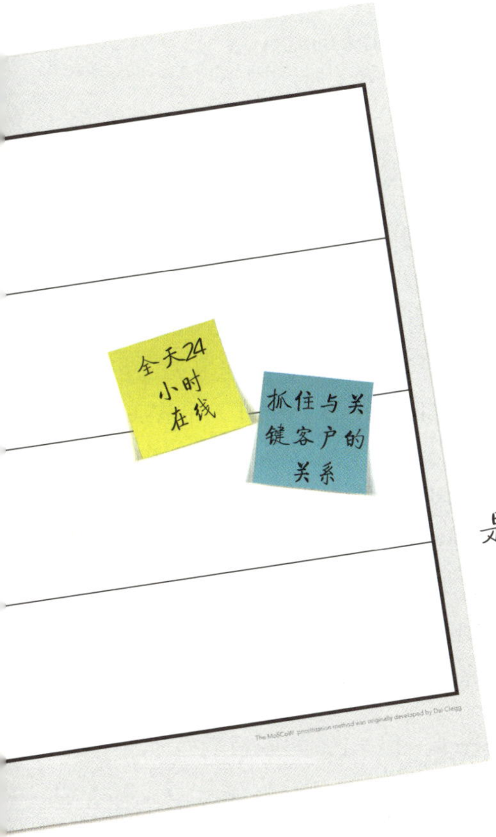

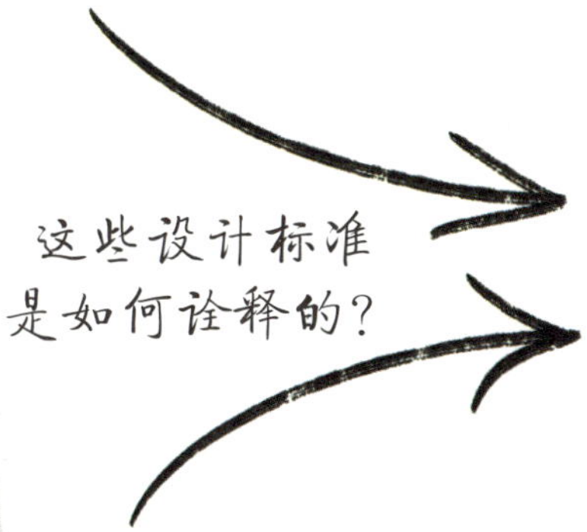

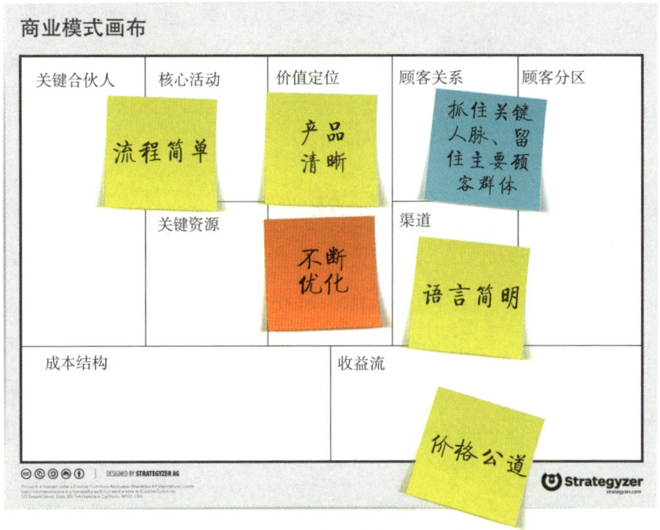

商业模式画布
见108页

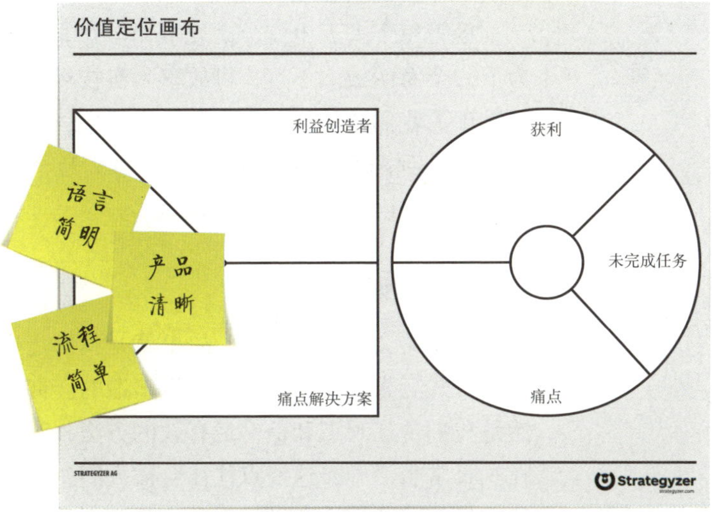

价值定位画布
见98页

设计标准有助于我们进行商业结构的头脑风暴，有助于你在日常活动中做出理智的判断。

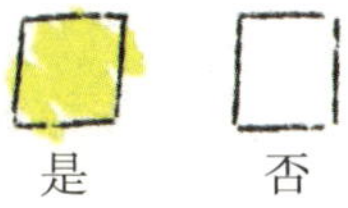

入门：故事讲述

人类每天都在讲故事，我们利用故事来解释观点、发现灵感、募集人选或是说服别人。在设计之路上，很多时候都需要企业家具备讲故事的能力。正如其他商业战略的基本条件一样，引人入胜的故事是设计出来的。

人的天性

人人天生都是说故事的高手，有些人甚至靠讲故事谋生，还有一部分人则在工作和学习中逐渐埋没了自己讲故事的能力。媒体并不能代替故事讲解，故事也不能被幻灯片、邮件或是电子报表代替。尽管这些工具可以辅助我们讲好故事，但第一步还是要先设计好故事。

故事

尽管每个人天生就会讲故事，但并非所有人都能成为下一个海明威。不过，讲故事是有技巧的。故事可以被设计。我们此处指的是广义上的故事，从人与人的单独交流，到酷酷的 TED 报告式讲话，乃至销售竞标以及董事会报告，这些都是在讲故事。

共享知识

从人类文明诞生之初，故事就是我们传递知识与信息的方式。人类的大脑是由故事塑造的。如今，故事仍然是我们传递观点和信仰最有效的方法，我们与故事同在。日常生活中，这一点往往会被人们忽视，但知识的传递仍然是我们生存必不可少的技能之一。

参与

神经学研究表明，人的大脑中与倾听相关的部分同时也在负责讲故事。讲述故事的过程中需要情感与其他感官的参与，倾听者能够在脑中“再现”故事情景，从中获取知识。这是纸上冷冰冰的数字永远也无法形成的效果。奇普・希思（Chip Heath）和丹・希思（Dan Heath）在《让创意更有黏性》（*Made to Stick*）中提出了这一观点，并在其后用一则都市传说（或称故事）说明了这一观点。传说有人在放满冰的浴缸中醒来，发现自己一侧的肾已经被人取出。还记得这个故事吗？正如希思兄弟指出的，这则故事之所以吸引了我们，是因为它简单、意想不到、完整、可信而又震撼人心。

PPT 带来的毁灭

既然我们每个人天生都是故事家，为什么我们还会觉得彼此的 PPT 做得无聊透顶？这是因为我们大多数人从未真正学习过怎么设计故事，即使在学校，老师也只是教我们如何进行学术写作、发表演讲，而这些恰恰都是理性、客观、不需要情感互动的单纯共享信息的有效方式。

故事讲述画布

我们通过绘制故事讲述画布来设计大家都愿意听的故事。你制作的 PPT 很有可能缺乏情感深度或是你想打造的影响力。然而，我们设计的故事仍然可以通过 PPT 来展示！

与本书中其他工具类似，故事讲述画布同样能运用可视、可参与、可控、见解深刻、鼓励人心的素材帮助你设计出能引起人们共鸣的故事。

关于可视化故事演示方面的相关信息，请阅读南希·杜瓦特的《沟通：用故事产生共鸣》一书。

有感染力的故事

故事在所有文化发展的过程中都起到了重要作用，但在专业领域的运用方面却发展缓慢。大多数时候，做出一份干巴巴的数据报告远比构想一个引人入胜的故事性演讲容易得多。

我知道现在“故事”一词已然成为行业热词，但那只是“小故事”。我要做的故事是“大写”的故事，是通过有说服力的叙述方式与别人沟通的艺术。我的故事里有开头，有高潮，有结尾，运用戏剧化手段制造紧张感与冲突，带领听众进入一个与众不同的境界去思考、感受和行动。

南希·杜瓦特
杜瓦特公司董事长

工具：故事讲述画布

本工具由Thirty-X公司设计提供。

在故事设计的过程中，你必须时刻记住自己的目标。你想让自己的听众了解什么，感受什么，听后需要去做什么？你的目标必须精练，因为在故事中只能包含有限的几个观点。

有形的
构建一个故事

±45分钟
高压模式

3~5人
每组人数

你的听众

除了明确自己的目标以外，你还需要认识自己的听众。他们关心什么？为什么他们要来听你的故事？不同的听众有不同的故事需求，不能指望一个故事满足所有的人。你甚至还可以用价值定位画布或是人物画布右半部分来描绘自己的听众。测试预测：在设计和叙述故事的过程中，回顾并检查自己的人物角色，及时做出更新。

前期准备与善后工作

故事要有意义，就应当在某种程度上改变你的听众，故事叙述完毕后，他们的信仰、情感或是知识应当发生变化。

听众如何在听到故事之前就感受到你的目标呢？这是他们当前关心的问题吗？在讲述过程中，你希望他们有怎样的心路历程？从听众角度去定义整个事件是成功的关键。

你的观点要尽可能改变听众的想法，还应当有一系列分属于理性、感性、道德等观点的清单。你的证据是什么？是否有案例支持？有没有相关奇闻轶事？找到其中能与听众产生共鸣的一点。

情感过山车

好的故事并不是平铺直叙的，而是跌宕起伏的，现在你应当设计故事的情感过山车。哪里是故事的高潮，你最主要的观点就应当在哪里体现。

三大部分

像那些好故事一样，故事讲述画布也有三大部分组成：开头、中间、结尾。你在开头设置情景，在中间部分设计故事主体部分，而结尾则要有余音绕梁的效果，让听众过渡到一个全新的心境之中。将自己的观点、案例、故事分散开来，最后再在这三部分中加入一点点幽默感。现在再回过头看看自己的情感过山车，你有没有遵循自己的主要观点？还是说你想要对观点进行调整？

在组织故事的过程中还要注意一件事，要尽量迎合不同的倾听方式。先照顾那些理性的、有组织性的听众，这类听众要先了解明确的讲话内容，才能决定自己要不要继续听下去。别忘了还要考虑到别人。感性听众会更有耐心，但需要有强烈的情感共鸣，否则他们容易感到无聊。现在，万事俱备，你的企业故事已经有了蓝图。

标题
故事的标题或主题是什么?

目标
你想通过这个故事达到什么目标? 你为什么讲述这样一个故事?

能量
你是如何规划听众的情感过山车的? 他们将在哪里达到情感高潮?

听众
你的听众是谁?为其设计人物角色!

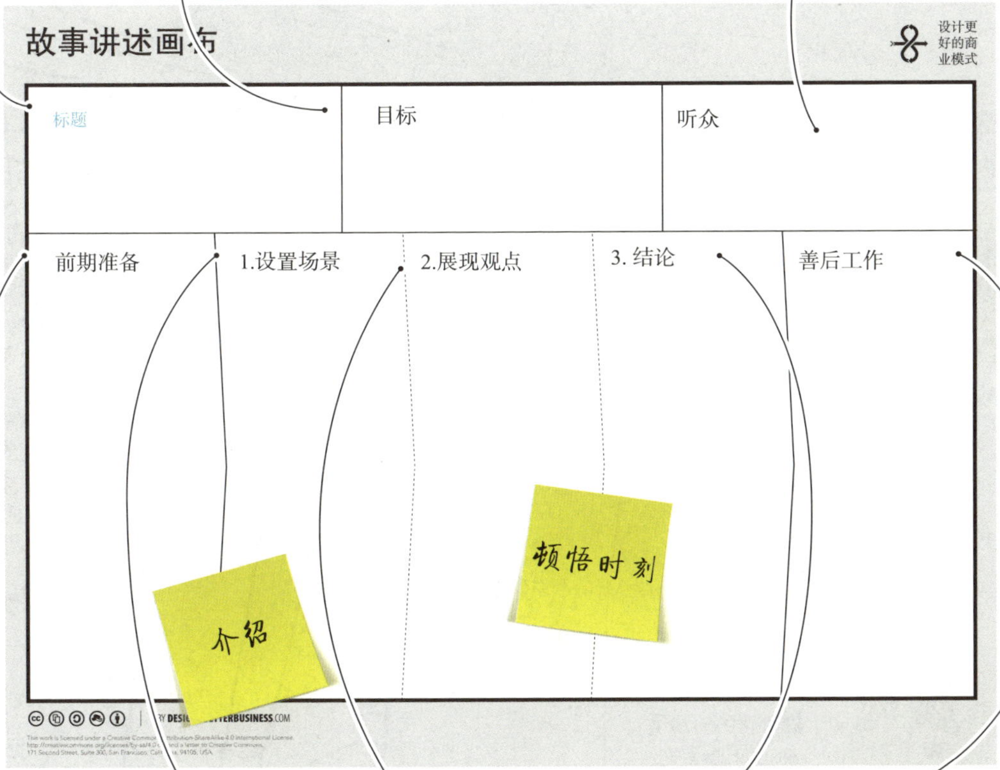

前期准备
在听故事前，你的听众对故事的主题有什么感受、想法或了解?

设置场景
根据情感、道德或事实等为故事设计一个背景，让听众更容易将自己代入。

展现观点
你想通过故事传达什么观点? 想如何改变听众的想法?

结论
你故事中有哪些观点、事实和奇闻轶事?你打算将它们放在何处?

善后工作
听完故事，听众有何感想? 要有具体细节!

登录www.designabetterbusiness.com网站下载故事讲述画布。

检查清单

- ☐ 你清楚了解听众的所思所感；
- ☐ 你有清晰的观点；
- ☐ 你为故事选取了一个强有力的结尾；
- ☐ 你知道如何把控听众的情绪高潮；
- ☐ 你明白自己可能发生的失误并准备了备选方案。

下一步

- 对故事进行测试；
- 制作可视化图；
- 测试讲述故事的节奏和情感。

案例：奥迪公司的可视化故事

强大的品牌

奥迪公司的一支团队要在公司内部进行一次营销推广，说服大家接受其制定的未来发展规划。汽车领域瞬息万变，要变革就要尽快取得公司的信任。这一企划故事非比寻常，以下是它们采取的做法。

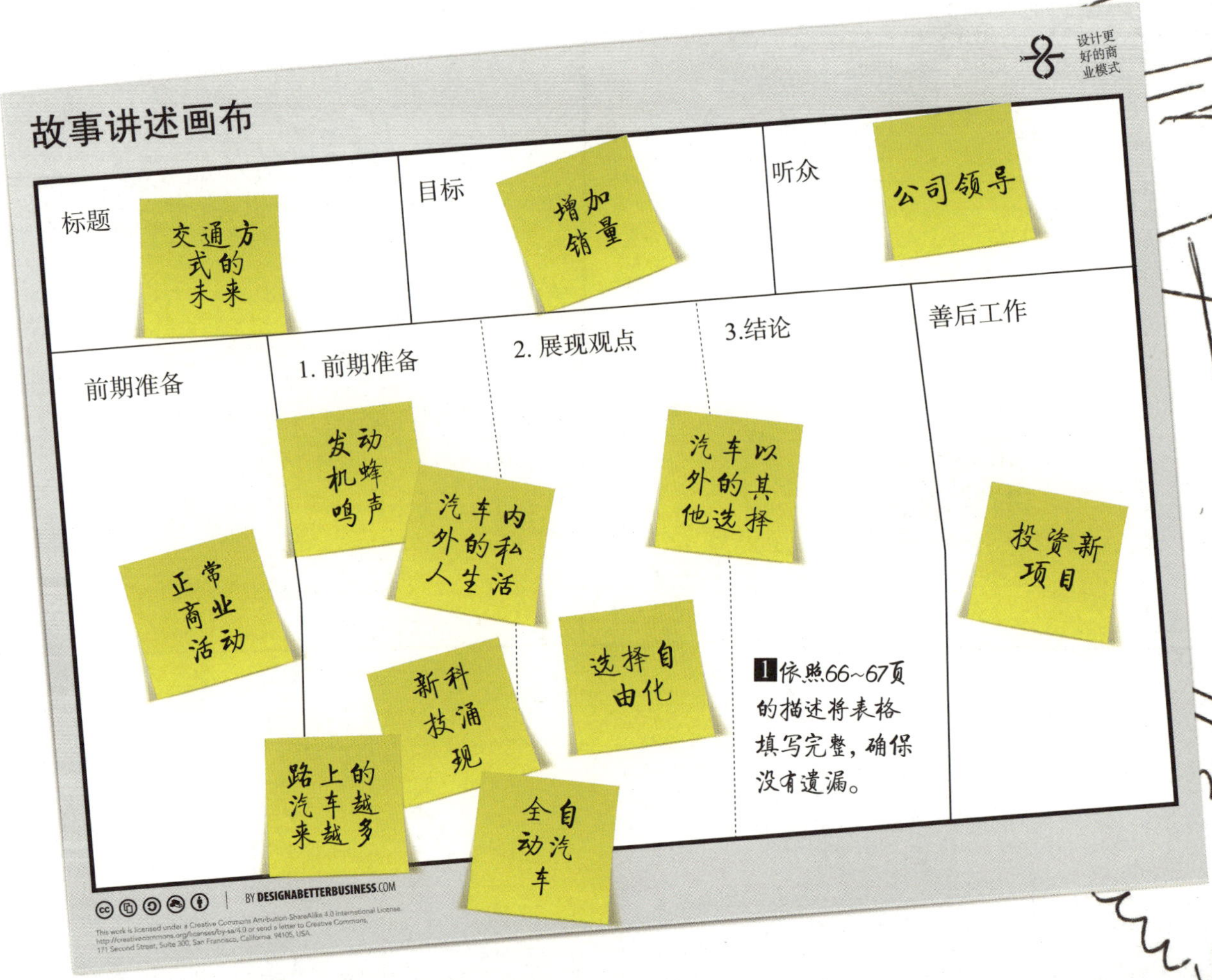

1 依照66~67页的描述将表格填写完整，确保没有遗漏。

2 与视觉团队合作，将所有便利贴转移到一张大大的纸上，先画出草图。回顾一下，我们有没有遗漏的部分？所有项目有没有出错的地方？

3 完善草图。这是展示并交流故事的好机会。奥迪选择了一张大图片。你也可以运用画布来打造图片、一个动画短片或者幻灯片。

故事讲述补充

顿悟时刻

听众们的顿悟时刻必须由他们自己来发现，那是他们头脑中的灵光乍现。正如在讲笑话的时候，如果过度解释了笑点，就没人会觉得好笑了。故事中蕴含的主要观点应当由听众自己领悟，不要过度解释。

提醒！如果你是在与投资者对话，那你的产品的顾客就未必是故事的听众，而投资者与顾客的需求是完全不同的。

利用好发言笔记

如果你要在公开场合演讲，就要使用发言笔记。你不一定要照着幻灯片一字一句发言，可以让故事听起来更加自然。

演练

知名喜剧演员往往在表演前进行无数次演练，才创造了一个个演艺上的成功。演练与在镜子前彩排不一样，彩排仅仅是第一步。

要为自己的演练找几个真实的听众，看看什么部分格外吸引他们的注意，什么部分让人们感到困惑，什么部分让人提不起兴趣？

使用道具

故事讲述不仅需要照顾到不同的聆听方式，还要考虑到听众们不同的信息接收方式。有的人格外在意视觉上的冲击，有的人则不然。使用道具有利于强调主题，同时又让人们将其与具体可感的物体联系起来。

结尾就是结束

故事讲完，就结束了。仍然站在讲台上，讲些与主题不相关的话题反而会让听众感到困惑，试想一下：听众会记住你最后讲的东西。这样的话，你演讲的结果会如何？

准备备选方案

讲故事可能是一件十分恐怖的事情，情况不会总如自己所愿。提前准备一个备选方案，以备不时之需，提前准备一个“救场”的小卡片以防万一。

想象自己是主角

讲故事的时候，你不是在与自己对话，而是在将这个故事传递给听众，努力让听众以为自己是故事中的主角，有身临其境的感觉。

文化背景

如果故事的听众与之前截然不同，或者在一个完全不同的文化背景下讲述这个故事，你就要做好接受文化冲击的准备。在之前的文化背景中能完美应付的笑话和例子可能完全不适用。美国橄榄球的暗喻在欧洲就完全没有效果，同时，请不要在英联邦国家以外的地区使用板球做例子。在讲故事前先进行测试。

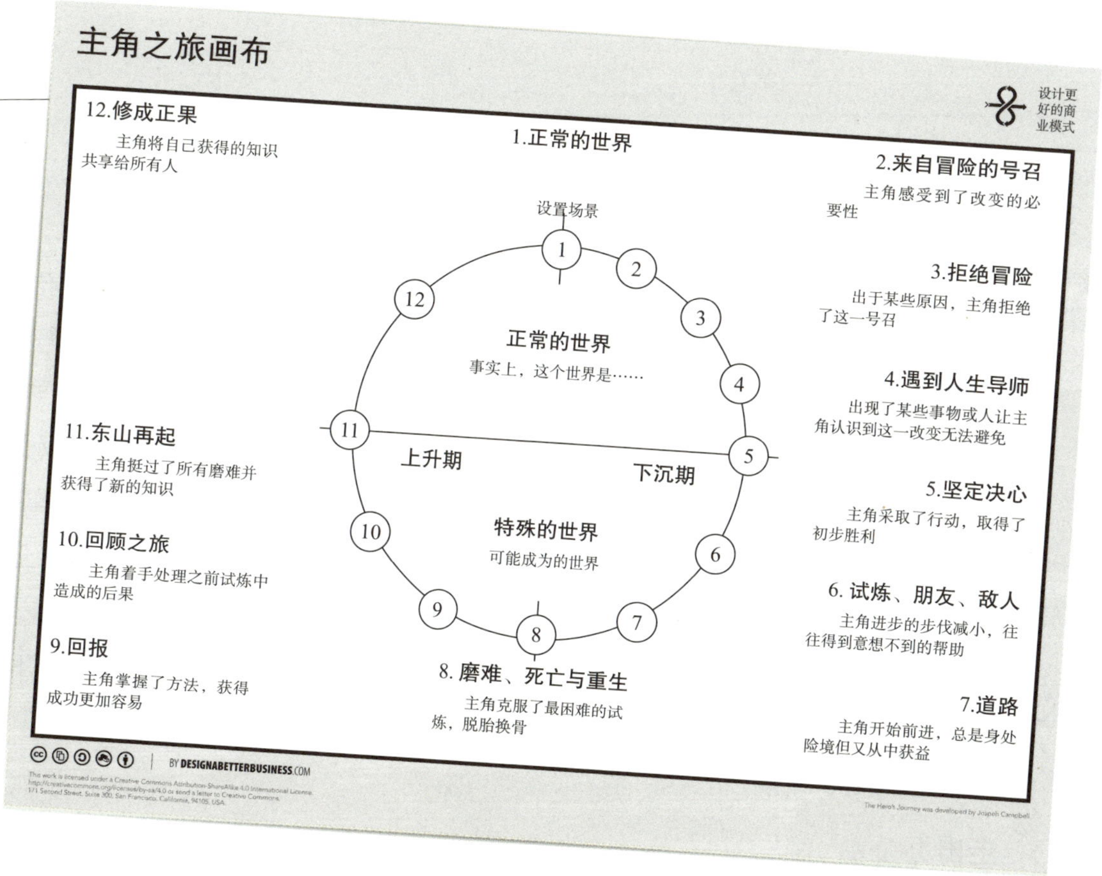

主角之旅画布

每部电影中主角的命运都遵循着一定的套路：开始一切正常，然后主角遇到了人生中极大的困难，此时通常已经发展到了电影中期。这种讲故事的经典方式很适合我们借鉴，按照主角的人生画布编排故事情节。

可以登录www.designabetterbusiness 网站下载主角之旅画布。

要获取更多的信息，详见约瑟夫・坎贝尔的著作《千面英雄》。

如今，你已经……

下一步

回顾

做一个叛逆者。

愿景是你及你的团队提出的号召性口号。

愿景不仅仅是**愿景陈述。**

设计标准是**变革的标杆。**

使用故事来鼓舞人心，**进行规模化。**

但是，这只是你自己的想法。

YEAH, WELL, THAT'S JUST YOUR OPINION, MAN«

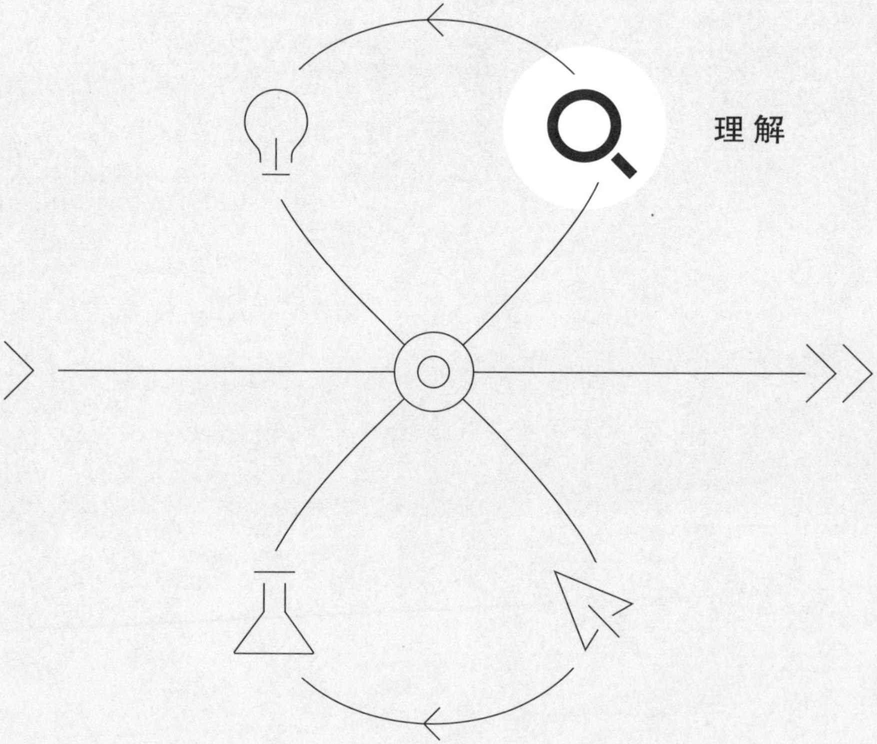
理解

第3章 理解

了解你的顾客

了解你的经营环境

了解你的商业

简介：寻求理解

不管是为公司设计变革方案还是为别人设计新产品，都是在为公司内部或外部的人做事。除了这些人之外，还有更广泛的经营环境以及公司的商业模式。要了解这些并确保成功。

当前的情况

作为设计者，你需要充分了解企业所在的世界，不管你是在创业公司、营利性公司还是非营利性公司。要充分了解顾客、了解最重要的经济环境（发展趋势、规章制度、竞争等）、了解所在企业的内部机制。所有这些元素组成了公司的基因。

为什么这种理解很重要？最大最有效的商业转变、战略与创新源于嘈杂中隐藏的答案。它们可能来自你的舒适区之外。出现这种情况也是有原因的。但是，如果不另辟蹊径，审视自我，如何知道会发生什么呢？

充分的理解能力是做出好设计的秘诀。设计者都会很主动地离开自己的舒适区，探索并实验别人认为“无效”或者“无用”的东西。当他们处在自己的舒适区之外时，其实是正在为自己建立更大更多元化的舒适区。世界在他们眼中就会更充实丰富，他们的观点的视角就会更加新奇、更加令人振奋。

然而，探索并非只是新奇出色的创新。探索你所处的环境与商业模式有助于了解企业的优势与弱势。例如，了解你的顾客购买竞争者商品的原因，有助于深化对自己企业的理解。你的顾客需要的绝不是你想的那样！对顾客、环境与商业的深入探索会带来不同的见解，这会为你未来的工作带来一些启发。

探索的理由

离开公司出去探索可能是比较困难的事情。办公室不仅舒适，而且大家意见一致，都是“正确的”，离开这样的环境会让人不寒而栗，毕竟公司内部的报告看起来很不错。以下情况在大公司尤其常见：大公司需要完美无瑕的执行，这样就会导致大家的视角过于注重当下。当你把事情分成“合适”与“不合适”，或者“对”与“错”两方面时，就更易于执行。这种态度又易于与名声危险地联系在一起。对的人往往得到尊重，而敢于犯错的人则被排斥在外。但是问问你自己：你是更愿意做对的事情，还是更愿意取得成功？探索的实际成本往往是最小的，主要就是要付出时间，而不需要其他的付出。对设计者来说，大家都同意的情形往往是明显的警告信号。要学会在正常业务与探索企业外的领域之间取得平衡。

不要有压力

很正常，接受这种新的探索方法会让你感到压力与不确定性。收集冲突的定性数据需要新的思考方式。要先花时间观察再做研究与判断，这一点非常重要。因为大家往往易于不假思索地用现有的视角去解读新信息。

渐渐地，你就会知道如何处理新的信息了。你会培养出一种走出舒适区的本能，在舒适与不舒适之间寻求平衡。这样，你就会不断地得到新的信息流，这些新信息是关于环境如何影响你的企业、顾客行为如何、顾客的痛点是什么、顾客的喜好与厌恶等。你越深入了解顾客、环境与你的企业，就越能想到更多的观点，这样你的设计之路就会越成功。就是这么简单。

了解你的顾客

了解顾客是最重要的一点。如果不知道价值对顾客而言是什么，你就无法与他们建立联系。自己认为自己了解顾客这种想法是非常危险的。走出办公室，去了解顾客需求吧，你不会后悔的！

了解你所处的环境

了解你所处的商业领域也是很有必要的。哪些驱动因素影响了你的行业？目前的趋势如何？经济与政治环境会有怎样的预期变化？有哪些未知的大事？还有其他同业者吗？有哪些竞争者？会有哪些新进入者？世界是在不断变化的。设计者需要随机应变。

了解你的企业

做出变革之前，你需要了解你的企业运营模式。你的企业如何创造价值？谁是你的顾客？这些问题看似容易，但实际上关于“企业的引擎是如何创造、传递并获取价值”这一问题的答案并不总是很清晰。如果你能充分了解并确定你的企业运营模式，就能了解其他的商业模式，例如竞争对手的运营模式。这不是让你盲目地模仿竞争对手，而是要去了解竞争对手是如何以不同的方式解决同样的问题的。

技能：善于观察

观察能影响你对顾客的想法，有助于更好地了解顾客。观察可以为你提供不同的观点，有助于验证你的假设。但是，观察世界有正确的方式，也有错误的方式。

设想这样一种情境：你坐下来要喝一杯咖啡或一杯茶，你要怎么打开糖包？继续读下去，我们会回到这个话题。

观察能影响你对顾客的想法，有助于你更好地了解顾客。观察会改变创新的方式。但是，观察世界有正确的方式，也有错误的方式。

你观察潜在的顾客时，目的是发现他们潜在的需求与追求——就是他们自己都没有意识到的那些需求。顾客往往无法告诉你他们的这些需求。跑步者仅仅是为了强身健体才跑步吗？或许他是因为减少周日吃比萨饼的罪恶感才去跑步的。在不同的场合观察他一段时间，你就会发现原因。

要成为墙上的一只苍蝇

观察的一个好方式就是要做墙上的苍蝇，在人们最自然的状态下去观察他们，发现他们生活中的重要时刻。顾客在日常生活中做出的决定往往很重要。毕竟这些决定不仅导致了他们今天做的事，还会影响他们明天的选择。就像研究者不会告诉被试服用的是安慰剂一样，你也不能让顾客知道你想了解的东西，先观察一段时间。顾客的行为要是自然的、无意识的，就像你不在现场一样。

不要空手而去

在大胆出去观察顾客之前，你需要做相关的计划。先确定观察的对象，你要观察什么群体、活动与行为？预先选定要观察的环境与地点，在一天不同的时间段，顾客会在哪些地方？这很重要，因为顾客在一天中会有不同的活动。如果你很想观察顾客锻炼的情境，那就在早上或者晚上去公园、健身房、操场等地点。不要忘了带上材料，可以用笔记、图片与视频等形式记录你的发现。忘记观察的关键时刻会让你难堪的。更糟糕的是，这会让你无法与团队分享你的成果。

之后，在开始探索与观察时，将你的观点与假设留在办公室里。不要做判断，只管埋头研究。关于本节开始的糖包问题：先摇一摇，然后再撕开。

不要空手而归。带上工具，记录、录音，并初步写下你所发现的。这既有助于你记住每一个小细节，也可以更轻松地与你的团队分享。

像设计者一样思考

你可以学着像设计者一样思考与工作。像设计者一样思考就是在不同的视角之间进行转换，从而找到解决方案。对设计者来说，有三个非常重要的视角，它们分别是你的视角，你的企业的视角以及顾客或社会的视角。团队在设计方案时，需要了解顾客的视角。我想确保大家步调一致。顾客视角部分包括了解顾客为了赚钱会投资时间、资金与精力。如果不分享这一视角，让每个人参与到方案设计中就变得毫无意义。

如今设计者的思维方式越来越重要。当今世界越来越重视设计、敏捷、灵活与适应性这些特质。世界变化得越来越快。其中一个变化就是人们接收信息的渠道越来越多，分享的信息也越来越多。以前知识是商业中最重要的品质，而现在寻找以及在不确定性中发现商机的能力已经取代了知识，成为商业人士最重要的特质。

艾迪・凡・伯洛（Ad van Berlo）
凡伯洛集团主席

技能：善于提问

提问与观察一样重要，有助于了解顾客关心的东西以及关心的原因。提问会让你更全面地了解顾客的生活，从而获得观点。提问与观察一样需要遵循一些简单的规则才能得到你需要的见解。

质问你所看到的

观察顾客的自然状态会让你知道他们做了什么事情，他们关心什么，他们做了什么决定。但是，观察顾客未必能让你知道他们做出决定的原因。观察顾客而没有提问会带来很多假设。

在之前举过的渴望比萨饼的跑步者的例子中，你在找出他每天跑步的主要原因之前，需要观察这个人很长一段时间，你可能会根据他不同的跑步路线得到很多新的假设。但是，如果你请求他停下，询问他的生活方式，很可能就会推测出跑步（与比萨饼）对他的意义。将你的提问与之前观察他跑步得到的数据结合在一起，你会得到更完整的认识，这种认识会让你更深入地了解他起初为什么要跑步。

提问合适的问题

关键不在于你会得到什么样的答案，而在于要提合适的问题。问题合适才能引出既有趣又有效的对话。如何提出合适的问题呢？如果你很想了解当前的情境，就要避免是 / 否一类的问题（例如封闭式问题）与跟产品有关的问题，这样才会引出较好的对话，从而切入主题。

尽可能观察与提问同一个顾客群体。先观察他们，了解他们的行为而不是他们的看法。然后提出有关他们的选择及其原因的问题，包括为什么他们要做正在做的事情。然后再去观察他们。在前面提到的例子中，你可以提问跑步者是否偏爱意大利腊香肠或者夏威夷口味的比萨饼。但是，你也可以只观察他点了什么口味的比萨饼（如果你想知道他为什么偏爱其中一种，就必须要问他）。

拇指规则

- 如果顾客知道你想听到什么，就不会对你讲真话。
- 观点是没有用的。观点是随着环境的变化而变化的，无法提供任何有效的信息。
- 顾客知道他们的问题，但是不知道解决问题的方式。
- 有些问题实际上无关紧要。对锤子来讲，每个物体都是钉子，但不是每个问题都需要解决。
- 观察顾客行为可以了解他的问题与不足，而不是顾客认为的他们的问题与不足。

不合适问题举例：

（固定地提问关于顾客生活的问题）

✗ 你认为这是个好主意吗？

只有市场才能证明你的主意好坏，其他的都是观点。

✗ 你会买具有某种功能的产品吗？

像这种问题的回答通常都是"是"。

✗ 你愿意为某种产品出价多少呢？

与上一个问题一样糟。这个问题会误导你，因为数字会给人一种严谨、真实的感觉。

合适问题举例：

✓ 你为什么会花精力在这件事情上？

这个问题有助于了解真实的问题，而不是你认为的问题。

✓ 那样做的意义是什么？

这个问题有助于区分真实问题与恼人的问题。

✓ 跟我讲讲上次发生这件事情的情境。

高中写作老师一定教过你，好故事是"展示出来的，而不是讲述出来的"。

欲了解更多背景，请阅读罗布 • 菲茨帕特里克的著作《母亲测试》

每个人都会**说谎**

大家常常说：不要问自己的母亲你的商业想法是不是个好想法。母亲不会讲真话（因为她爱你）。其实你提问的每个人都会撒谎（或多或少）。重点是你不能问任何人这个问题，这个问题是没有用的。他们没有义务告诉你真话，发现真话是你的责任。

罗布 • 菲茨帕特里克在自己一段不好的经历之后出版了《母亲测试》："我们花了 3 年时间建立社交广告技术，花光了所有投资者的钱。我好几个月都在跟顾客交流，后来才发现自己做的一切都是错的！"

他在书中提到三个简单的规则，这三个规则有助于提出合适的问题：

1. 谈论顾客的生活而不是你的主意。
2. 提问顾客以前的具体细节，而不是对未来的概述或观点。
3. 少说，多听。

罗布 • 菲茨帕特里克
创始人中心（Founder Centric）
创始人，《母亲测试》的作者

有关理解的故事

时机明显不好

某个来自一家生产青少年产品的大型制造企业的团队，投入时间探索其顾客旅程。它们意识到其实顾客旅程比它们假设的开始得更早，于是他们顿然醒悟。父母不是在孩子出生的时候才计划为孩子购买产品，这种想法早在他们发现怀孕的时候甚至是怀孕之前就开始了。他们将这些想法呈现在纸上，最终解决了这个问题。

第一印象

荷兰某家大型医院的团队采用了设计者的思维方式之后，决定观察病人在医院的体验过程。他们拿着相机，去病人走过的地方。他们发现停车场都是黑漆漆的，难以辨认方向。除此之外，还注意到病人停车时映入眼帘的第一幕是某家快餐店的广告牌，这完全在调查团队的意料之外！

先阅读我的病历，蠢蛋！

医生们往往认为病人最大的痛苦是他们办公室长长的病人名单。某个医生有一次问来访的一位病人这个问题，该病人回答说："我不是很在乎这个。但是，下次我来看病时，请提前阅读我的病历，我不是苏珊！"

积累丰富的经验

一家保险公司认为市场上存在很大的缺口，于是设计了一套方案致力于填补这一缺口。但是在实施计划之前，他们想先验证该假设。于是公司派了两个人带着相机骑着自行车去寻找答案，这两个人在一个小时之内尽可能多地收集了人们对该假设的反馈。当他们把假设呈现给潜在顾客时，他们的第一反应都是让公司重新考虑这些假设。

购物悖论

一家创业公司想开发一款应用程序，提升妈妈们在食品杂货店的购物体验。创业者需要有更深入的理解，才能准确地知道如何开发这款应用程序。

首先他们跟潜在顾客交谈，以了解她们的购物习惯。他们将这些交谈内容与在食品杂货店观察到的行为做了比较。

虽然妈妈们声称非常确定自己每天的购物日程，但事实上不是这样的！当被问及相关问题时，所有的妈妈都说她们会购买健康的多功能产品。但是，当她们置身商店时，大多数人会忘了购物清单，而更看重价格与优惠活动！

妈妈们说的话是善意的谎言吗？这个无关紧要。重要的是，想要真正理解顾客，观察与提问（合适的问题）同样重要。不要完全相信顾客说的每一句话！

打扫老人的房间

降低打扫房间的速度是一家居家养老服务公司的主要战略。在拜访了多位老人之后，公司逐渐意识到，这些老人重视的是受到关注的程度，而不是干净的房子。

因此，公司将 iPad 送给老人们，使他们可以与自己的儿孙建立联系。同时，公司也通过应用程序为他们提供服务。

如果只选择看，你眼前的一切就都是事实。

设计思维有助于你了解顾客 »

wavin 案例：威文公司喜欢管道工

CONNECT TO BETTER

我不相信重新建立一家工厂会帮助我们改变商业结果。我想探索更多的可能性，即便这种探索意味着与之前的做法背道而驰。

威文是一家大型 B2B 生产商，主要生产用于污水与水源供应的塑料管道，公司在土耳其市场具有举足轻重的地位。2013 年，公司的市场份额降低了，跌出前三的位置。威文的塑料管道是大宗商品，主要基于价格竞争。公司的首席执行官问道：“我们应该如何重获行业领导者的市场地位？”

理查德·凡·德尔登
供应链与运营执行董事

2013年8月，威文想成为土耳其市场的佼佼者，当地的管理团队接受了这一重任并设计出一套方案，是一项商业计划。

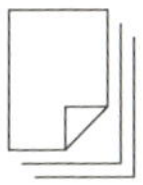

2013年9月，威文计划在伊斯坦布尔附近建立新的工厂，公司现有的工厂位于阿达纳，离土耳其人口最密集的城市较远，大家都觉得在伊斯坦布尔建立新工厂能够扭转局势。

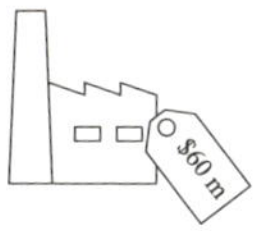

让我们建立新的工厂吧

面对首席执行官提出的挑战，公司的销售团队核对了相关数字，并提出了认为可行的解决方案：建立新工厂。销售团队认为在伊斯坦布尔这一增长市场附近建立新工厂生产管道有助于公司进行价格竞争。团队还提交给了首席执行官与理查德一份商业计划书来支持其观点。公司当务之急就是建立工厂。

更多的产能？真的吗

理查德·凡·德尔登：当看到这份商业计划书是关于建立价值 6000 万欧元的新工厂时，我惊呆了。他们又交给了我一份有关在伊斯坦布尔建立新工厂生产管道、以低价销售管道的详细说明。公司已经拥有了足够的产能，重新建立新工厂有助于重新获得市场份额吗？

威文公司发现了一个全新的未来

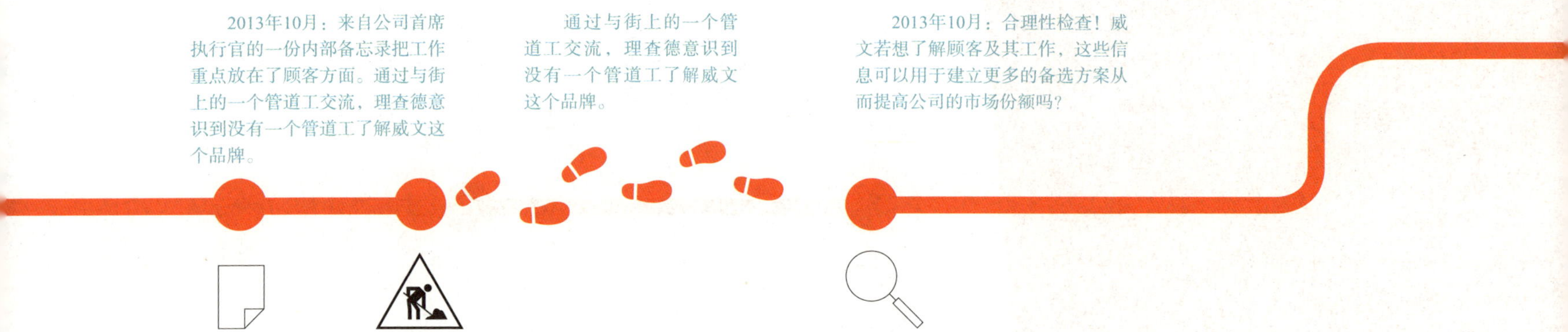

这种做法会如何影响我们的利润率？公司要在主要市场附近生产并有足够的库存，销售团队对此深信不疑。“顾客现在想要最低价格的产品！”但是我想探索其他的方案，更重要的是，我想了解我们的顾客现在在购买什么产品，为什么要购买那些产品。

我们不了解顾客

理查德·凡·德尔登说道：“有一天我在阿姆斯特丹停车时，看到一个建筑工地上有威文的产品，就与工地上的一个管道承包商聊了起来，他跟我说，‘我的顾客追求最高的质量，可是他们不知道威文这个品牌。’我豁然开朗，原来我们并不了解顾客！

合理性检查

理查德与公司的首席财务官安德烈斯·卡尔德隆（Andres Capdepon）做了一个大胆的决定，了解顾客的真正需求后再制定下一步方案。

考察队

为了了解顾客，由威文公司土耳其的员工、理查德以及安德烈斯组成的团队到建筑工地进行了实地考察，以观察顾客在自然状态下（工作）的行为。团队在为期一周的实地考察中收集到了许多有用的信息。他们了解到，由于工地现场的管道工使用的设备与材料不当，使得其产品质量大打折扣。除此之外，经销商偏爱店内的品牌，更重要的是他们不仅仅分销管道，还会联系管道工。团队向管道工、承包商与分销商提出的问题越多，了解的未知的东西就越多，这些东西引出了更多的问题。

公司组成专门的考察小组，离开公司办公楼到建筑工地进行实地考察，观察并了解管道工与安装工人在做什么。

2014年6月，威文了解到技工承包商并不是其顾客，公司无法给这些技工提供价值主张，但是对管道工来说就不一样。

最后，公司做出艰难的决定，要取消建立新工厂的计划，因为这无法帮助公司实现目标。这个决定让致力于研究建立新工厂计划的团队成员非常扫兴。

2014年6月，威文公司在土耳其成立了第一家学院，由于掌握了相关信息，他们现在知道了自己真正的顾客群，为顾客创造价值的方式（与顾客一起创造价值）。威文准备好将其学院扩建到其他地区。

顿悟时刻（顾客不是你想象的那样！）

实地考察之后，团队邀请顾客到伊斯坦布尔当地的一家酒店与项目小组见面，为其不同的方案做出反馈。管道工都对公司想方设法帮助他们更好地工作，为顾客提供高质量产品的做法非常感兴趣。比起低价，管道工更想要专业的指导性视频、产品指导手册以及与威文专家直接联系的机会，这是公司团队最重要的发现。威文公司如果能提供这些服务，那就会更具竞争力，为顾客带来更好的体验，这是威文团队的顿悟时刻。根据其深入了解到的信息，团队设计了新的社区驱动型方式：公司可以通过与管道工分享知识（与茶饮）有效帮助顾客。这种方式变成了（免费的）威文学院。

分享知识

威文学院的第一个实验取得了巨大的成功。于是，项目小组决定在公司位于阿达纳的生产基地建立威文学院。2014 年 6 月，在学院成立几个月之后，“当时有 7000 多人参观了学院（见我们的 Facebook 官方主页），”奥尔洪（Orhun）说，“我加入土耳其团队时就知道这是提高顾客参与度的有效方式，我们给他们指导，向他们学习，由此我们与顾客建立了良好的关系，而这是建立工厂无法做到的。简而言之，我们在顾客心目中越来越重要，他们对我们也很重要，以前我们觉得这是不可能做到的事情。”

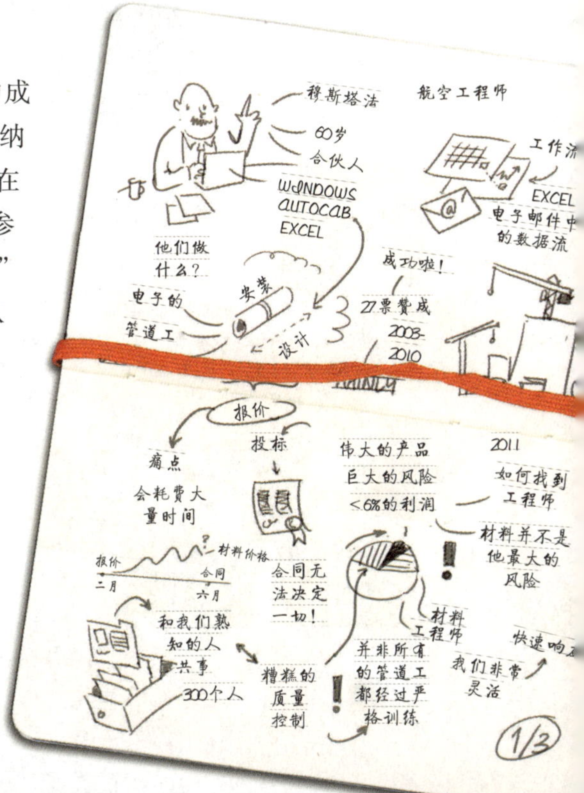

在采访观察对象期间所提问题实例

这个故事带给我们的是……

理查德·凡·德尔登：虽然建立工厂的确是提高公司在土耳其市场份额的一种方式，但是我们认为这一计划是基于我们对市场与顾客工作、需求的假设。我们知道还有其他选择值得探索，所以我们决定首先验证我们的假设，从顾客那里了解一手信息，而不是将时间浪费在会议上争论一个方案的可行性。于是我们走出办公室进行了实地考察。

公司自己进行调研，能够比聘请第三方进行市场调研了解到更多的信息。在顾客活动的地区观察他们，我们发现了隐藏的背景与意义，并根据发现提出了新的问题。这些问题的答案让我们进一步深入了解了我们的顾客与土耳其的商业管道市场。我们还与安装并使用产品的顾客建立了长久的关系。

最后，我们投资了几十万美元建立了第一个威文学院，而没有投资几十亿美元建立新工厂。我们现在在伊斯坦布尔靠近顾客的地方建立了一个分销中心。除了威文学院，我们还有实体店，用于与顾客交流，从而强化威文公司的品牌形象。设计思维现在已经成为我们的业务核心。

位于土耳其的全新的威文学院。它是如此地成功，已成为未来所有全球威文学院的典范。

管道工喜欢威文，它可以帮助他们更好地完成工作。

了解顾客

很久之前有一家公司，这家公司非常了解自己的顾客，其产品与服务大受欢迎，公司也因此得以发展。于是公司不断招聘经理，建立起一套流程与系统。后来，公司的好奇心逐渐让位于效率。

曾有一段时间，公司的业务蓬勃发展：顾客不断购买其产品，公司的价值定位与顾客需求紧密相关。但是一年以后，公司的销售额不断下滑，公司的经理也不知道原因。这种事情的发生毫无征兆，公司的电子试算表预测不到这一点。经理们认为顾客本应该继续购买公司的产品，但是他们没有。公司过于满足过往的业绩，变得越来越与其顾客脱轨。

我们都读过这个故事

显然，这不是经营公司的正确方式，但是这种现象每天都在发生。许多曾经名噪一时的公司因无法与时俱进而破产，这些公司包括零售商、唱片公司、电信公司和出版社等。为什么这些公司会因为过时的系统与流程而被淘汰？

> 公司的未来充满未知。

公司往往会编造对顾客的认知，这样不仅可以实现知识的规模化，还易于进行决策。只要公司能够不断根据市场调整战略，使用这种方式也未尝不可。但是战略调整是由人来做，而不是由系统来做的。

敢于提问题

我们信任专业的经理，为了不显得自己愚昧无知，就拒绝提问题。但是公司的种种经历表明，敢于并坚持提出诸如“为什么”或“要是……会怎样”等与设计相关的问题是发现与创新的基础。

除了过于服从专家的意见，公司还会在顾客面前过度表现得像个专家。向他们提问题既令人尴尬又可怕。要是顾客不再信任你了怎么办？难道你不应该了解所有的事情吗？顾客还会继续购买你的产品吗？

有趣的是，反过来效果会更好一些。向顾客真诚地提问题，如果这些问题不是为了销售或是炫耀知识，而是想更好地了解顾客及其需求，那么顾客会心存感激。

每个人都会说谎（即使不是有意的）

实地观察非常重要。学会理解身体语言、面部表情与行为方式有助于更好地了解顾客，这也是为什么设计者要亲力亲为。要参与到交谈中，并亲自观察顾客行为，用自己的思维去建立联系，直接看到其中的模式。罗布·菲茨帕特里克说过：“观察顾客如何完成一项工作也可让你知道产品存在的问题及其原因，而不是一味地倾听顾客的想法。”

阅读第81页，获取更多有关罗布·菲茨帕特里克对“提问的技巧”的说法。

培养习惯

观察并提出问题是设计者日常的习惯性行为。当你逐渐了解了周围的世界，就会开始注意到许多细节与不易察觉的信息。一开始提问题而不是做出判断会引起你对周围事物的兴趣。你的思维就会适应这种新的好奇感，从而在观察、提问与分析之间建立有趣的联系。

你会逐渐看到别人察觉不到的模式。你会渐渐培养起自己的直觉，会在顾客意识到自己的需求之前就有所发现。

接起电话！

我们那时候正与一家家政服务公司合作，那家公司的首席执行官想到一个商机，是针对医院这一新的顾客群体。她想做为期两个月的案头研究，我们劝她不要等，要即刻去了解这一顾客群体。也就是说，不要依靠案头研究，要跟这些顾客面对面交流。

我站在她旁边，建议她打个电话给她认识的医院首席执行官。她感觉有点压力，但还是拿起电话立刻打给了那个首席执行官。那家医院的首席执行官非常高兴接到她的电话，并邀请她共进午餐。

他们吃饭的时候谈得很开心。她对医院这一顾客群体也有了深刻的认识，知道自己的公司并没有重视顾客真正的需求。如此一来，她就不用再浪费时间做两个月的案头研究了。通过与顾客交流，她不仅有了深刻的见解，还与顾客建起立了牢固的关系。

迈克·杜瓦耶（Maaike Doyer）
战略设计师

工具：顾客旅程画布

顾客旅程画布这一工具有助于深入了解、跟踪以及探讨你想为顾客解决的问题。这一问题或者机会在他们的生活中是如何出现的？他们是如何经历这个问题的？他们是如何与你交流的？

个人的

绘制顾客洞查

± 45 分钟

工作对话

3 - 5

每组人数

绘制顾客旅程画布

绘制顾客旅程画布有助于你更好地了解顾客对产品或服务的体验，以及如何向他们提供更好的产品与服务。如果与顾客一起绘制体验图并与他们一起验证你的假设，会更有效。顾客体验都有哪些情况？顾客在整个体验过程中感受如何？在哪些地方可以进一步提高顾客的体验呢？

非线性

顾客旅程不是线性的，而是受到多种因素的影响，顾客可以从一个阶段迅速转换到另一个阶段。他们在这个过程中接触到某些顾客接触点，但是也会错过很多。设计者要了解顾客参与的时刻，以设计出更好的顾客体验。这个工具有助于你从顾客的角度去审视你的产品和服务。

当然，没有顾客旅程是完整的，绘制时存在假设。绘制顾客旅程画布是基于团队的知识与见解，这个工具仅仅有助于从顾客的角度理解顾客、探索顾客需求。

回到现实

顾客旅程画布让事情变得更真实。通过绘制这种画布，你可以知道顾客的痛点在哪里，他们好的体验在哪里，为什么会有好的体验等。团队使用这一工具，就可以轻易得到想要的信息。你与团队成员合作绘制、整合出顾客旅程画布之后，可以通过实地考察顾客、面谈与反馈等方式收集真实的顾客数据并加入到顾客旅程画布中。这个过程可以让你根据现实情况做出决策。

顾客体验与团队以及公司里的每个成员都有关系。这些人必须充分了解顾客体验、顾客感受、顾客痛点以及如何提升顾客体验等问题。最重要的目标就是解决顾客的问题，让他们感到快乐。

人物信息

先确定你要提升其体验的顾客是谁（例如，他们的名字、年龄、职业以及婚姻状况）。

接触点

跟顾客接触的不同时间地点（例如，商店、网上、在线会议、电话、邮件）。

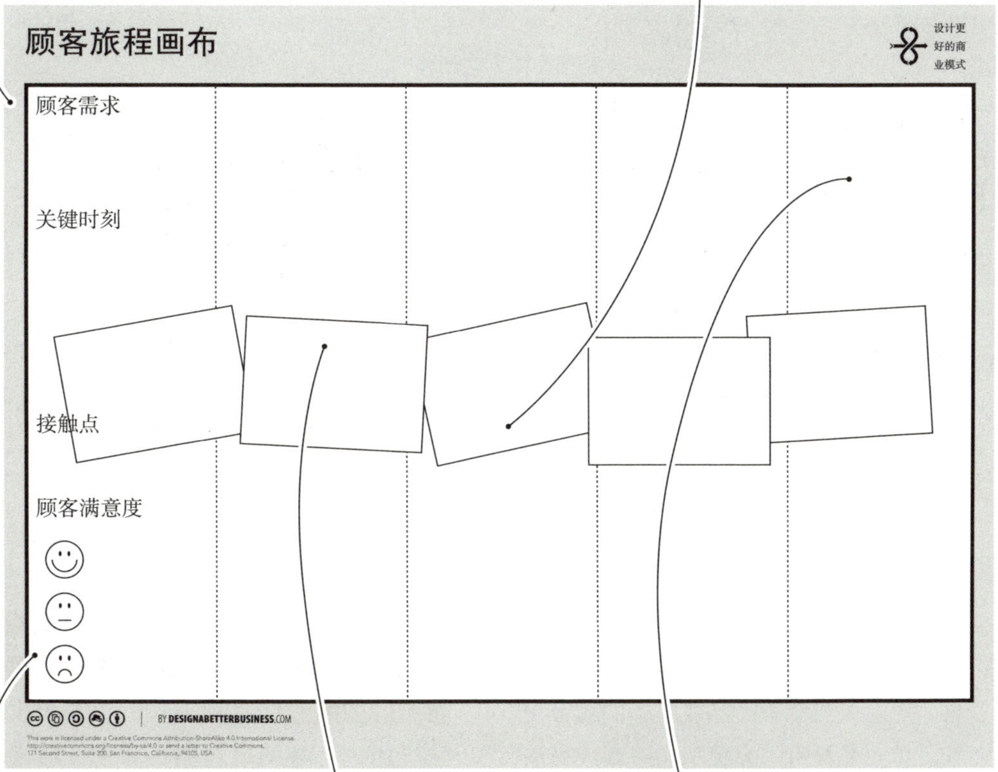

心情

跟顾客接触时他们的心情如何？他们是高兴、沮丧还是生气？是什么导致了这样的情绪？

时间轴与阶段

至少确定5个不同的时刻。每个时刻的时长是多少？顾客一步步的体验是怎样的？交谈已经过了多久？不要太复杂；与顾客一起实验以调整战略。

顾客需求

在每个阶段顾客想要完成什么工作？例如，如果你的顾客在寻找合作的公司，我们需要了解不同的接触点。在每个接触点顾客都有什么问题？

请登录www.designabetterbusiness.com下载顾客旅程画布。

请登录www.designabetterbusiness.com下载人物画布。

检查清单

- ☐ 人物信息够具体吗？
- ☐ 考察流程完善吗？是否漏掉了某些时刻？
- ☐ 问自己考察真正开始与结束的时间。
- ☐ 不要想着顾客分类。

下一步

> 通过顾客消费体验验证你的假设（本书第94页）。

实例：顾客的消费过程

顾客的消费过程是在实地面对顾客的最佳方式。不要急于跟他们说话！你会在观察他们的日常生活中了解到很多信息，面谈与提问都是之后的事情。要当心顾客可能会欺骗你！

1 采取正确的思维方式

实地考察最关键的一点是要做好准备。准备的一部分是要将顾客旅程画布绘制出来（见 92 页）。你想要验证什么假设？你想要得到什么问题的答案？确保组建了正确的团队，其中的每位成员都拥有好奇心。现有的心智模式只会让观点变得片面。在考察之前做这些事情，你就不会过早地偏离主题。

2 从最明显的地方着手

开始做这件事情遇到困难了吗？你想要跟哪些顾客面谈？哪里才是考察的最佳地点？要从最明显的地方着手：与现有的顾客面谈。如果现在没有顾客群，那就去与竞争产品或服务的顾客交谈。重点是没有“完美”的考察或交谈对象，最开始，一切都是新的。

3 亲力亲为

有时候仅仅找个地方观察你的顾客是不够的，为了了解顾客看到的以及体验到的，你值得去走一遭。拿着笔记本、相机、手机，去走走顾客可能走过的路。你看到了什么？那里发生过什么有趣的事情吗？为了让旅途更有趣，请求顾客自己去走一下这些路，记录下他们的经历，或者你直接带着一个顾客跟你一起走。

4 需要收集什么信息

在与顾客交谈以及观察顾客时，要特别注意那些与你的预期大相径庭的答案。要找出顾客说出那些答案的原因。他们的想法以及感受可能会给你带来新的视角以及见解。你是在发现“寻常”“边界值”以及“特殊情况”。今天的 1% 可能就是明天的 100%。

5 获取信息

要尽可能多地获取信息，如果允许，要拍照并进行录音，先倾听再分析！尽可能获取丰富的信息。不要改编或者忽略掉不合适的信息，收集信息之后再进行分析。在收集好信息建立起体系之后，才要整合信息。将定量与定性信息放在一起能够让你掌握全局，用直觉想出好点子。

6 做出决策

要与团队成员一起回顾收集到的信息。利用点投方式找到大家都认为重要的信息，然后决定是否要通过再一次的实地考察更加深入地进行研究。当多次实地考察之后收集到的信息并没有太大变化时，就要做决策了。将你收集到的信息与你在顾客旅程画布练习中的想法做比较，看哪里不同。你需要修正自己的观点吗？

价值定位简介

好的商业模式与战略是建立在好的价值定位之上的，好的价值定位聚焦顾客要做的工作（jobs-to-be-done）。克莱顿·克里斯坦森建立了“顾客要做的工作”这一框架，以便在商业背景下发现顾客的动机。

传统的市场营销方法是按照年龄、种族、婚姻状况等特征对顾客进行分类的。但是，这种方式造成生产的产品都是公司想销售的，而不是顾客想买的。

评估在顾客日常生活中出现的各种情境并不容易。顾客很少根据自己所处的顾客类别中大多数人的行为做购买决策，他们往往是为了解决自己发现的问题而进行购买。在这一点上，克里斯坦森的“顾客要做的工作”以及价值定位理念非常有用。

公司只有了解了顾客为什么要买自己的产品与服务，才能准确地开发并营销产品，从而满足顾客需求。

亚历山大·奥斯瓦尔德，伊夫·皮尼厄、格雷格·伯纳德和阿兰·史密斯编写了《价值主张设计》一书，描述了如何创造顾客所需要的产品和服务。

观察顾客的日常生活是获得灵感以及学习“顾客要做的工作”框架的一种方式。通过观察顾客的行为，你会了解真正需要解决的问题。在开始之前问一问自己这些问题：你要做的工作是什么？你想针对现有顾客群体还是新的顾客群体？这些问题的答案决定了价值定位画布（见99页）的重点。了解顾客特点（右侧）以及价值画布（左侧），然后分析问题与解决方案的匹配性以及产品与市场的匹配性（中间）。

> **价值定位画布有助于设计并验证顾客工作。**

产品与需求

你需要钻孔机还是要在墙上凿个洞？你需要机器人还是想提高生产效率？你需要安排一场葬礼还是要一场体面的告别仪式？

大多数公司将重点放在产品上，然而公司的注意力不应该放在这里。产品是用于解决顾客问题的。只要了解了顾客的需求，就能更好地进行创新。

例如，声破天公司（Spotity）了解到人们大多数时候不想“拥有”音乐，而不仅仅是不想“拥有”唱片或者 CD。他们甚至不想在自己的硬盘上存储音乐。归根结底，人们只是想听听音乐。因此，下载歌曲与播放同一首歌之间的区别就显得很模糊，但是明确的一点是人们想听音乐。“如果我可以在任何时间任何地点都能听到贾斯汀·比伯的歌，用哪种方式听有什么区别呢？”

人文背景

在英特尔公司，我们对创新有系统的看法。作为一家科技公司，我们将最好的建议与方法集中在一起，将其整合形成可以解决问题的方法。我们是很重要的引擎，在不同的环境中推动着电脑技术的发展，那些不同的环境背景也在以极快的速度扩张。

由于范围很广，我们利用社会科学以及面对面的交流来了解人文背景、科技是如何受到社会文化启发或推动社会文化发展的。我们还运用不同的工具了解复杂的系统，借助生态等大自然工具来探索相互依赖的个体的网络是如何互相影响的。

鉴于创意要规模化为可持续发展的业务，我们要利用创新工具与流程，包括精益创业、商业模式新生代以帮助我们优化提高用于搜寻、发现、测试新价值与新商业模式的方法。之后，重要的是，我们了解了人类的需求，解决了有意义的问题，这是最重要的一点。

穆克·汉斯廷–伊扎鲁
（Muki Hansteen-Izora）
英特尔实验室高级战略师

工具：价值定位画布

要真正了解你的顾客，包括他们要做的事情、痛点、目标以及你要提供给他们的产品或服务，亚历山大·奥斯瓦尔德发明的价值定位画布这一工具能够很好地帮助你。

焦点
明白你的价值定位

±45 分钟
高压模式

3~5人
每组人数

从顾客出发

价值定位画布始于顾客，你可能会有不同的顾客群体（或者想开发新的顾客群）。团队的首要工作是从更高层次探讨谁是你们的顾客群，从而做出相应的决策。在这个过程中，你可能需要绘制几幅图，每幅图针对一个顾客。

提问足够多的“为什么”

确定顾客群体之后，团队需要利用便利贴以及永久性马克笔详细地描绘出顾客要做的事情。顾客每天都会做哪些关于社会、情感以及功能性的事情呢？可能你知道他们要做的一些功能性的事情，尽管如此，你还是要了解他们如何完成这些事情、他们的感受如何，在这个过程中他们需要什么社会质量。例如，开车送孩子上学的爸爸或妈妈会有一些诸如将孩子准时送到学校、确保他们的孩子每天可以按时吃饭、不被别人排斥（社会地位可能很重要）、给孩子关爱以及尊重等功能性的工作。要提问足够多的“为什么”才能获取这些信息。顾客痛点是最容易获取的信息。是什么妨碍了顾客要完成的事情？顾客的目标让许多第一次使用价值定位画布的人望而却步。目标不是痛点的对立面，而是顾客隐藏的动机，这种动机往往高于或超越解决痛点的方式，这需要设计者深入思考，也是为什么提问合适的问题很重要。你的顾客迫切想做什么但是现在又无法去做？回到开车送孩子去上学的父母的那个例子，可能他们动机是希望自己被孩子或是其他父母看作英雄，或者是想看到孩子取得好成绩。如果目标听起来多少关乎存亡，事实可能就是这样的，因为大的目标都是这样的。

你的工作

完成价值定位画布的右侧后，就开始做左侧。先列出你能想到的解决方案。你可能已经有了一些解决方案，也可能是在创意对话中构思了一些（下一章会详细讲到）。你需要决定如何将这些方案整合起来，形成独特的方案以帮助顾客更好地完成他们要做的事情、解决他们的痛点、达成他们的目的，从而引起顾客的共鸣。

多使用几次价值定位画布有助于从不同的角度了解顾客以及你可以为他们提供什么。而且，很好地使用这一工具会改变顾客对你的看法，使他们认为你可以很好地满足他们的需求。

帮助顾客达成目标
你可以为顾客提供什么产品或服务帮助他们达成目标（具体到数量与质量）。

目标
什么可以让你的顾客获得快乐？他们期望得到什么样的结果？怎样做会超过他们的预期？可以从社会利益、功能性以及财务收益方面考虑。

人物信息
顾客都是谁（例如专业、年龄等）？这个人是购买者、使用者还是决策者？

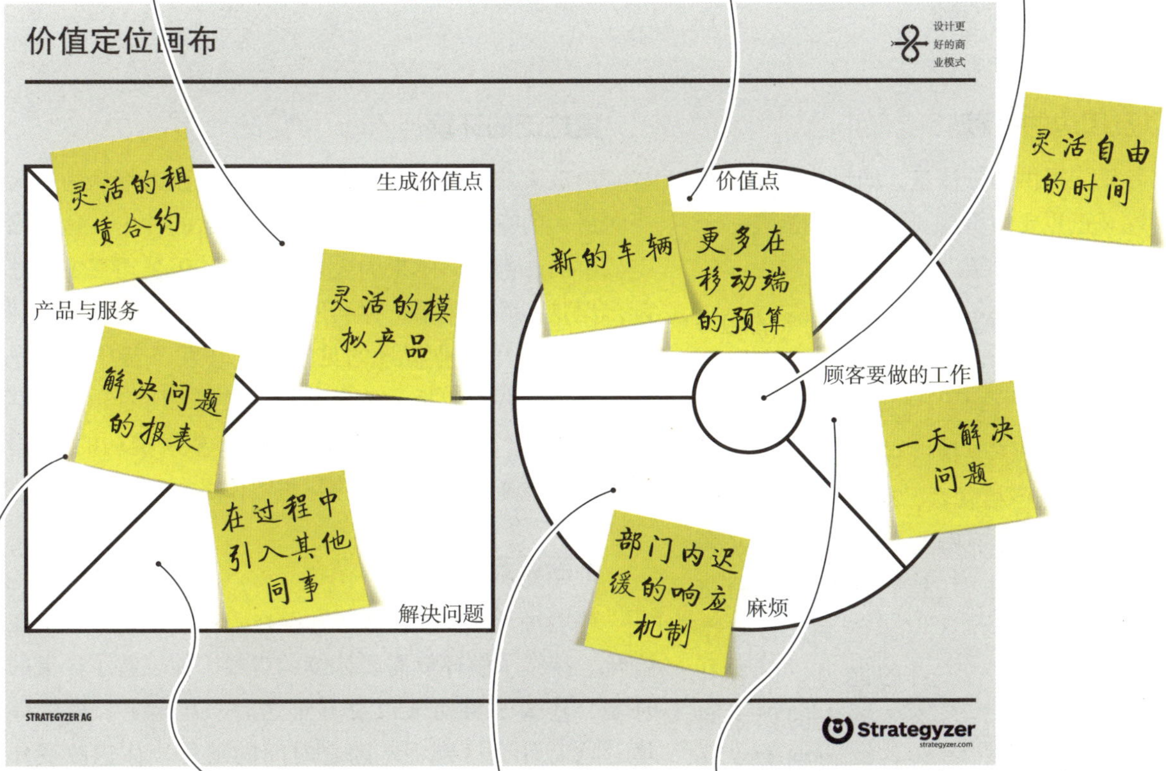

产品与服务
你可以为顾客提供什么产品和服务以帮助他们完成要做的事情？

解决痛点的方式
如何解决顾客的痛点？要具体阐述。

痛点
你的顾客为什么感到烦恼？什么妨碍了他们要做的事情？

顾客要做的事情
你的顾客在工作或生活中需要做什么事情？这些事情可以是功能性的，也可以是社会性的。你的顾客的基本需求是什么（情感的还是个人的）？

登录www.designabetterbusiness.com下载价值定位画布。

检查清单

- ☐ 在每个价值定位画布上绘制一个顾客的信息；
- ☐ 确定并按先后顺序写出五个顾客要做的功能性、社会性以及有关情感的事情；
- ☐ 确定并按先后顺序写出五个顾客的痛点；
- ☐ 确定并按先后顺序写出五个顾客的目标；
- ☐ 达成目标以及解决痛点的方案直接解决了目标以及痛点方面的问题。

下一步

- 将你的假设标准化并加以验证；
- 与顾客一起验证你的假设，你的假设是顾客要做的事情吗？

了解你的环境

毫无疑问，了解公司首要的经营环境，包括竞争者和趋势，这有助于公司更好地应对变化。但是，大多数公司并没有做到这一点。

来自未来以及周边的信息

趋势与竞争者只能提供部分信息。如果你只是模仿竞争者，就会错过真正重要的事情。因此，你需要一个不仅仅包括竞争环境的背景框架。

了解自己所处的环境有助于清晰地了解当今的趋势以及未来的一些走向。这种环境评估（至少）包括了解市场趋势、科技趋势、规则与规定、经济环境、顾客需求、竞争者以及不确定性。不要把这些信号、趋势、事实、竞争者只与现在的业务相联系，这一点非常重要，需要看到未来的发展。市场中有哪些是已经存在的竞争者？有哪些是新进入者还不具备竞争者的能力？你有什么不确定的因素可能会影响到未来的经营环境？选举结果？天然气价格？

> 未来已然呈现在那里；而不是若隐若现。
>
> 威廉·吉布森（Willam Gibson），作家、评论家

更广泛的环境

声破天公司进入音乐市场时，大多数人都认为它给当时最大的竞争者苹果公司带来了巨大的冲击，这的确是故事的一部分。苹果为大多数数字音乐公司奠定了基础。但是，除了苹果，你会发现声破天公司的创建者利用他们对音乐行业背景的见解首先开发了音乐播放服务，这里的背景包括云技术趋势、顾客想听音乐但又不想拥有音乐、时刻变化的政策环境（苹果推动的），同时唱片公司又都在寻求新的利润增长点。

不断调查

环境每天都在变化着，甚至在一些行业每分钟都在变化。持续了解环境需要持续的观察。你了解了今天的环境，还要了解明天以及五年之后，甚至更长期的环境。这有什么区别呢？随着时间的随移，你想改变什么？因为只有时间才能验证你的假设正确与否，所以你要制订计划，不断更新对环境的认识。

探视未来

探视未来并没有你想象的那么困难。事实上，我们周围到处都有关于未来的信息。你可以到现代美术博物馆、编程马拉松、“火人节”、每年在内华达州沙漠举办的反文化集会去寻找这些信息，这可能听起来有点奇怪，但是不要等待。在你的移动设备上有许多关于未来的信息。社交网络、Twitter 上的信息可能与你的经营环境相关联。

关键的一点是，现在的经营环境（以及未来的经营环境）不会呈现在一个报告中。支持（或者反对）战略的报告仅仅代表着一种观点。当这个信息登上《哈佛商业评论》时，很可能经营环境就已经建立起来了。你需要一个团队来分析经营环境，多样化能够确保你获取并评估能够影响你现在以及未来的业务最显著的因素。

提示！ 不要将了解经营环境与市场调研混淆。在你探索之路的后期，市场调研对于确定或否定趋势十分重要。了解现在所处的经营环境是探索与衡量不同可能性的主要方式。

天性好奇

我是一个好奇心很强的人，这也是我热爱工作的原因！我是专业的趋势观察者，专门帮助公司理解这个世界。我工作的主要内容就是不断观察现象，并将信息结构化。Twitter 一直是我的工具，它能够自动将我想到的信息结构化，但是发信息对发现趋势是不够的！于是我利用一条可以根据 Twitter 信息的背景将其串联在一起的“贯通线”，一旦我发现了可能是趋势的迹象，我就去我的社交圈加以验证。

自己动手吧，先从一个观点开始。为什么你需要这个信息？弄清原因后，收集信息并将其结构化。你的社交圈中的每个人都有信息，但是并没有经过整理组织，你要找到一条贯通线来理解这些信息，要突破行业限制来解读这些信息，发现你背后的真相。最后，将信息整合起来，你整合信息所利用的框架会揭示出一定的结构、转变或变化（例如，从分层到集中，从发送信息到分享信息等）。这就是创新想法的开端。

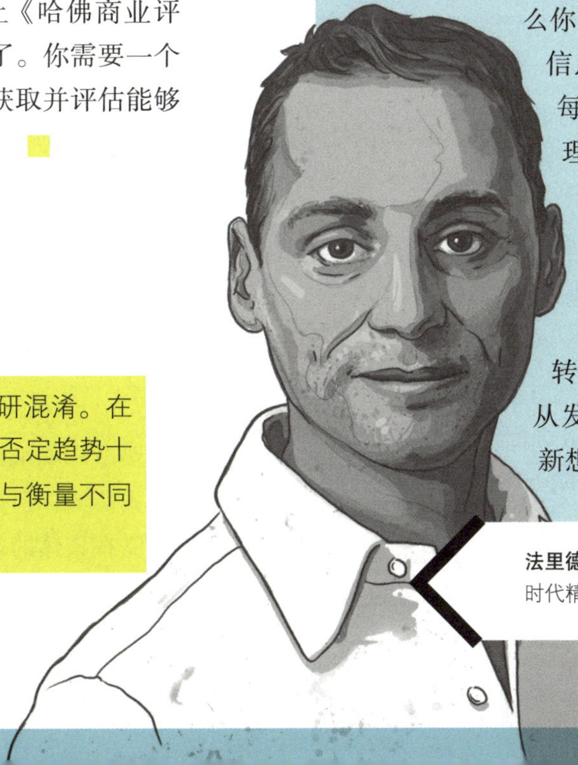

法里德·特巴基（Farid Tabarki）
时代精神工作室趋势观察家

工具：经营环境画布

由国际树丛公司大卫·西贝特原创。

焦点
了解你的背景

±30分钟
高压模式

3－5
每组人数

欲了解更多信息，请阅读大卫·西贝特的著作《可视化会议》。

经营环境画布（Context Canvas）是帮助你理解经营环境的框架。利用这个工具与你的团队一起绘制出趋势，并分享不同的观点，这样有助于你发现公司外部的驱动因素，并探讨那些可能影响业务以及公司未来发展的驱动力量。

突破公司的限制进行思考

大多数团队在揭示产品以及组织的经营环境时，往往比较短视。经营环境画布旨在帮助团队突破产品与组织的限制进行思考，从而深入探讨世界上正在发生着什么，哪些变化会影响你未来商业的发展。

在子团队中工作

使用经营环境画布最好的方式是将团队分成小的子团队，给每个子团队分配该画布的一部分。负责人口因素的团队也应该分析科技的趋势。

给每个子团队几分钟甚至30分钟的时间针对经营环境画布中的每个部分进行深入探讨，并将讨论的内容写在便利贴上，每个部分的每个驱动因子都要有一张便利贴。这里再次声明，重点是要突破过去以及公司自身或产品的驱动因素，去寻找除这些之外的因素。这样做能帮助你掌握整个行业的全貌，以及找到那些驱动你未来设计标准与选择的因素。

获取关键的驱动因素

当所有的子团队完成讨论并确定了其负责部分的关键驱动因素后，每个子团队要有一位代表将其便利贴贴到大的经营环境画布上（贴到墙上或者在墙上直接写），然后要讨论每个因素。这个过程可以激发其他团队讨论因素的重要性，以及还有哪些其他因素相关。

集体的观点

完成经营环境画布的每个部分后，让整个团队选出最能影响组织未来发展或者某个具体设计过程的驱动因素。当你退后一步去看时，会发现公司未来的发展是建立在集体的观点而不是某一位专家的意见上。

人口趋势

找到关于人口的数据，例如，教育水平、就业状况，这些领域发生了哪些重要的变化？政策、规则与规定如何呢？

经济环境

描述要具体，不要用太宽泛或抽象的词。例如，经济环境中的哪些因素对你来说很重要？

竞争环境

试着发现意外的竞争。有新进入者吗？竞争是出于预期之外的原因吗？

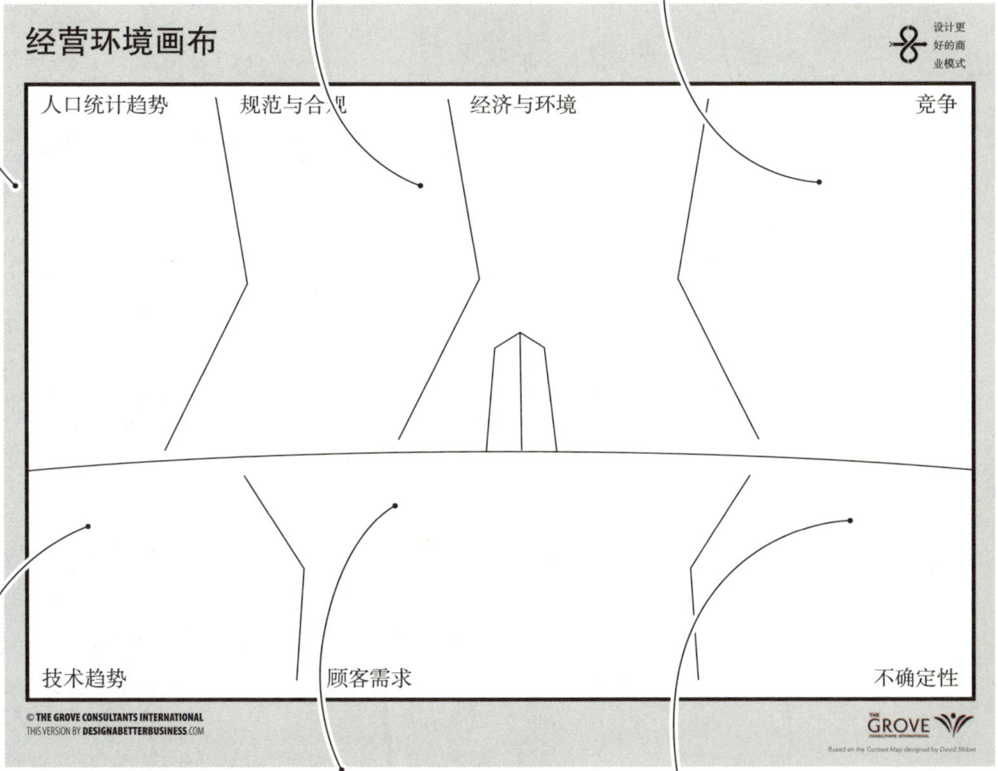

科技趋势

你看到了哪些科技趋势将会影响你的企业？

顾客需求

有什么新的顾客需求吗？顾客的行为发生了很大的变化吗？有新的主流发展趋势吗？

不确定性

你看到了哪些比较重要的不确定性？哪些事情将会影响很大但无法预知如何影响以及什么时候影响？

请登录www.designabetterbusiness.com下载经营环境画布。

检查清单

- [ ] 你已经全部完成经营环境；
- [ ] 你展示了经营环境的内容；
- [ ] 你已经标注出经营环境上前三个威胁与机会。

下一步

- 找到假设的依据；
- 验证那些与别人想法不符的发现；
- 3个月之后重新检查并验证经营环境的准确性；
- 更新你的观点；
- 更新你的设计标准。

法国巴黎银行的经营环境画布

分享紧迫性

我的工作是将管理中遇到的挑战转译成数字、图形与故事，以帮助大家理解。为了让这个过程更简单，我往往用比喻的方式来做。2014 年，我发现我们之前知道的一家银行倒闭了，但是我们还是坚信我们之前的假设。

夸张一点说，过去从事银行工作的人只需要知道三个数字：3、6、3。给借方 3% 的利息款，贷款收取 6% 的利息，下午 3 点钟你就可以去打高尔夫球了。

每个在银行工作的人都要了解所处的环境才能取得成功。为了帮助他们，我需要给他们讲故事，这个故事要有趣，不仅仅是关于数字与图形的，还需要提高听众的参与度，鼓励他们改变银行的现状。我们与 2000 个同事共同提出了“银行的世界”（The World of the Banks）这一主题，并请设计师将其用图画的方式呈现出来。用这种方式呈现的故事非常有趣，也非常容易理解，我们也能够很容易地与自己的同事分享。

彼得·德·凯泽（Peter De Keyzer）
法国巴黎银行首席经济学家

商业模式简介

当考虑公司未来的发展时，不管是整体战略还是新产品或服务，你首先需要花些时间真正了解公司内外的商业模式。商业模式画布采取了一种简单的方式来绘制出商业是如何创造、传递并获取价值的。

了解你的商业模式

了解公司如何为顾客创造价值是非常重要的，这是探讨公司业务的基础。

谁是你的顾客？你要为他们解决什么问题？如何将创造的价值传递给他们？

利用商业模式画布是将这些信息结构化的最好方式之一。这种方式自诞生以来，就成为公司进行更好的、更加战略化的基于共识的交流平台。

了解公司内部不同的商业模式

如果你在大公司工作，公司往往会有不同的价值定位与商业模式。拿医院来说，学术性的医院从最高层次来说，有三个不同的商业模式：（1）病人护理；（2）教育；（3）研究。每个商业模式都有不同的顾客、价值定位与收入来源。

不要想当然地以为团队会理解公司的商业模式。

欲了解更多信息，请阅读《商业模式新生代》。

了解竞争者的商业模式

你可以向竞争者学到很多东西，选择一些竞争者并绘制出他们的商业模式。有了这些信息，你会更加深入地了解顾客需求以及他们想要为什么买单，你会清晰地看到整个行业而不仅仅是自己的公司是如何满足顾客需求的。而且，你会揭示出其他公司，甚至是非常成功的公司是如何在市场中站稳脚跟的。

了解行业中的商业模式

在进入某一新的行业时，了解该行业中最为普遍的、用于与潜在顾客交换价值的商业模式是非常重要的。例如，如果你要在气候领域有所发展，特别是太阳能领域，就需要了解诸如太阳能公司（SunEdison）等行业巨头的商业模式。基格·沙（Jigar Shah）了解到，在这个行业中，顾客不愿意为太阳能电池板买单，只想寻求能够减少用电费用的方式。因此，他设计了购电协议（Power Purchase Agreement）商业模式。该商业模式改变了行业现状，使得公司能够长期购买太阳能，在合约中能够预先定价，避免了因所有权与太阳能电池板运转问题而产生巨大的资本费用。这一模式被公认为使太阳能行业成为一门数十亿级生意的催化剂。

评估你的商业模式

每家公司都会不断提高自身对其顾客群体（或潜在顾客群体）的了解。第 108 页是奥斯特瓦尔德总结的关于评估商业模式的七个问题。

> 大多数公司都不了解他们的顾客，只是了解他们的交易活动。

有太多的商业模式

2010 年，我们想调整战略以便更多关注我们的病人。从哪里开始呢？因为我们了解到在医院有许多不同的部门，这些部门都有不同的运营方式。

不同的部门有不同的顾客、不同的病人与不同的价值定位。由于有许多不同的商业模式，我们就从最底端着手做起。于是，我们向每个部门了解其商业模式，以及他们的商业模式是如何体现在医院整体的商业模式中的。

了解他们的商业模式能够帮助他们深入了解自己的业务以及其他部门的业务（见 109 页马斯特里赫特大学医学中心是如何创建其商业模式组合的）。

弗里茨·凡·美洛德（Frits van Merode）
马斯特里赫特大学医学中心执行董事会成员

工具：商业模式画布

亚历山大·奥斯特瓦尔德制作。

焦点

理解你的业务

45~60 分钟

会谈

3~5人

每组人数

欲了解商业模式画布的信息，请阅读《商业模式新生代》。

商业模式画布是帮助公司了解商业模式最直接、最系统化的方式。通过商业模式画布，你可以深入了解顾客群体、公司提供何种价值定位、价值定位是通过什么渠道传递的、公司是如何盈利的等问题。你可以使用商业模式画布来了解自己与竞争者的商业模式！

价值定位 你的产品与服务是什么？你为顾客做了什么？

关键合作伙伴 列出你离不开的合作伙伴（非供应商）。

关键活动 为运营商业模式，你都做了什么？

关键资源 列出业务运营需要的人力、知识、方法和资本。

成本结构 列出活动与资源的主要成本。

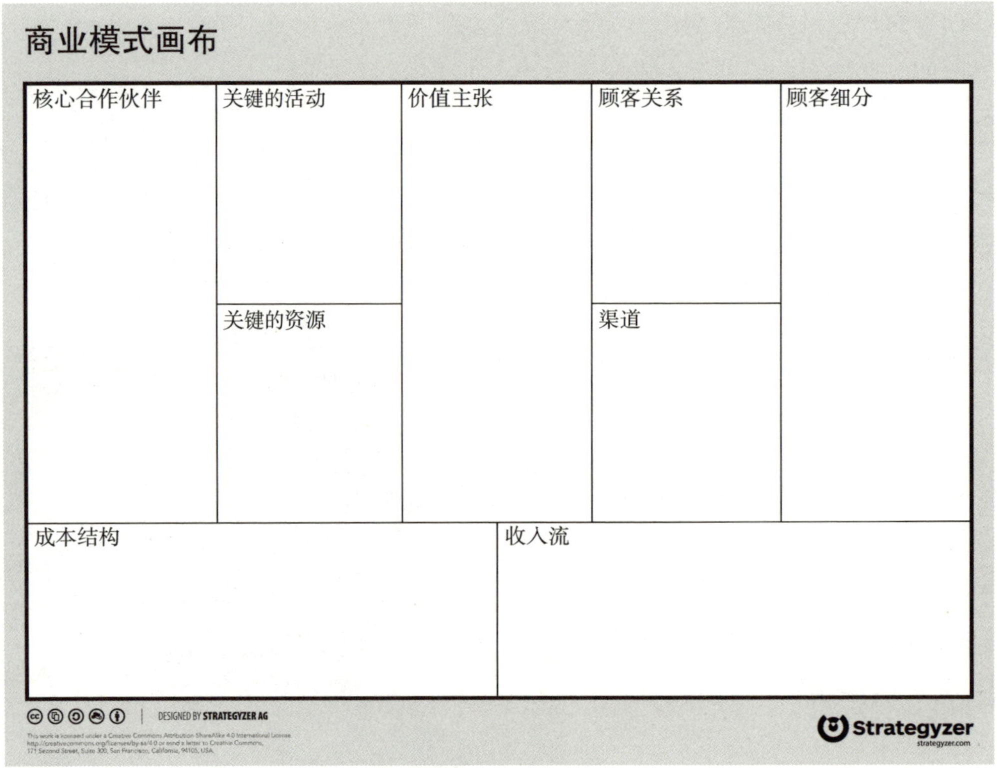

顾客群体 列出公司前三个顾客群体。寻找可带来最大收益的顾客群。

顾客关系 这种关系如何体现，如何维持这种关系？

渠道 如何与顾客进行沟通？如何传递价值定位？

收入来源 列出三个最主要的收入流。如果免费提供某种产品或服务，请列举在这里。

1 开始从高层绘制出商业模式：商业模式中最重要的部分。

2 将不同的问题联系起来：每个价值定位都需要顾客群体与收入流！

3 不要混淆现在与未来，不要混淆不同的部门！

商业模式组合

马斯特里赫特大学医学中心首次将不同部门的商业模式绘制出来，并标明相同点与不同点

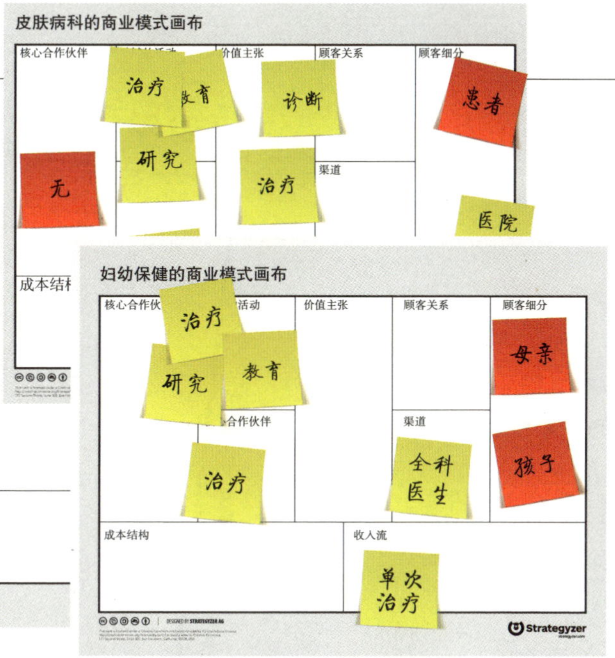

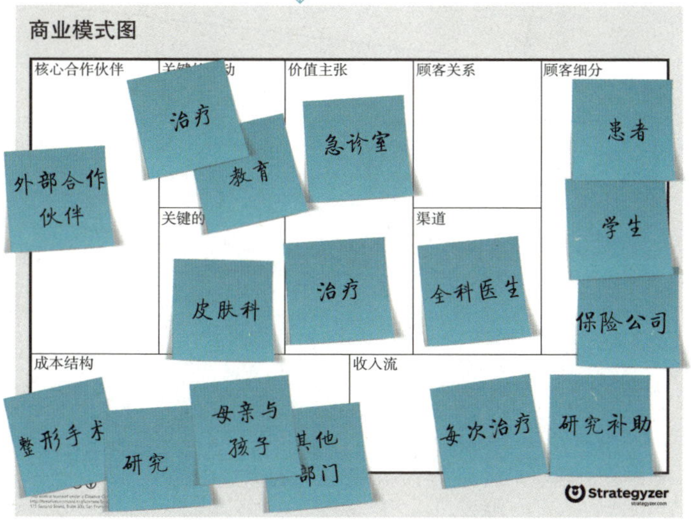

只有这样，我们才能为医学中心解决高层次商业模式问题。如果我们将它们混淆在一起，这个模式就会太复杂而不能发挥作用。

请登录www.designabetterbusiness.com下载商业模式画布。

检查清单

在每个问题下给商业模式的效果排名（0=不好；10=非常好）：

- ☐ 转换成本在多大程度上让顾客无法从转换交易中获利呢？
- ☐ 你的商业模式规模化如何？
- ☐ 你的商业模式会带来循环收益吗？
- ☐ 你在支出之前有收入吗？
- ☐ 可以由别人来做什么工作；
- ☐ 你的商业模式有内部的保护措施以免于竞争吗？
- ☐ 你的商业模式是基于不断变化的成本结构吗？

下一步

> 筛选设计标准并验证假设。

可视化的商业模式画布案例

绘制商业模式画布有助于看清全局并提高观众的参与度。

细节性问题往往使得商业模式画布无法清晰、简单地表现出来，而且无法体现出不同部分之间的相关性。“潜入杂草丛中”（Diving in to the weeds）往往会带来不必要的讨论，这种讨论会阻碍创新的过程与认识事物本质的能力。解决这一问题的方式是：先行动再讨论。关注更大的格局，这非常重要。

在创建你的商业模式（也是你的竞争对手的商业模式）或是当你想比较不同的商业模式时，最重要的一点是做到简单明了。好的商业模式简单明了，加入太多细节会让你的观点不够清晰。

要简化并阐明你的观点与故事，可以绘制草图或图片，不要用文字。更好的方法是用手绘图形来表现商业模式。见 54 页有关可视化故事的细节描述。

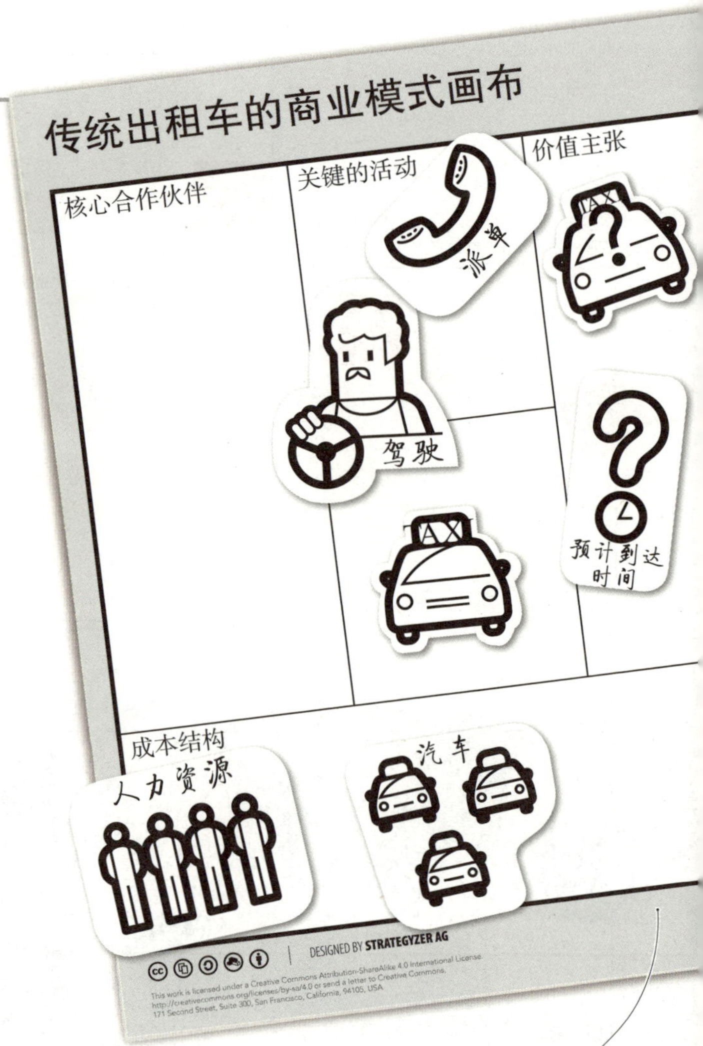

这是一家传统出租车公司的商业模式实例。其商业模式是线性的，无法很好地与顾客需求相联系。

请登录www.designabetterbusiness.com
下载自己的图标。

我们有两个商业模式实例：一个是传统出租车公司的，一个是优步的。这样可以很好地做出比较并找到其优势与劣势。

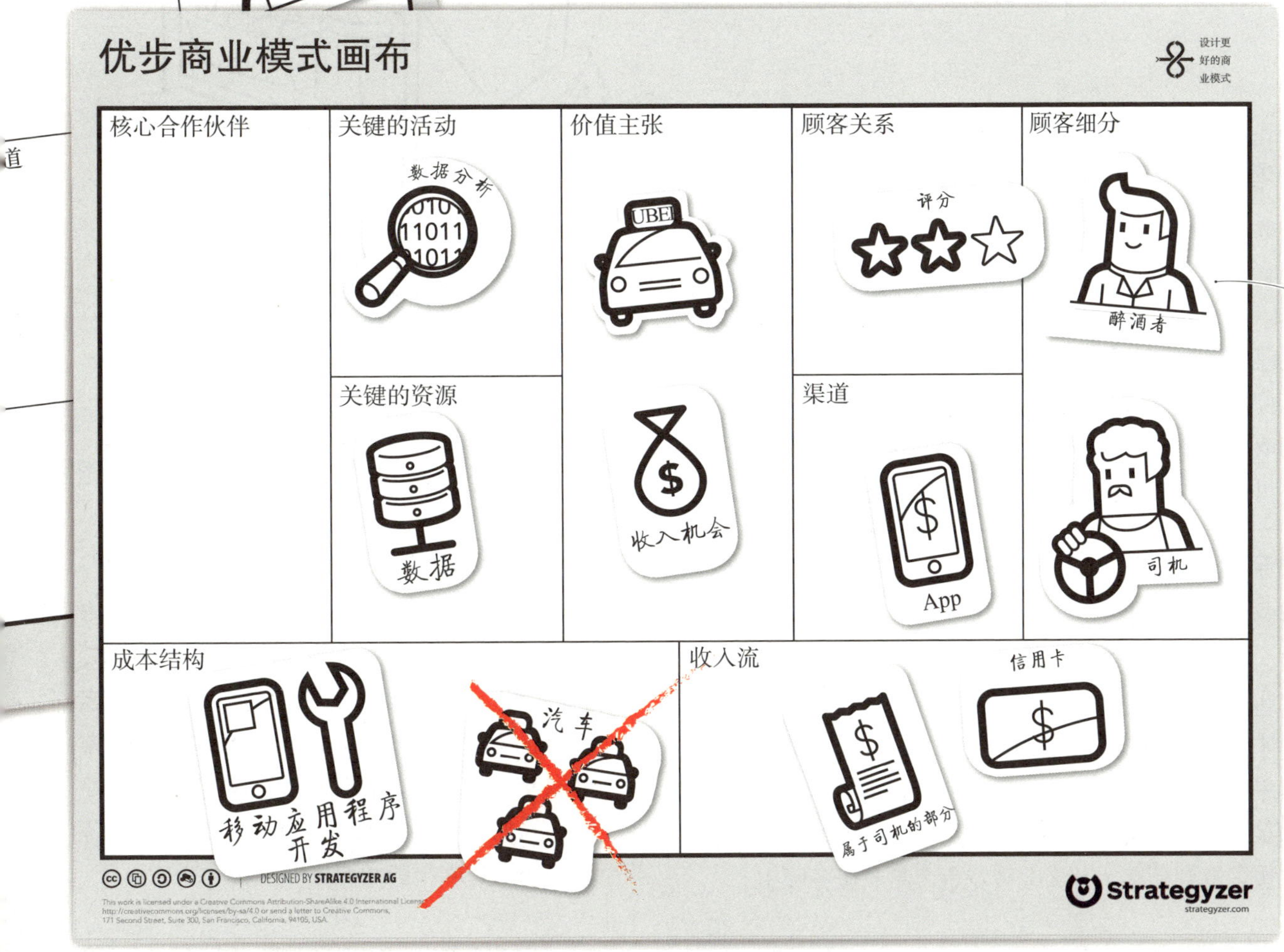

优步的商业模式是建立一个多重平台，通过匹配两个不同顾客群体的需求来创造价值，这两个顾客群体是雇用的司机与那些想从A地去B地的乘客。优步的优势在于其平台产生的数据与下订单的透明性。

了解电脑系统侵入

网上考察

在互联网时代不做网上考察是非常愚蠢的。要快速了解人们在网上做什么有一些小窍门。看一下公司自己或者竞争者的用户论坛。人们都在上面抱怨什么？他们都在谈论些什么？利用 Twitter 联系那些评论相似产品的人。他们在社交媒体上都上传什么照片？有视频博客或者在 YouTube 上传播类似话题了吗？它们有多受欢迎？你可以发现什么趋势？按照网上的一些指示，你可以在很短的时间内得到很多信息！

欲了解更多顾客旅程的信息，请参阅92页。

亲力亲为

站在顾客的角度上考虑是很值得的，这样才能真正了解他们的偏好。做顾客做的事情，去顾客购物的地方购物。我们是从一个零售食品营销商那里学到这个方法的。如果你想知道是什么吸引了顾客，就要去他们购物的商店，观察他们，然后拿走那些架子上吸引你的商品，与顾客拿走的东西做比较。你会发现相似的顾客群体都想要相似质量的产品。最好的一点是，你能够很快了解到顾客为什么会被竞争产品或服务吸引。

要像咖啡师一样

要想真正给顾客制造惊喜，让他们获得独特的体验，就要多走一步。找一辆咖啡车，然后放进所有能让顾客说话的东西。在顾客出行的某个地方推着车转圈能够让他们喜笑颜开，你会对人们跟咖啡师讲的话感到惊奇！我们要说的就是：成为一个完美的主持人，促进彼此间的沟通。

做咖啡挑战的实验

为了让团队克服因走出办公室而产生的恐慌与不安，可以考虑咖啡挑战的实验。

我们为影响中心（Impact Hub）的一个项目设计了这个挑战：在接下来 2 到 3 周内与顾客一起喝 25 杯咖啡。

每次与顾客完成一次交流，就划掉一杯咖啡。谁最快划掉所有的咖啡，谁就是最后的胜利者！团队里只要某个成员在与顾客喝咖啡的时候获得新的或有效的信息，这个团队就是胜出者。

要确保这是公司内部的挑战！你将会了解许多咖啡店以及获得更多的深刻见解！

如今，你已经……

下一步

回顾

你想与顾客**喝多少杯咖啡？**

突破**明显的限制**。

不要认为团队成员了解公司的商业模式。

答案不重要，重要的是提出合适的问题。

如果你不知道在哪里，**怎么能知道要去哪里**。

如果你不知道在哪里，怎么能知道要去哪里？

SO, NOW YOU KNOW «

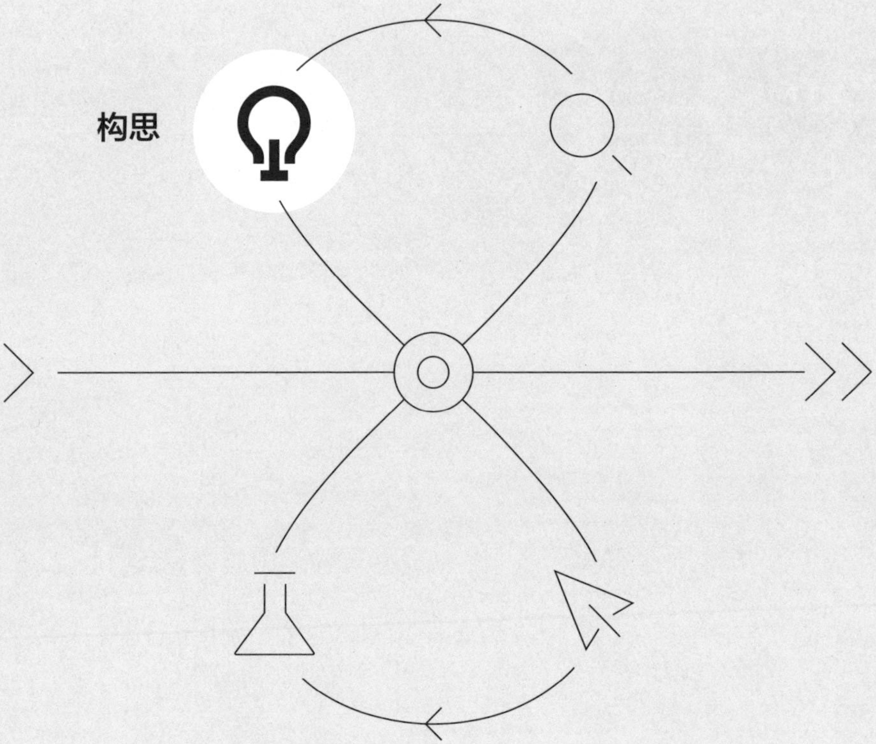
构思

第4章 构思

掌握构思方法

扩展自己的创意

选取合适的创意进行建模

入门：成为创意大师

我们每个人都有创意，有时脑海中突然冒出来的一个点子会让我们睡不着觉，我们觉得这个想法必须被执行到底，这一定是有史以来最绝妙的点子。但事实是，无论这个创意有多好，点子本身的影响力都是有限的。只有当创意得到扩展，不断被丰富时才有影响力，越丰富越好。

构思

你记得那些在你洗澡时冒出来的点子吗？那些有可能是个绝妙的想法。但是，它同时也是能够解决问题或迎合某一未来需求的许多绝妙策略之一。换句话说，任何问题或需求都有不止一种解决方法。

构思指的是在短时间内想出尽可能多的点子。大胆的想法、可行的计划、不切实际的空想，甚至是毫无价值的念头。进行这一步骤需要一个有创造力的、开放积极的心态，同时要正确运用智慧，不经任何评价或思索地吸收自己（及别人）的创意风暴。

创意源自一个神秘的平行世界？

当构思阶段结束时，我们得到的极有可能是一整面贴了500多张便利贴的墙，每张纸上记了一个与众不同的点子。这将成为未来选择的助燃剂。

创意从何而来

我们大家都会产生这种随机而来的创意，仿佛它们是来自一个平行的魔法世界（或是来自洗澡水）。但有一些人似乎比其他人更容易产生好点子。这些人是天生的创意天才吗？比起一般人，他们的创意触角更为敏锐吗？

答案当然是不。这也许听起来有些老套，但我们每个人天生都具有好奇心和创造力，尽管我们有时候可能会不记得如何运用它们。那些我们称为“创意天才”的人们才懂得如何运用他们的好奇心，将其转变为创意，相信每一个创意都能成为企业可能使用的潜在规划。事实上，我们每个人也都能做到这一点，只要多加练习，你就能和“创意天才”一样提出大量新奇的点子。小心了，天才们！

提示！ 在构思过程中一定要保持快乐，快乐和幽默感是创意最重要的催化剂。

创意只是创意

区别好的创意和绝妙的创意并不是根据它们的背景或是内容，而是你是否有能力证实这一创意具有可行性，并能带来改变。简单地说，创意就是基于假想，创意本身并没有价值。

因此，将设想与验证过程分开就显得十分重要。在设想阶段，你需要尽量拓宽思路，用最短的时间想出尽可能多的点子。做得好的话，你和你的团队能有无数个机会将这些原始想法进行整合，创造出经得起评估、建模和验证的新创意。

为自己的大脑装上转换器

你也许会发现在日常生活中自己总是在洗澡、散步的时候才会灵感泉涌，我们大多数人都是这样的。但是一旦进入工作，你就切换到了执行（非创造性）模式，直到下班回家后才又切换了模式。

设计师必须学会在创造和分析决策两种模式之间切换自己，这也是设计的一个过程。不仅你要这样做，整个团队都应该做到这一点。在执行工具组合中加入额外的设计和搜索工具（例如观察），一开始大家都会觉得不习惯，而要从评估分析模式转换成创造模式就更让人不习惯了。但这一切都是值得的。一旦你的团队能够一起努力产生、搭建彼此的创意，要所有人一起转换模式就更容易。

当然，有很多工具能帮助你和团队成员更加系统、更加全面地进行构思。本章介绍了帮助你切换成创造模式，想出更多与众不同的创意的新方式。还能教你如何在建模或验证之前就对自己的创意进行规模化。

技巧：掌握构思方法

1 开启自己的创意引擎

掌握了方法，与团队成员一起构想创意是十分简单的事情，一切都取决于工具设备的选择。这一选择包括在正确的环境中选择正确的工具，同时团队的思路都集中在提高创造力上面。为构思阶段设置时间期限也十分重要。一整天都想着创意会降低生产力，设置时间期限并在期限内进行构思。一旦思路枯竭，就在现有的创意之上进行再创造。

2 设置垫脚石

你和团队成员想到的创意越多，你们就越有可能从中发现创意之间的奇妙联系，建立远远高于其他创意的新点子。不仅如此，就像为未来铺路一样，垫脚石的数量和排布比他们自己本身的形状更为重要。

3 制定仪式

即使对于经验丰富的创意者而言，转换头脑模式让自己瞬间想到无数创意也是需要一定时间的。试着建立一些构思的仪式，例如引爆点（本章将在 136 页详细介绍这一点）。多加练习，你就能确切掌握自己进入状态需要多长时间了。最重要的是，这有助于我们提前准备所需的时间避免自己被打扰。

4 使用工具

不要以为自己能完全利用头脑风暴技巧解决创意任务。我们有很多与

小提示！ 如何设置垫脚石

随机化

使用字典随机挑选单词，当挑选出的单词达到10~20个的时候，将它们进行组合。这项工作能产生新的联想和创意。

类比

设想一些类比的情况，你现有的创意或问题能转换成手机中的什么问题？在赛马中又能转换成什么呢？多观察自己身边的物品，寻找灵感。

结合

将你的创意与另一个看起来毫无关联的创意联系到一起。或者，将这一创意应用到你桌子上的某个物品上，或应用到某个人、某项活动上。结果如何？

极端模式

你能为自己的创意想到的最疯狂的运用方式是什么？你能描述出来吗？要是大家都使用了这一方式会怎样？与这一创意完全相反的创意是什么？

"动物化"

如果将你的创意比作一种动物，你会选择什么？他们有什么特点？两者相吻合吗？你能驯服这种动物吗？如果类比的对象换成汽车呢？换成人呢？

构思相关的工具，例如商业模式画布和创意矩阵，都可以帮助你和团队想出有价值的点子。运用构思工具能帮助你将这一过程进行结构化，同时拓宽思路获得更多的创意。例如，商业模式画布就包含从创意中进行更深挖掘的部分。

5 深入研究

一方面，我们要尽可能多地产生、分享、扩展手上的点子；但同时我们还需要对其中的一些想法进行深入探究，尤其是当我们要选取其中的一些观点进行建模或验证时。每个观点的核心是什么？其解决的是什么问题？消费者愿意为其支付多少钱？开始又是如何发现这一产品的？

当然，你不用对每一个观点都进行如此深入详细的探究，但对于某些观点，深入探寻其背景以及产生之初你和你的团队所考虑的那些假设是十分有意义的。

为深度思考腾出空间

开发新思路是商业设计的核心工作，但我们很容易忘记构思的一个主要方面就是“编辑”（editing）。在构思阶段，我们应当尽可能多地将自己脑海中的想法用文字、图片或是图文并茂的形式转化到纸上。

有时我们可能会觉得自己的想法幼稚可笑，没关系，先把那些初步想法整理出来，这样有利于大脑腾出空间进行深度思考。有时我们的第一个想法最后会变成最合适、最成功的那个想法，但在我们能够确保这一点前仍然需要进行广泛的尝试和设想。我们想到的点子越多，找到最佳解决方法的机会就越大，同时我们还应该不到最后关头不放弃已有的点子。

创意可能无处不在，单枪匹马取得胜利的想法要不得。众人拾柴火焰高，团队共同合作进行构思才最有效果，也能够在彼此的观点之上碰撞出新的火花。

凯文 · 芬恩（Kevin Finn）
求和公司（The SumOf）创意总监

构思的故事

从1……到10

作为公司健康与福利方面的倡导者，我们正在为自己所倡导的理念进行建模。通过个体访谈和市场调研，我们已经收集了许多有意义的信息，现在需要的是合适的商业模式策略。

作为电子产品制造商，我们很容易想到生产产品进行销售，但是团队的所有成员都想试试高附加值的产品，例如提供在线服务。

我们的团队泡在创意室中几天几夜进行创意征集，迅速将我们对这一产品的想法制成商业模式画布，并在此基础上想到了300多个新点子。我们将这些创意汇总成十个不同的商业模式以备后期进行研究和设计。

这种方法能帮助我们快速产生新的想法，也为后期分析潜在假设提供了框架。我们在这一框架基础上加入了消费者导向的研究方法，以便对不同商业模式进行测试。

新的创意方法激发了队员的创造力，我们将在未来使其发扬光大。

加布里埃尔·鲁宾斯基（Gabriel Rubinsky）
松下公司新产品研发部总经理

对药品说不

一家大型制药厂的研发团队运用商业模式画布进行构思练习。我们要求他们找出一项所有人都确定一定存在于公司产业链中的项目，即卖药，并将其移出企业商业模式画布。

对此，公司首席执行官愤愤不平地说："我们公司100%的利润都来自药品制造！"

然而，我们只给了他们30分钟的时间来完成这个看似"荒谬"的任务，看看他们能想出什么来。

这一任务限制使他们不得不从一种全新的视角来看待自己的公司，而团队也发现公司拥有一项难以置信的极具价值的商业资源：关于癌症治疗的知识。

进行团队构思的时候，不要罗列项目清单，这样会限制人们的思维。人们想出的创意会超过七条，可能是为了勉强保持一致或完整。相反，使用无规则的便利贴会好得多。

造福千万人

我正与公司分析、科研、市场、可持续发展等部门的代表进行构思会议。我们列了一个长长的清单，打算进行筛选，我只有一个标准：这一项目要能够改善发展中国家一千万人的生活。当天的讨论结束时，我们已经有了一系列既能保证公司盈利又能改善人民生活的商业模式。我记得自己当时特别感动。三年很快过去了，当年那个可持续发展部门的代表如今还在市场中推广这些模式，不同的是，现在他的目标是改善一亿人的生活。

亚历克斯·戴维奇（Alex Davidge）
英国保柏公司商业规划与策略发展总监

广开言路，使人敢于直言

一家传统的金融服务公司召集了内部 60 余名高管进行了为期两天的会议，商讨公司如何取得快速发展。由于公司文化一直强调精细规划，规避风险，参与者大多不愿意在公开场合分享自己大胆的想法。

为了让与会者感到自在，主办方推出了“直言无罪”的纸牌玩法，纸牌上清楚标明了鼓励人们直言不讳、勇于提问的行动。这鼓励与会者互相奖励，模拟进行更开放的基于大胆的质询。

纸牌不仅调动了人们的积极性，产生了新创意，也使高管们度过了一段欢乐的时光，认识到了同事们富有创造力的一面。

丰田金融服务如何助力创意天才 》

我们不想成为汽车领域的唱片公司。

乔治・博斯特（George Borst）
丰田金融服务前CEO

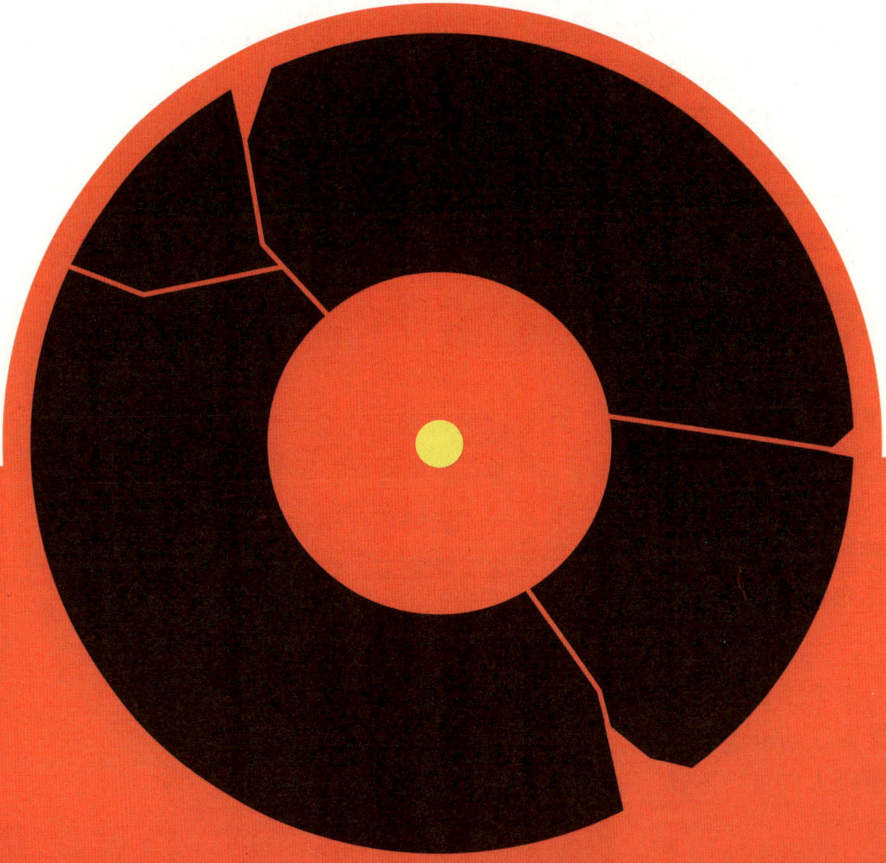

TOYOTA 案例：丰田金融服务及其大胆创意

2012 年，丰田汽车集团下属分公司丰田金融服务集团经历了一段十分难熬的时期。丰田经历了大量的汽车召回，外部商业环境也发生了极大的改变。集团总裁乔治·博斯特深知公司需要及时调整，顺势而变。

提高利润

为了切实提高利润，在整个公司营造一种紧张的气氛，博斯特为自己的执行团队设立了几乎不可能实现的任务标准，要求在成本不变的情况下，公司利润在五年内翻一番。他自己将独辟蹊径，离开办公地点，采用一种不同寻常的全新方式鼓励创新。

过去，丰田金融服务的许多能人志士想要为公司建立一个针对未来发展的规划，但每当他们产生一种新想法时，就会受到传统工具和传统做法限制而无法付诸实践。有位员工曾说：“仿佛存在着一个对新知识的诅咒，

丰田金融服务的大胆创意

当我们想要执行新的颠覆性想法时，总会被一个又一个计划、一份又一份表格、一个又一个矩阵、一张又一张积分表所阻碍。到处都有一堆商业策划，做什么事都需要制定趋势发展报告书。”公司的执行团队也清楚传统的创新方法不足以让公司实现其未来的发展目标，要使用新的工具和技能，就必须跳出现有的业务格局。

为变革做准备

公司想知道大家对于公司未来五年的发展有什么想法，就让员工通过公司内部网站提交自己的想法，内容围绕以下几个领域：收益增长、优化资源使用以及控制成本。

员工上交了 60 多个新想法，但当这些想法显示在创意矩阵之上时，执行团队发现了两个问题。

发现： 想到节省成本的方法很容易，但是发现新的价值创造点却很难。

第一，所有的创意都划归到了商业模式画布的左边，即内部运营方面。几乎没有人就右边的消费者和公司创造价值方面提出想法。

发现： 正确的引爆点确实能够加快公司进步！

第二，执行团队发现这些创意带来的都是小规模的调整，而非大规模的改变。没有人认为这样小的调整能让公司在五年里净利润翻一番。

救场的引爆点

执行团队需要让参与者拓宽思路，将重心更多地放到价值创造上来。借助一些外力，团队准备了四个引爆点问题以激发员工的积极性。使用这种方法一举两得，一方面将任务转化为简单直接的问题，另一方面将企业目标（五年内利润翻番以及注重价值创造）细分为几个可控的部分，便于员工提供创意。

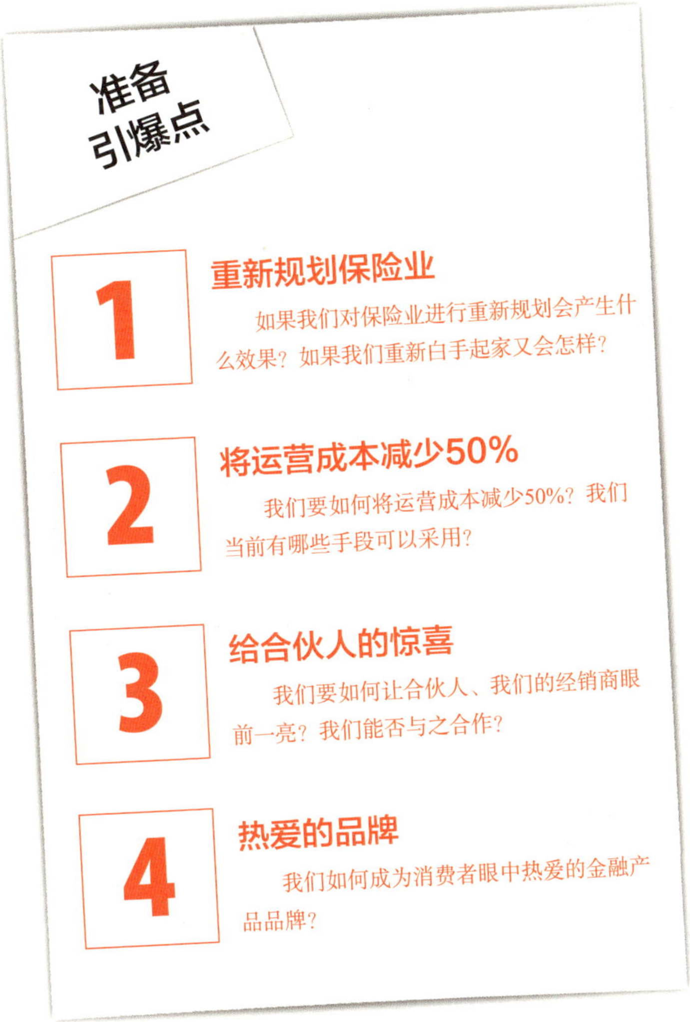

准备引爆点

1 重新规划保险业

如果我们对保险业进行重新规划会产生什么效果？如果我们重新白手起家又会怎样？

2 将运营成本减少50%

我们要如何将运营成本减少50%？我们当前有哪些手段可以采用？

3 给合伙人的惊喜

我们要如何让合伙人、我们的经销商眼前一亮？我们能否与之合作？

4 热爱的品牌

我们如何成为消费者眼中热爱的金融产品品牌？

团队将这些引爆点制成图片，贴在工作室的墙上，为自己进行构思时提供参考。

> 为公司规划一个更好的未来是你的日常工作！
>
> 乔治·博斯特，丰田金融服务前首席执行官

前期准备

在构思阶段开始前，组织者召开了一次前期会议。一小群公司高层领导组成了一支小小的临时部门，花了一天半的时间为公司当前所用的商业模式及价值定位绘制了商业模式画布和价值定位画布。

在前期会议中，委员会认识到即使是公司高层领导，也不能在公司当前商业模式方面达成共识或是有更加深入的了解，这也导致执行团队在公司战略方面意见有分歧。委员会还发现，恰当使用工具，进行可视化描述更有利于进行规模更大的更具实质性的讨论。

外地办公

前期准备结束后，丰田金融服务的 55 名高管和经理汇集到美国加州圣塔莫妮卡，参加为期两天半的战略规划研讨会。研讨会经过了精心安排，组织者对参会人员寄予厚望，希望他们了解了如何为公司设计出更加光明的未来。

第一天
观点

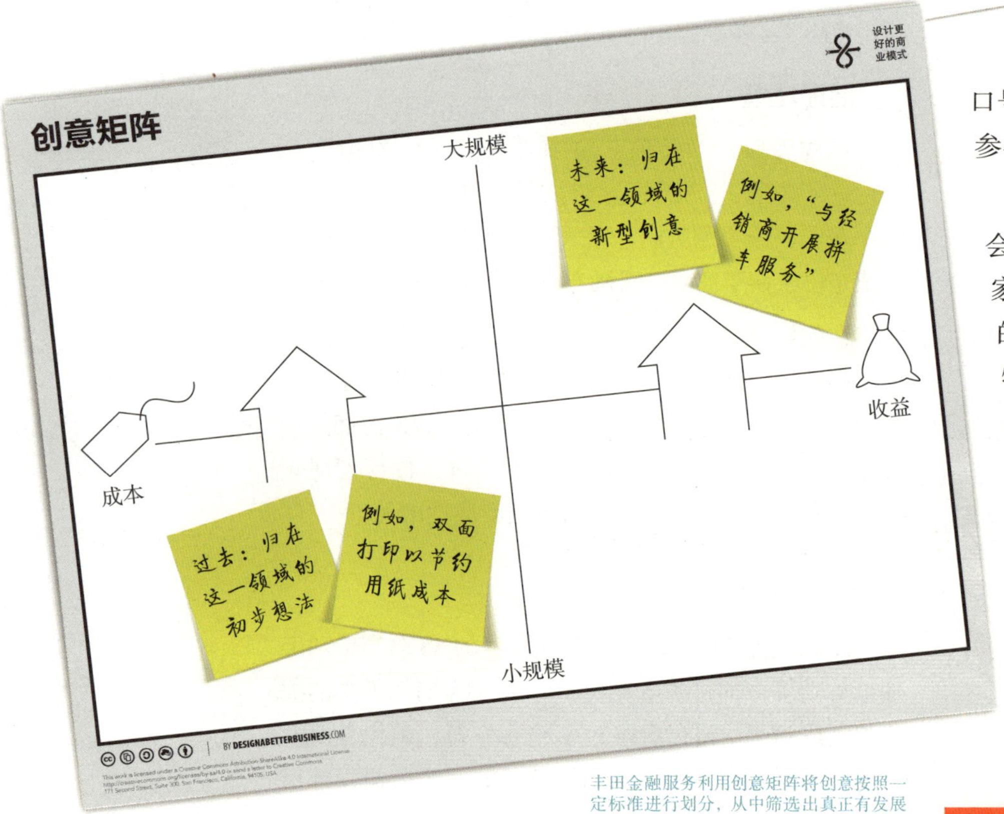

丰田金融服务利用创意矩阵将创意按照一定标准进行划分，从中筛选出真正有发展潜力的创意。矩阵的制作方法见138页。

博斯特最先打破僵局，设定讨论场景，提出目标口号：在五年内实现利润翻番。从第一天开始，所有参与者都将调整自己对公司的想法。

每支团队都开始规划自己的商业模式时，研讨会出现了令人难以置信的突破。团队成员认识到大家甚至无法就公司实际顾客的身份达成共识。他们的顾客群体到底是经销商还是终端用户呢？博斯特说：“我们可以讨论，可以辩论，也可以有不同的看法，但我们最终需要达成共识并做出实际行动。”最终，团队决定丰田金融服务的对象顾客是经销商及终端用户。

第一天，大家就当前公司的商业模式达成了共识，完成了他们过去从未实现过的任务。

发现： 我们应当使用号召性口号，营造一种共同的紧急氛围。

第二天 构思

发现：运用构思工具促使人们去推陈出新，另辟蹊径。

第二天，参与者开始进行新商业模式的构思，将引爆点作为起点。

组织者要求他们确保自己的商业模式的左右两边有所联系，共同实现创造价值、传递价值、保留价值的目标。保证所有的创意规划都是为了总目标服务，并且创意之间相互关联。

临近结束，每支团队都选出了自己最有发展前景的创意作为新的发展模式并上台展示，创意符合他们的设计标准，倾注了大家的热情。听众像 CEO 一样为每个创意打分，并且只为那些真正能够实现利润翻番的策划提供资金。

第二天结束时，执行团队已经获得了四个非常完备的全新发展模式。

第三天 双回圈

行百里者半九十，研讨会的结尾同样重要，团队还要确保接下来的发展步骤能顺利实现。

“这一次，我们在离开之前进一步完善了创意，明确了未来的发展方向。我们并不缺少勇于使用新发展模式的志愿者，这是我们之前从未有过的情况。”首席财务官克里斯·巴灵格（Chris Ballinger）说。

企外研讨会结束时，博斯特向大家保证所提出的新工具将被运用到实际的商业活动中，并强调研讨会并非空中楼阁，以后将在丰田金融服务集团作为一项常规工作开展，为公司发展提供动力。他同时还表明，自己的工作就是确保执行团队和经理能够从本周开始着手工作。

发现：我们可以讨论，可以辩论，可以有不同的看法，但我们最终需要达成共识并做出实际行动。

为公司设计未来发展蓝图不是什么副业，而是你的本职工作。

我们将引爆点制成可视化图像，贴在工作坊的墙上，便于团队进行设想的时候作为参考。

构思工具介绍

虽然每个人都能够并且应当将自己洗澡时产生的奇思妙想与大家共享，但如果构思环节是由规模恰当的团队使用正确的工具来执行，效果则会事半功倍。以下提供几个团队设想的方法供参考。

开始

构思活动开始时，你和团队成员都应当将自己的思维模式由评估模式转变过来。思维模式的转变有可能很困难，尤其当你的工作涉及批判性思考、做大量决策或是评估别人的工作时，思维的转变尤其困难。但不要紧张，只要多加练习，使用正确的工具和技巧，久而久之就能实现快速转变。

慢慢来，你和团队成员可能需要一定的时间（通常是 15 到 20 分钟）来进行思维转换，破冰者可以利用这段时间大展身手。营造一种轻松、愉悦的氛围能够大大帮助人们将思维从执行模式转变为构思模式，熟能生巧，练得越多，思维转换就越熟练。

警告：不要一整天都在构思模式，这样做不仅会使生产力下降，而且你会很快思路枯竭。不要集中在几个思路上争吵，而要调整思维，开阔思维。

避免思维障碍

小心那些可能会阻碍创意之路的“障碍行为”，例如，提前进行创意审核和评估会阻碍创意流。为避免发生这种情况，尽量不说“是啊，但是……”这样的话，改说“是啊，同时……”这样的话。同时，要确保团队成员保持对创意的包容之心，稍后再进行批判。

不要钻牛角尖

构思的关键是不能在一个创意或便利贴上的一个词上面过度思考。放松大脑使其自由萌发新创意，并且忠实记录下所有的想法，不要试图将自己的思路引向某一个方向。这项工作也需要多加练习。

使用图表

有时，创意思路很难打开，人们也许会带来他们最得意的浴室创意，但在构思阶段，你需要对这些浴室创意进行完善扩展。一般来说，使用图表是完善创意的最佳方法，你可以使用商业模式画布或价值定位画布为构思过程制定框架，进行创意扩展。商业模式画布还能够促使人们进行深入思考。

仰望星空

有时，你必须带领团队成员进行天马行空的想象。如果你们从头开始，白手起家会怎么样？如果你们突然放弃手中正在做的工作会怎么样？这些问题可以使大家跳出当前的战略范围和限制。当你们脱离现实情况时，引入其他创意将这一创意进一步扩散。等你们再回过头来面对现实，你会发现自己已经掌握了能够提升当前想法的新创意，甚至可以完全推翻原有想法进行新的创造。

创意墙

创意墙是构思过程中记录纷杂创意的好方法。当人们往墙上贴便利贴时，每个人，无论是内部人员还是外部人员，大家会共同进行创意活动并且收获同一份成就感。随着墙上的创意不断增多，团队肯定能够从中发现新思路，或是找到自己的兴趣点。

脚踏实地

当你的团队进行了一段时间的构思活动，你们紧绷的神经就会放松。所有人的创意都会减少。留意这个时刻的到来，此时，团队的总体能量开始衰减；但同时此时也是最佳的中场休息时间。当你们重新回到现实时，就可以开始进行创意评估，有利于能量回升。

小技巧： 切勿尘封创意会议得到的启迪！立刻采取行动，挖掘出隐藏的价值。

你的劳动成果

当团队收集了一定量的创意［可能有几百个（不过一般不会有这么多）］并将它们集中到创意墙上后，大家就应该开始进行组织整合。别把这件事情当作苦差事。整理思路有利于产生新的组合和更多的创意（还记得垫脚石理论吗）。创意整合的最好方法之一就是将相似的观点进行归类，并设置相应的标题。

所有的创意都被分门别类整合好后，应当从中筛选出最具发展前景的点子。不用苦苦思索，长时间讨论哪些观点更适合完全是浪费时间，在本章结尾，我们将介绍一个绝佳的筛选工具，使你能又快又有条理地进行筛选工作。

工具：创意矩阵

产生

产生创意

± 15 分钟

高压模式

3~5

每组人数

如果你发现所有人的创意都集中在一个相同的领域，这说明你们需要打破自己的思维框架。此时就是创意矩阵大显身手的时刻。

创意矩阵

构思的目标是拓宽所有组员的思路，丰富团队创意，创建“1+1>2”的效果。然而，在缺乏背景和实践的条件下，我们大多数人都很难跳出自己的思维定式（或沐浴时产生的灵感）。

创意矩阵应运而生，从本质上而言，创意矩阵能够帮助我们在表面上毫不相关的类别之间建立联系，产生新的创意。这一工具发挥作用的基础是发散性思维。更妙的是，你可以依据自己的设计标准、自己所处的市场，或面对的顾客（或目标顾客）来设计创意矩阵。

坐标系

要设计自己的创意矩阵，首先在白纸或海报上画一个坐标系，坐标系不超过五纵五横，设定一个标题，或为其设定一个需要解决的核心问题，如“我们要如何才能……”

将每一列命名为某个顾客群体，既可以是现有的顾客群体，也可以是潜在的。每一行则命名为特定的技术、可行的方案或是某一价值定位。你还可以将最后一行或最后一列作为备选，放置新的创意。

填写空格

画好矩阵，就可以开始进行构思了！使用便利贴，每个人都可以随机、即时地将自己的创意尽可能多地添加到矩阵中。文本虽好，但图片更好！我们的目标是尽可能让矩阵中的每一个空格都填上至少一个创意。

要鼓励人们打开思路，为每张便利贴打分，分数最高者获胜。

时间一到，如果所有的空格都填满了，就可以回顾分析大家的创意了。让整个团队像观赏美术作品一样聚拢到矩阵周围，让所有人都有机会看到大家的创意，然后指出自己最喜欢的一两个创意。然后，整个团队选出其中最有前景的创意进行下一步工作。

为每个顾客分区添加一个你希望讨论的不同话题，如渠道、价值定位、收益模式，或是构思一下同一事物的不同形式。

将不同的顾客分区放在矩阵上方，为每个顾客群体征集创意，满足其需求。

矩阵的列可以无限地添加下去，但是为提高效率，我们提倡整个矩阵的空格不超过20个。

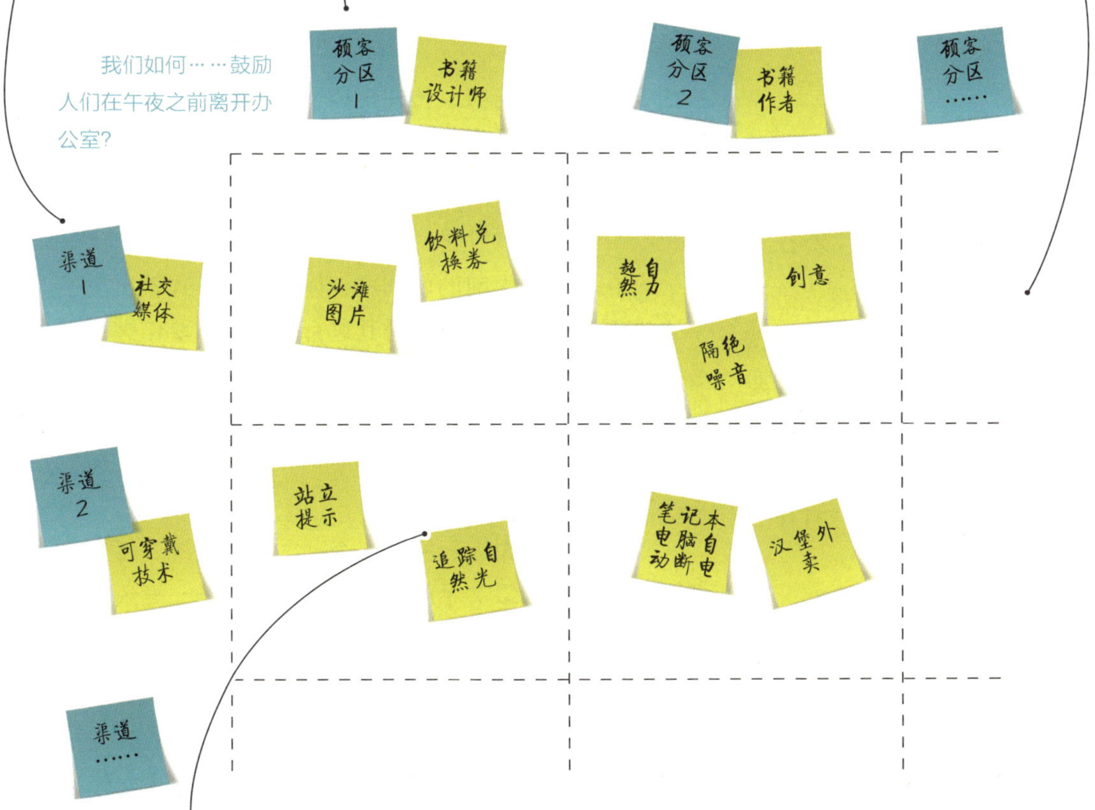

在每个空格中添加尽可能多的创意，不要贪图便捷而反复添加同一话题的不同表现形式。

小提示：为增强趣味性，添加一个“空白行”，专门存放团队提出的不能归入任何一个空格的创意。

检查清单

- ☐ 所有的空格都填满了有价值的创意；
- ☐ 所有的创意都完整准确；
- ☐ 没有遗漏任何一个你能想到的类别。

下一步

> 验证你的新创意。

工具：商业模式画布构思

产生
产生创意

±30分钟
高压模式

3~5人
每组人数

一旦掌握方法，商业模式画布将成为绝佳的创意工具。利用本页介绍的工具产生的创意，既能马上进行进一步探究，又能暂时束之高阁，以备不时之需。

新鲜观察法

需要在现有商业模式的基础上更上一层楼？为什么不试试运用别的公司的商业模式，来使自己的公司重新焕发生机呢？这就是新鲜观察法构思技巧的意义所在。

所谓新鲜观察法，就是将其他公司的商业模式进行混合重组，以激发新的商业创意。通常，这家公司所在的行业与产业领域同你自己的情况南辕北辙。例如，要是你的公司运用了优步或是亚马逊公司的商业模式会如何？如果换成奈飞或是声破天公司的呢？如果使用了易捷航空公司或是苹果公司的价值定位方式，又会有什么结果呢？

无论该公司是互联网公司，还是声名远扬的在线经销商，运用新鲜观察法，都能够轻松通过新的视角来观察自己的公司。

转移重心

观察你的商业模式，从中找出特殊之处，即能够准确定义公司创造价值、传递价值、保留价值的方式的事物。假如你经营的是软件公司，那么这一事物就是你研发销售的专利软件，也可能是一家无可替代的合作方或是极其特殊的顾客群体。

现在，移开眼前的便利贴，你的商业模式就出现了一个空洞，你的任务就是对其进行修复。不要作弊！不要将原先的便利贴拿回来。这一限制能确保你想出新的创意。

中心

商业模式画布表示的是一个动态平衡系统。每个部分之间都依据因果关系相互作用，相互影响，导致中心导向构想工具应运而生。

在中心导向构思中，有九个激发创意产生的盒子（boxer），或称为中心。中心导向工具的使用方法之一就是去掉其中的八个盒子，只留下最关键的那个。你会在自己保留下的那个中心基础上进行怎样的建构？

商业模式画布的描述见108页。

登录www.designabetterbusiness.com网站下载商业模式画布。

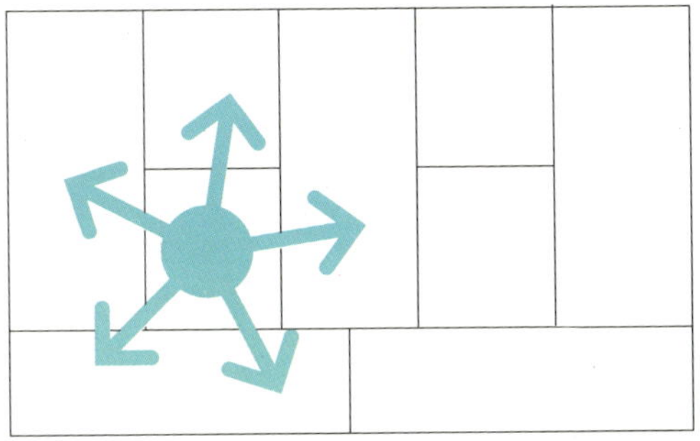

中心：资源驱动

所有公司都具备一种核心资源作为公司运转的驱动基础。对亚马逊公司而言，这一资源指其网络技术设备。如果你手上只有自己的核心资源，你会选择哪种自己过去没有涉足过的产业？

例如，如果倾尽公司所有的资源打造一个全新的产业，你会如何选择？

亚马逊公司在发现自己能够运用云存储技术创造利润时，就采取了正确的做法。

你还可以将这一方法扩展到其他领域，例如，顾客分区（你还可以为顾客创造什么价值）；价值定位（公司还能扩展哪些顾客群体）；收益流（你的产品或服务还有哪些销售、租赁或是租借的方式）；甚至渠道（你的销售渠道还有哪些用处）。

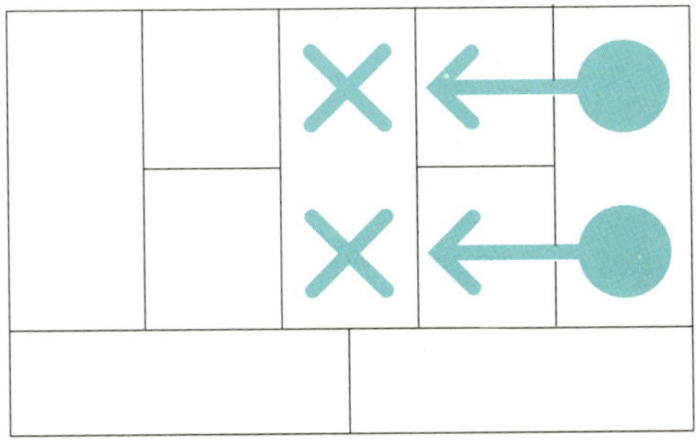

模式：多边平台

多边平台是一种服务两个或多个顾客群体的商业模式，而特定顾客群体则将平台作为与其他顾客进行价值交换的渠道。谷歌公司就使用了多边平台工具通过关键词广告赚取广告商利润。

顺应模式

如果你浏览一遍当今所有的商业模式，就会发现存在很多结构。商业模式结构指的是可以套用在商业模式上，用以满足新的顾客需求、创造新的收益流等的程式。一些众所周知的商业模式会运用订阅方式赚取收益，或是为企业搭建平台，一种产品一部分依靠另一部分赚取利润，例如，剃须刀刀柄便宜而刀片贵，或是打印机本身便宜而墨盒很贵。

检查清单

- ☐ 你想出了六种以上的商业模式选项；
- ☐ 你想出的每种模式都不相同；
- ☐ 所有模式都完整清晰，并适合你的企业采用。

下一步

- 对商业模式进行整合，研究其中的相关关系；
- 选取一种商业模式，将其转变为价值定位画布；
- 选取一种商业模式为其建模。

工具：创意墙

询问自己“假如……会……”的问题能让自己迅速得到满满一面墙的创意。多问问自己这种能激发创意的问题，或是自己发明新的问题。快速向团队成员抛出这些问题，让每个人都开动脑筋构思创意。

产生
产生创意

±30分钟
高压模式

个体
此项活动需团队全员参与

假如……

你停止了销售自己的一号产品或服务？
免费提供产品或服务？
将产品转变为服务？
将产品变为订阅式？
采用钓鱼模式经营？
采用免费增值方式经营？
只采取 B2C 或 B2B 模式？
你能够完全省去固定成本？如何省去？

500条创意

触发问题
准备20到30个触发问题，在10到15分钟内问完。

提出触发问题

创意墙的目的是在短时间内将全组的创意集中到一整面墙上，方法是利用触发问题快速激发创造力。

创意墙的建立需要充分准备。先要准备一系列触发问题，在短时间内抛给整个团队（大约每个问题 30 秒时间）。上述图片中的问题可以作为参考，注意剔除不适合自己公司的问题。利用公司的商业模式画布提出新问题。例如，如果现在公司销售产品需要依靠经销商，那么使用在线渠道绕开经销商，直接向消费者销售会如何？公司会发生什么变化？

接到触发问题后，每个人只需要用马克笔在便利贴上写下自己想到的任何观点。活动结束后，每个人眼前至少应该有与问题数量相等的便利贴。

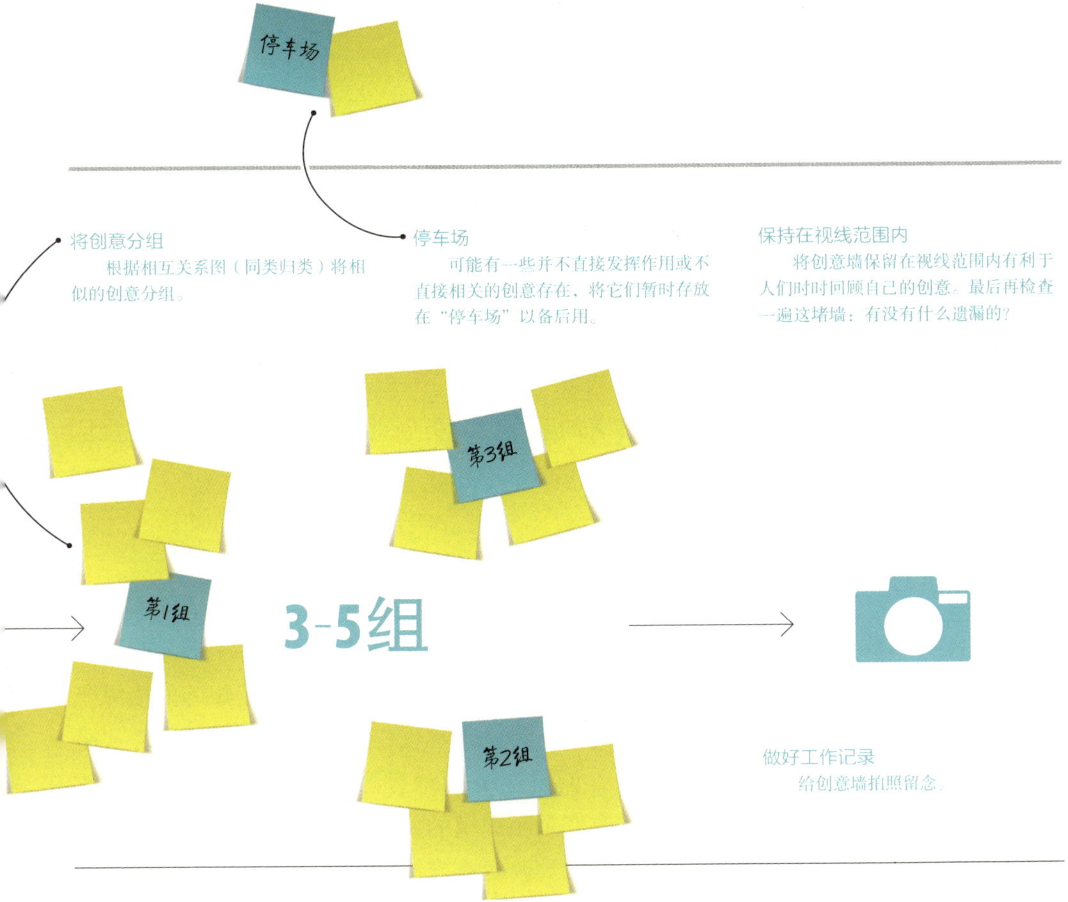

登录www.designabetterbusiness.com下载触发问题案例。

将创意分组

大家都回答完毕后，将所有人的便利贴都贴到墙上，每次贴一张，贴的时候说出自己的想法，便于大家清楚目前都有哪些创意。先不要担心创意的布局。

接下来，将创意分组，最多不超过五组，你既可以选择事前定好组的类别，也可以利用相互关系图将其分组。

分组结束后，做好工作记录，最好是拍个照片。将照片传给组内每个成员，并将接下来的每一步进展及时传达。

检查清单

- ☐ 你们想出了500条创意（或每人想出了25条左右创意）；
- ☐ 你们将创意进行了合理的分组。

下一步

> 做出选择：挑选出其中最有发展前景的创意，进行下一步工作。

工具：创新矩阵

焦点
创意筛选

±45分钟
会议

3~5人
每组人数

你的创意墙上已经有了上百条创意，现在就应当从中进行取舍。到底哪一条才是最具有发展潜力的创意呢？运用创新矩阵以及本页介绍的评价系统进行筛选吧。

将创意分类

人类十分擅长将物品归类，我们职业生涯的很大一部分时间都是在进行归类或亚归类的活动。对创意墙上的创意进行分类整理时，建立 2×2 的矩阵是最好的归类方式。

创新矩阵纵向描述增量及实质性变化，横向描述成本降低与利润增加。当然，你也可以使用自己的决策指标进行命名。无论选择何种标准，都要保证其清楚明晰，便于进行创意规划，挑选适合的创意进行建模和验证。

大变革与小改变

这一工具用于分辨那些能带来小规模的、易于实现的变化的创意与可导致大规模变革的创意。例如，推荐双面打印以节省纸张是小规模改变。虽然对于大公司而言，这的确会节省运营成本，但是这项创意可能是无论何时都能执行的无关紧要的项目。大规模变革会带来更显著的改变，此类创意通常会出现在最优先推广的象限中。

运用矩阵

使用创新矩阵，首先应当将创意从创意墙或模式画布中提取出来，并以团队为单位，讨论各个创意归属的位置。除非你已经根据自己的情况调整了矩阵的横纵坐标，否则，这一讨论就不仅仅是关于创意的可行性或是生产力了，而是这一创意有多大潜力能为公司带来改变。这一改变是小规模的，只需公司少量资源和工作就能完成吗？这类改变应当放在矩阵的下半部分——右下方位置。

打开思路

回顾丰田金融服务的案例，当你发现大家的思路都集中在矩阵下方那些小规模、可有可无的改变上时，就应当使用恰当的方式，例如，引爆点问题或“仰望星空”的话题，打开思路，跳出思维局限性。

登录www.designabetterbusiness.com下载创新矩阵画布。

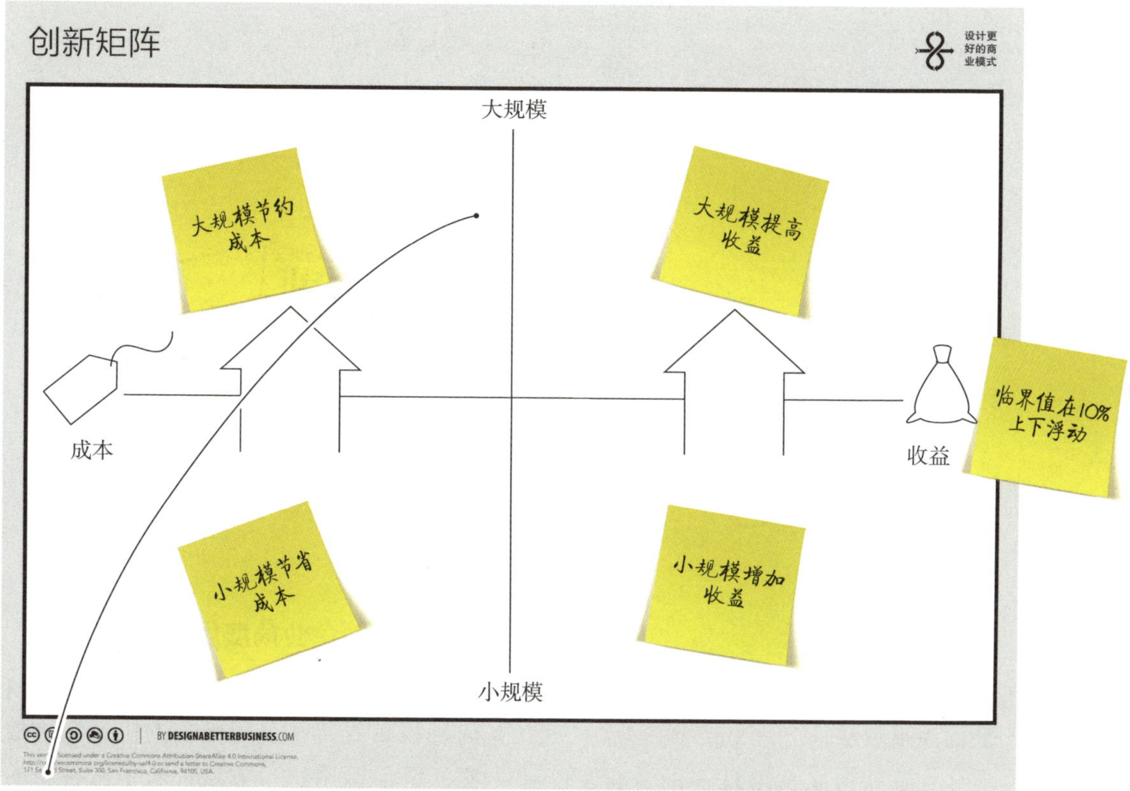

顶端象限
你希望优先发展的创意集合。

永不止步
如果所有的创意都分类完毕，但是顶端象限却没有多少内容，重新进行一次构思过程。

低枝上的果实

每个象限都可能存在那些“低枝上的果实”，即能在短时间内看到成效的创意。当矩阵完全完成时，你甚至会将这些创意交给某些人继续执行，但只有顶端象限中的创意才能带来最大的改变。

检查清单

- ☐ 你的大部分创意都包含在上面两个象限中；
- ☐ 投票结果相差明显；
- ☐ 你能根据设计标准做出明确的选择。

下一步

> 你能否先对自己的设计进行验证？

构思小结

你最可怕的噩梦

最好的创意构思实践就是针对商业模式画布对公司最可怕的噩梦进行想象。

如果你们没有任何前期资源，完全白手起家会怎样？什么样的竞争对手会将你们公司完全挤出市场？这些都是公司最可怕的噩梦。如果你不去考虑这些，那后果就不堪设想，其他人也同样如此。

游戏化构思

让团队成员不要关注创意的质量，转而注重数量。

甚至可以为提供最多创意的成员颁发奖品。

奖品本身并不重要，一些无伤大雅的竞争能够消除人们的不安感和恐惧感。

从初创企业角度思考

如果是一家刚起步的公司，将采取何种视角看待本公司面临的机遇和挑战呢？灵活运用这一方法，从一份崭新的商业模式画布出发重新规划自己的事业。

你会采取哪些不同寻常的举措？顾客有哪些需求和渴望？你又要怎样利用自己的价值定位去满足？

画图

让人们将自己的想法和创意画出来而非写成文字。画图的过程很有趣，而且促使人们放弃抽象的描述方式，转为具体的描述。

如果团队成员担心自己的画工不好，可以使用乐高企管智慧游戏（Lego Serious Play）来代替。

户外构思

将团队带到户外，找城里一处繁忙、喧闹、充满丰富刺激物的地方进行构思活动。

引导成员关注周围无数的信号灯或杂物，鼓励他们进行发散性思考。身处噪声中有时能让思维更具有跳跃性。

不同寻常的怀疑者

构思活动不局限于创意部门或研发部门，吸收一些不同寻常的成员加入，会带来意想不到的效果。

打破常规思维，不要仅仅从自己现有的想法出发。如果你发现自己总是回到已经想到的观点上，试试从一个截然不同的方向出发。

你现在已经……

- 完成了4~6张新的商业模式画布 P134
- 有一面至少包含500条创意的创意墙 P136
- 完成了4~6张新的价值定位画布 P98

下一步

- **验证自己的创意** P148
  运用建模方法
- **回顾自己的观点** P38
  你对自己的愿景进行充分批判了吗？你是否需要调整自己的观点
- **选取商业模式** P60
  以自己的设计标准为基础
- **设计价值定位** P98
  以自己的商业模式为基础

回顾

世界上没有唯一的**标准答案**，所有创意都是做出更好的设计的垫脚石。

趣味是最好的**灵感催化剂**。

创意不是来自异次元，**开启自己的创意引擎**。

使用工具开阔思路，突出的创意应当深入研究。

在采取下一步行动前，先**挑选创意**，你不可能一次验证500条创意。

清空大脑，进行一些深入思考吧。

FREE UP SPACE FOR DEEPER THINKING.

«

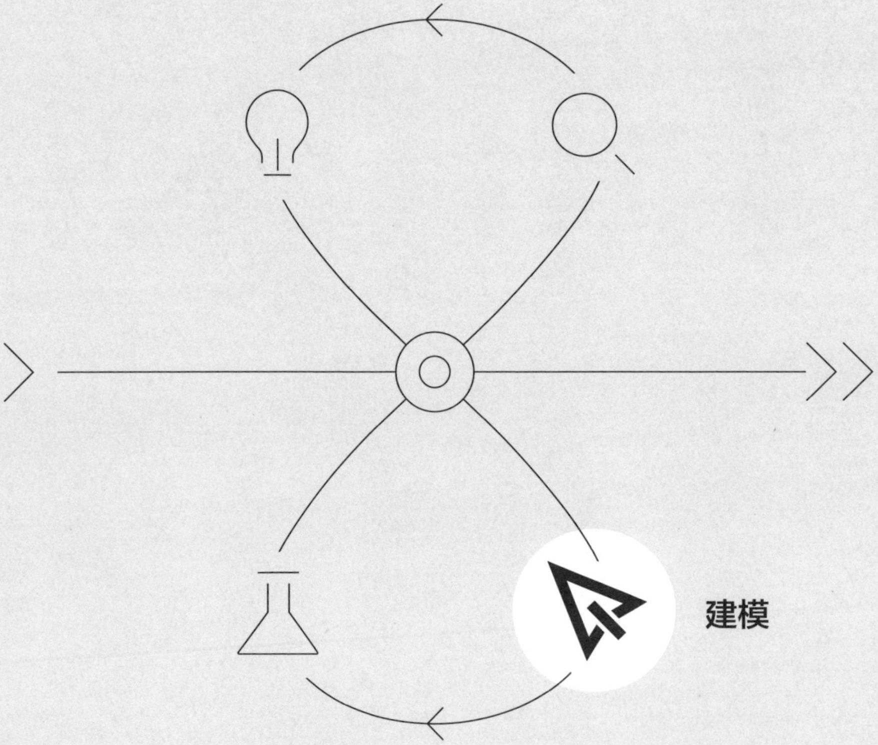
建模

第5章 建模

赋予你的创意以生命

原型素描

制作原型

简介：制作者思维方式

把时间与精力花在自己熟悉的领域会让你获得安全感。技术问题通常显而易见，但大家往往跳过去，花费时间解决大问题，例如，编写合适的算法，但是为什么要这么做呢？

“让自己的想法变成实物就可以成功”会产生误导

自己一个人或者是跟团队在一起时，不断讲述自己的想法是一件让人振奋的事情。你可能花了数个小时、费了很多精力与脑力详细阐述自己的观点。如果你是一名技工，或者是技工团队中的一员，就可能直接着手解决自己想法中涉及的技术问题，而不会预先验证想法的正确性。

我们这么做是因为我们了解并能自己想清楚事情，而不需要跳出自己的舒适区。我们往往花时间“解决大问题”，比如开发合适的算法、分销渠道或者生产系统。

虽然解决难题很有趣，能够激发大家的激情，但是设计顾客的产品是没有捷径可寻的。你需要知道如何解决最难的问题，你的想法能够引起顾客的共鸣吗？没有解决当前的问题就急着去解决未来的问题是毫无意义的，从最开始着手！

从小处着手

要像工程师或建筑师一样思考。就像怀特兄弟在建造载人飞机之前首先做一个风筝一样，建筑师都从模型着手。你知道这其中的原因：如果你想设计巨石阵，在雇用上百人搬运 6 万千克重的巨石之前，先利用小模型做实验有助于降低成本。

达·芬奇也画了上百幅图纸，在自己的工作室做了许多有关机器的模型以解决问题之后，才投资建造实物。图纸不仅让达·芬奇解决了潜在的建造问题，还让他可以很好地将自己的建筑物解释给别人听。

怀特兄弟、巨石阵的建筑师与列达·芬奇是建模大师。他们直到了解了自己的抽象想法才建造实物，否则就是有勇无谋的行为。而且，这些大师知道要激发其他人对他们的建筑物的热情，就需要让这些人清楚地了解它们的意义。他们的想法首先要是有形的！

创意不是真实的

创意毕竟只是个创意，是基于很多假设的，创意只是纸上谈兵。创意是抽象的，并没有许多实质的东西。当然，有些创意非常好，或许能够改变游戏规则，但是这种可能性只有在创意实现之后才可能成真。因此，在设计过程开始之初，先建立简单的原型将会使这种可能性成真。

原型是有形的，是人工制品

Dropbox 的创始人据其想法做出原型的故事脍炙人口。这个想法如今看起来很简单：让人们可以将自己的文件存储在任何地方并能够实现同步。但是当时 Dropbox 是第一家做这件事的公司。虽然这一想法在技术上是可行的，但是公司的首席执行官德鲁·休斯顿（Drew Houston）非常想知道顾客是否愿意尝试他的产品。因此，他没有投入时间与资金向市场推出自己的产品，而是播放视频来展示顾客体验。这个视频不是用来推销的，只是顾客体验的模型，唯一的成本就是用来制作视频的时间。最终，这个视频帮助德鲁和他的团队获得了许多关于顾客的信息，并推出自己的产品，建立了自己的品牌。

原型赋予你的创意以形式和功能。

正如 Dropbox 的视频一样，原型并不是完全成形的产品。制作这些原型是为了让顾客获得体验，从而使公司可以获得相关信息，不断调整想法，更适应顾客的需求。这样说来，原型比想法更丰富，可以让你从不同的角度进行思考。

为什么原型，尤其是可视化原型可以达到很好的效果？这是具有科学性的。人类是视觉、听觉动物，喜欢不断体验。看到、触摸、控制事物，并感受到事物的重量，看到它对某个动作的反应，比单纯的描述更能让我们获得更加深刻的洞察，这就是原型带给我们的好处。

提示！ 练习利用手头的工具为自己的想法建模。不管是一支钢笔、一张纸、一张便利贴，还是一个展示软件，有时候最简单的东西也可以是最实用的制作模型的工具。

对创意进行碰撞测试

赋予创意以生命，并在这个过程中不断学习，这就是制作原型的目的。想象你的原型是可控的碰撞测试，你最想通过原型学到什么？是整个环节的体验、下载体验，还是在城市里的驾驶体验？不管你的想法是什么，原型会帮助你在现实世界中验证它。而且，原型有两种：一种是让你更好地了解什么可行，什么不可行；一种是通过顾客（或者使用者）进行测试。

不管是哪一种原型，都要先弄清楚自己在测试什么。你真正想了解什么？测试有效性一章列出了很多很好的工具与开始制作原型时要做的事情，以便你通过顾客测试想法的有效性。但是，即使你正与团队快速制作原型，以便看看如何进行组合，了解自己想法的哪个方面要制作模型也是非常重要的。

设计原型以验验你想了解的方面

当你清楚自己想通过原型知道什么之后，就要着手设计原型了。要从最简单的开始做起，只有在不得不让原型更复杂时再做得复杂一点。时刻问自己：原型可以做得更简单一点吗？我们可以不用什么？这些特点都是必要的吗？

要记住，原型做得越早越好。不管你是在为自己想法中的某一个元素还是为整个想法制作原型，关键都是确定想要了解什么，然后再着手去做，尽量做得简单。德鲁·休斯顿说得很好："不推出新产品很令人头痛，但是不了解顾客却是致命的。"

散乱不等同于劣质

最开始的时候，你的原型并不复杂，甚至会非常难看。原型只是为达成某种目的服务的，这个目的可能是通过顾客来测试原型，可能是与团队观察原型是否可行，也就是说，要建立合适的原型。在设计之初，没有必要花很多资源建立原型、测试设计是否具有高保真性，这样会浪费很多原来可以用在别的地方的资源。在建立原型时，要测试最基本的元素，做假模型是完全可以的。原型的保真性最初可以较低，这是为了获得尽可能多的信息，但是这个过程需要快速地不断重复。

没有必要等待

有经验的设计者对那些好看的原型会非常谨慎。好看的原型往往看起来不错，但是会让你还有其他人忽略想法内在的问题。

大家往往只关注原型的外表与触感，而忽略想从测试中真正了解的信息，这就意味着你会误入歧途。原型的细致程度与所处的设计阶段有关。刚开始原型的保真度可以较低，然后逐渐再提高。

本章剩下的部分会给出一些例子与工具，以帮助你建立起自己的原型。建立原型越早越好。真的！

成为自己的**豚鼠**

不要觉得自己可以想清楚所有的事情，你需要为自己的设计建立原型，不仅仅是为了自己的顾客，也是为了你自己。

不管是设计什么，设计团队尽可能了解设计是非常重要的。你们要设计什么？设计出来的东西如何运转？触感如何？如果设计的是数码产品，你将如何在屏幕上（或者是在一张纸上）快速将其模拟出来？或许你可以利用幻灯片或者 Keynote。如果设计的是有形产品，你还可以调整其他元素来估算产品的形状与重量吗？

要让自己了解设计的每一个阶段。最好的方式就是不断尝试。作为设计者，你就是自己的豚鼠。

将自己的想法制作成原型，并不断与其互动，这样能够让你更加了解如何解决问题，你的顾客将会做出何种反应，你下一步要做什么。

如果你在设计一种产品，最好先通过顾客测试一下原型；如果你在设计一个程序或者某种服务，你就是第一个用户。

技能：掌握建模方式

1 首先要进行素描

素描是建模并从不同角度观察原型的最好方式。你可以在餐巾纸、硬纸板上画素描，还可以用编码、电子数据表、乐高积木、焊接设备或餐桌上的盐与胡椒分拨器进行。

素描就是保真度较低，只是粗略地表现，不注重细节。细节可以在后续的过程中添加。

2 让原型尽可能简单

如果你既缺少预算又没有时间怎么办？你在 30 分钟之内能做出什么来？给自己一定的限制能够提高创造力，因为这让你不再关注原型是否做得完美，帮助你避免迅速地反应，例如外包或者立刻雇用开发者制作最终产品。

只利用桌子抽屉里的材料，就能把所有散乱的模型组合起来。这样可以很快完成，并且让你学到新的东西。

提示！ 问自己下列问题：你真的需要制作原型吗？可以从架子上得到你想了解的信息吗？你可以将现有的产品联系在一起吗？

3 材料都在你旁边

刚开始建立原型时，如果知道想测试什么，就不需要很好的材料。你可以用办公用品、纸或者手头其他的物品进行调整。咖啡杯可以成为你的顾客，手机是商店经理，你可以设计商店的互动环节。要避免在测试原型之前就用很昂贵、复杂的材料制作原型，要先了解如何做一个保真度不那么高的原型。

4 为原型建模

产生、分享并拓展大量的想法是有必要的，但你也需要深入探究其中某些想法，尤其要选出一些想法并将其制作成原型加以验证。选择出想法的核心是什么？这些想法要解决什么问题？是针对谁的？顾客为什么买单？他们如何发现它？

你不可能深入探究每一个想法，但是有一些想法需要深究才能了解它们的内涵，了解最初你或你的团队的假设。

---

5 展示非常重要

展示是制作原型的一部分。即使你的原型只是很零散的笔记，如果你想让别人理解它的表面价值并给你提出真诚的建议，你就需要向别人展示你的原型。你向别人展示的方式会让听众有所期望，错误的期望意味着你不会了解到想要了解的信息。

6 抓紧时间

要确保有很近的截止日期：限时能让你更有创造力，让你利用最快的方式来制作原型。否则你会有将原型制作成产品，加入不必要的元素的风险。

为投票建模

如何将想法制作成原型以解决诸如投票之类的大问题？要找到痛点！

投票的痛点在登记环节。一组 MBA 学生利用原型来验证自己的想法。

他们设计了新的注册体验并记录下使用他们原型的人。这非常有价值！

在制作真正的原型之前仿造原型

在投入大量资源制作原型时有很多方式可以用来仿造模型。选择哪种方式不仅取决于你要为哪个想法制作原型，还取决于资源的可利用性。有时一个简单的原型就可以了，有时候你需要更精确的原型。下面介绍了简单的技术与需要更多资源的原型制作技术。

售票

通过售票，看看大家做何反应。

反应

通过改变演示的方式，你可以更全面了解到真正的需求是什么

游戏难度

游戏攻略制作一个小原型，将其视为你所想象的游戏草图。

数字化承诺

在登录页面上增加两个按钮能够让你获得更多的洞察，这比问顾客喜欢哪种服务更有效。

管理员(1)

不要为原型建立复杂的后勤服务，可以自己来做这件事。

管理员（2）

这样做的好处是你可以观察到顾客的反应，看到错误的地方以及忽略的地方。

巫师

既然幻觉已足够了，那为什么还要建立整个世界？巫师就可以制造幻术，通过烟雾与镜子愚弄所有人。

这种“骗术”有不同的形式。最基本的就是外人看到的只是部分，而内部的人通过你或者其他人进行操作。

快闪店

打算卖东西？不管是在线上还是线下卖东西，设立快闪店能让你验证很多互动、产品摆放以及不同的看法。商店设立自然一些更易让人们进行互动。

3D打印

3D打印机可以很好地代替整个产品的生产过程。另一个好处是你可以简化产品，慢慢地为产品增加特性。

关于模型制作的故事

卡片叠

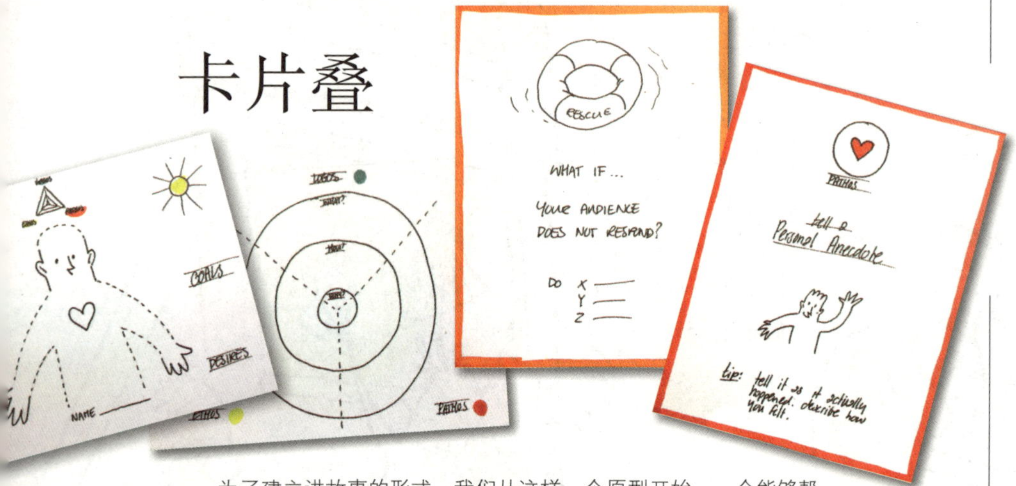

为了建立讲故事的形式，我们从这样一个原型开始：一个能够帮助人们用 10 步建立并分享故事的卡片叠。在建立这个原型时，我们又发现了更简洁的版本。

从第64页可了解更多有关讲述故事的方式。

为VIP服务建模

一家大型汇出行想在俄罗斯的办公室增加一项服务，让忠诚的顾客获得更为快速的帮助，于是这家银行想通过市场调查问卷了解顾客的反应。我们说服这家银行在其中一家办公室增加这些服务。结果，顾客的反馈都证明他们的想法很有效，并给出了改善服务的好建议。

为商务飞行体验建模

为了验证从阿姆斯特丹到巴黎的一项商务飞行服务是否可行，一家初创公司的创始人一连坐了几天国际高速列车，把公司要提供的服务展示给商务人士看，询问他们是否愿意买机票。通过这种方式，创始人不仅使得合适的假设得到了验证，而且找到了合适的听众。这种简单有效的模型仅仅花费了火车票的钱，得到的信息却是无价的。

用PLAYMOBIL游戏攻略建模

有一项大型的战略活动涉及一家大型欧洲银行的上百位管理者，当我们在为这个活动做准备时，这家银行的首席财务官想利用 Playmobil 游戏的人物来预先排练一下整个活动的相关工作，这能够帮助参与者了解自己的角色以及位置。这种方式真正揭示了在纸上无法发现的问题。

刺破泡沫

我们在阿姆斯特丹的影响力训练营帮助初创公司将其创意转化为可运营的生意。其中有一名参与者灵机一动，想到可以利用有机洗发水售货机来帮助那些容易将洗发水遗忘在健身房的人。他想到的第一步就是制造一台昂贵的机器，然后放在附近的健身房旁边。我们说服他拿出一些小瓶的洗发水，把它们放在桌子上，画上好看的图案，并将其放在健身房旁边。这样，他没有花费多少钱和时间就得到了反馈。

为价格建模

有一家初创公司想为它们即将上市的产品的价格体验建模。

它们在不同的商店贴上了不同的价格标签进行模拟实验，为什么产品在不同的地方价格要一样呢？

为你的原型贴上标签

一家大型消费品公司的创新工作室要求其团队像初创公司一样思考和工作。为了让这种体验更加真实，工作室的布置都做了相应的改变，每个团队都为自己的初创公司命名，并将名字印在了短袖上。这种方式的确让整个团队开始用正确的方式思考问题！

为未来建模 ≫

AUTODESK

案例：欧特克公司将未来原型化

欧特克（Autodesk）是一家大型软件公司，公司以计算机辅助设计软件——AutoCAD 这一旗舰设计软件而著称，已从事设计相关软件的开发与销售工作 30 多年了。

突破电脑辅助的设计

虽然很多人不知道 Autodesk 这家公司，但是几乎所有人都在使用它们的软件。地球上大部分人类创造的东西（在过去 30 年间设计并制造的），包括你坐的椅子、住的房子、开的车子、看的电影特效的某一部分很可能就是 Autodesk 公司的软件创造出来的。

Autodesk 公司的领导在过去十年里一直在探寻公司下一步的发展计划。除了对其明星产品做一些改善，公司一直在开发新的工具以解决顾客在未来可能遇到的设计问题。

公司的首席运营官卡尔·巴斯（Carl Bass）擅长制造硬核，他不仅仅对发现潜在市场感兴趣，还对在设计初期的建模充满热情，以此获得对公司有用的信息，了解顾客未来的需求。卡尔善于创新，有很高的风险承受能力。因此，他喜欢制作原型，设计实验，以此了解什么可行、什么不可行。这一原则成了公司文化的一部分。

现在来了解一下 Autodesk 公司应用

这张旧金山渡轮大厦的图片源自漫画小说《序幕》（*Prelude to Then*）。

研究实验室主任、公司首席技术官战略性创新办公室主任莫里斯·康提（Maurice Conti）。

卡尔·巴斯：快速证明假设有效与否，以了解相关信息。

挑战

2010 年，公司的首席技术官杰夫·康瓦尔斯基（Jeff Kowalski）给康提布置了一项任务，让他“观察一下公司的盲点”，康提知道自己得不到任何指导。他需要到公司尚未涉足的地方，找到新的机会，考虑别人未曾考虑的事情。所以，他开始了研究。

顿悟的时刻

康提在寻找公司盲点时，从公司一直关注的相关市场（不同的领域）着手。例如，当探究制造行业——公司最重要的业务领域之一时，他在高级机器人这一领域看到了商机。“我们没有这方面的业务，”康提说，“没有战略，没有项目，没有观点。我认为我们忽略了未来可能很重要的方面。”

对康提来说，最有趣的是机器人可以用来提高人类的能力，提高机器人使用率不会从根本上代替人类。康提认为有许多工作单靠人类或者机器人都不可能做好。只有三者合作才能从根本上改变工作方式，让很多事情可以更安全、更有效地完成。

康提与团队迅速开始研究这一机会。他们提出许多问题之后，决定模拟一个场景，让人与机器人一起工作（无须害怕机器人的排挤）。为了验证这个想法，他的团队里的主要研究工程师大卫·托马森（David Thomasson）便着手为桌子大小的小型机器人编写程序，让它可以观察并向人类学习。“机器人会观察一个工匠雕刻木头，然后学习你喜欢的雕刻方式，并不断重复那些动作，或者稍微调整后以适应你的风格，这样你们就可以一起完成一项工作了。”

团队在不断为这一想法建模的时候，遇到了越来越多的问题，得到了越来越多的洞察。我们如何让工业机器人编程更简单？制造商的相关软件都是让机器人重复做一件工作上千次，要是它们想一次做上千种不同的事情呢？我们可以在不需要计算机辅助设计与计算机辅助制造的情况下与机器人进行实时互动吗？我们可以只用手势或自然语言交流吗？或者我们可以只教机器人学习如何独立完成工作吗？因为它们有深度学习系统，人类不需要告诉它们做什么，只需要告诉他们自己想要什么。

康提的想法就是，要想深刻了解这些问题的答案，就要通过建模来实现。

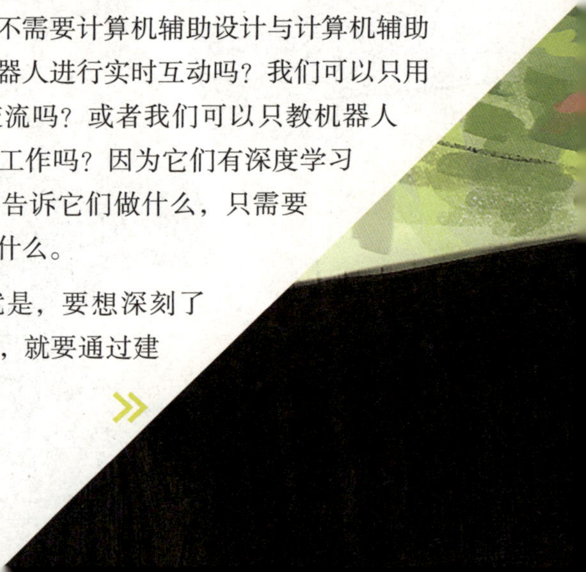

未来的厨房

源自画册《欧特克应用研究实验室》。

设计之旅
图片源自画册《欧特克应用研究实验室》。

故事带给我们的是……

康提的团队采用一种独特的方式进行研究与开发，并将其称为“风险与决定论”。欧特克的产品开发团队能够按时开发高质量的软件，他们无法承担很多的风险，公司依靠他们的决定论。但是，康提的团队能够承担很多风险，这样产品组就不需要承担很多风险了。他的小团队中有一半的设计者与工程师能够快速并不断将新想法与概念制作成原型。他们可以很快建立起对核心挑战与机会的认识，而不需要投入很多资源。

康提认为团队成功的秘诀在于：与管理层直接接触，让他们感觉需要承担风险，以得到创新的想法。这种方式也建立了小型反馈环，以便让实验室的发现迅速影响公司战略。

利用短暂的时间制作原型，展现出其价值是必须的。公司的应用研究实验室一般连续工作三个月。有些概念可能需要更长的时间才能完善起来，但是原型制作需要快速且反复进行迭代。另外，想法与原型需要与公司的愿景和核心战略相关联。公司的团队需要确保他们的工作能够为公司带来价值。

最后，原型制作未必是有形的，未必要投入很多资金。讲故事是让想法原型化的最好方式。

康提及其团队一直致力于建立有效的方式来探索有助于公司未来发展的概念。他们将其称为战略性未来，但是技术上又被称为科幻未来、场景规划或者世界建造。

通过使用画册的形式讲故事，探索公司未来的发展之路，欧特克公司能够验证并将新的商业模式付诸实践，这样不需要浪费时间与资金就能赋予每个想法以生命了。

遥远的未来
欧特克应用研究实验室

为遥远的未来建模需要大量的创造性以及强有力的观点。

接受散乱

欧特克公司提倡为公司未来的发展建模，这个过程用时一般不超过 18 个月的时间。为公司遥远的未来建模需要公司应用研究实验室的协助。

当想到设计的遥远未来时，你可能会想到机器人与《少数派》风格的用户界面。再进一步探索，你会发现研究的整个领域看起来好像都不真实。拿合成生物学来说，公司的研究者与工程师为软件建模，以便在纳米水平上设计生物结构。生物加密箱利用人体血流携带治疗癌症的单个分子，只在遇到癌细胞的时候生物加密箱才会被打开。3D 打印利用个性化染色体打印细胞。

为公司的未来发展投入资源的挑战在于，很难说清这一研究与后续的原型制作为什么重要。这就需要讲故事。

讲故事

去年，公司应用研究团队的高级研究工程师埃文·阿瑟顿（Evan Atherton）与几个实习生一直在设计画册，为公司未来发展的故事建模。这个团队为公司的未来发展，甚至是 300 年以后的未来，创造出了丰富的环境，以帮助公司见证今日所用的一些技术的可能性。这些故事并不是营销材料，目的在于将公司内部与外部的人联系起来，给他们创造一个平台来展示问题。事情的结果会为自己说话，并且做这种事情的成本是很低的。

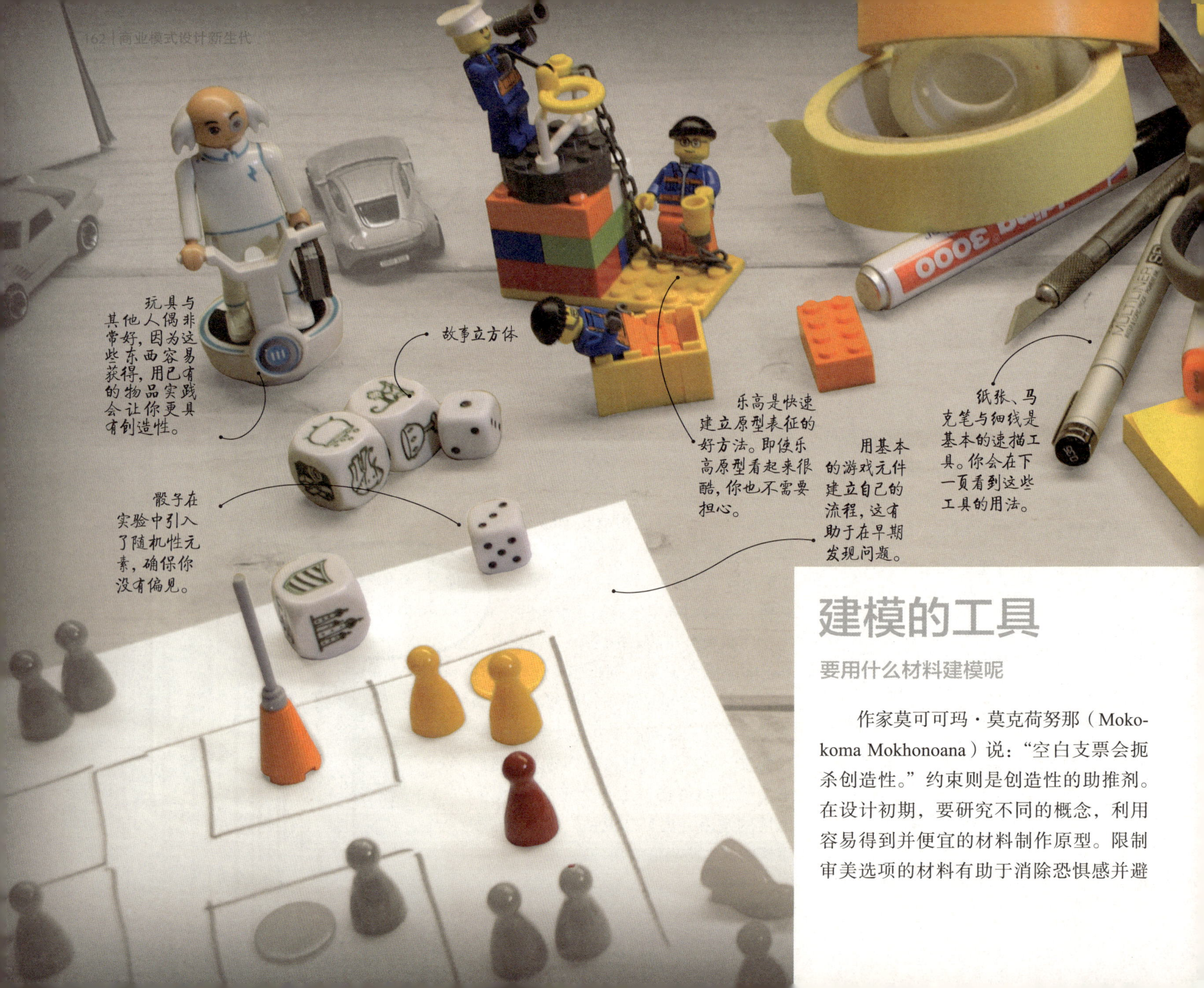

建模的工具

要用什么材料建模呢

作家莫可可玛·莫克荷努那（Mokokoma Mokhonoana）说：“空白支票会扼杀创造性。”约束则是创造性的助推剂。在设计初期，要研究不同的概念，利用容易得到并便宜的材料制作原型。限制审美选项的材料有助于消除恐惧感并避

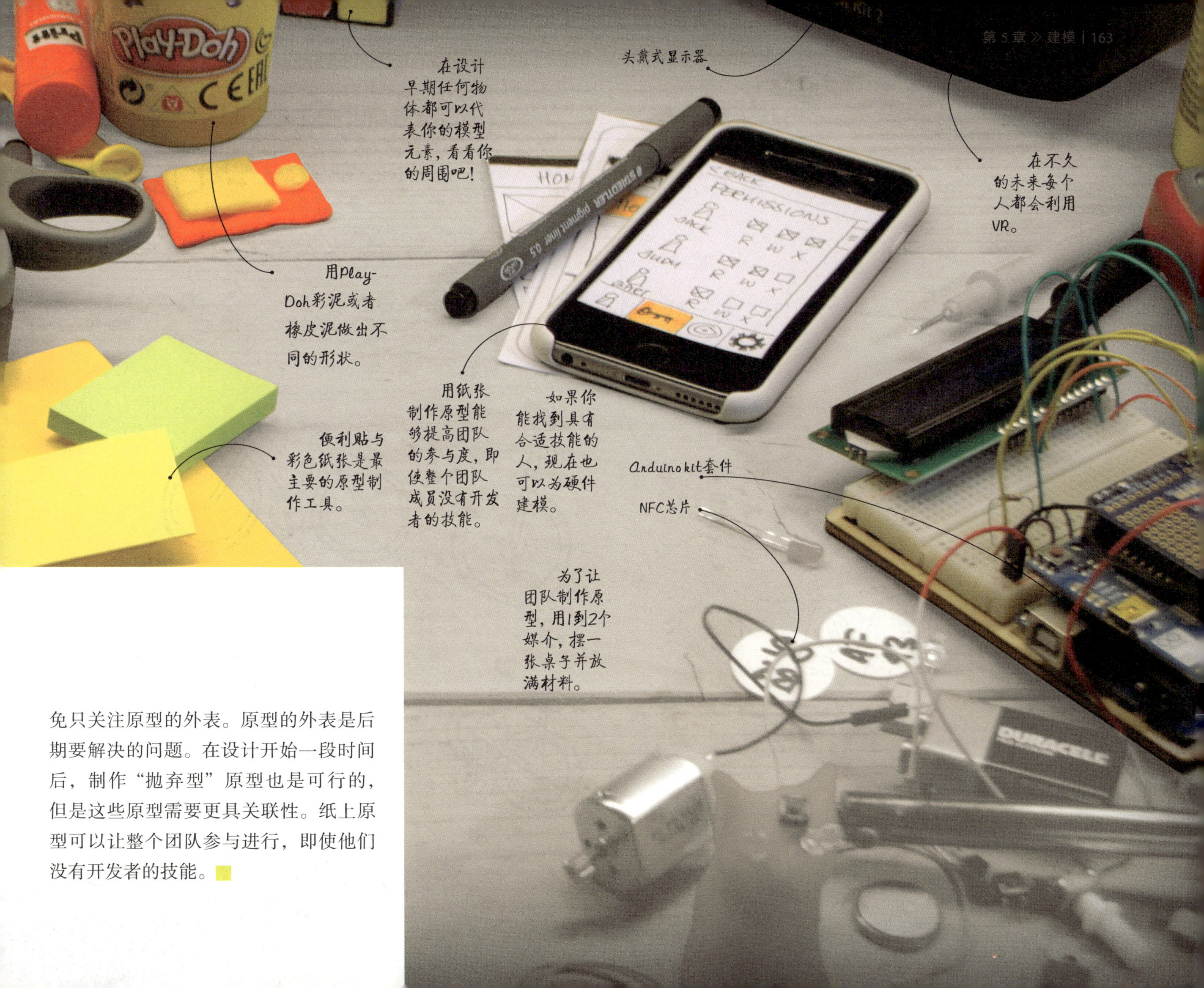

免只关注原型的外表。原型的外表是后期要解决的问题。在设计开始一段时间后，制作“抛弃型”原型也是可行的，但是这些原型需要更具关联性。纸上原型可以让整个团队参与进行，即使他们没有开发者的技能。

工具：素描

一支马克笔与一张纸就可以解决你的问题！

有形的

原型速描

±30分钟

会议

个体/团队

分享结果

原型素描

制作素型时先与团队一起将其素描出来。

让我们用虚构的例子来看看这些工具是如何应用的：某家公司想基于自行车开发一种新的注重健康的交通工具。

① 你想要解决什么问题？这里要用到你之前整理的设计标准（见第40页“入门：你的观点”）来设置范围。

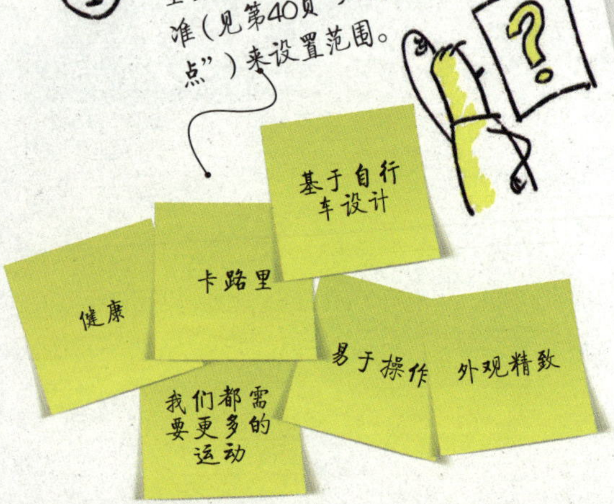

② 每次解决一个问题。你首先想解决什么问题？要清楚所处的背景环境，不管是自己的还是别人的。每个人都知道你在制作什么原型吗？

我们的自行车上安装几个车轮比较酷？

③ 要确定你的素描或原型中需要多少细节。细节越少，就越能把注意力放在问题上。当你想知道车子需要多少个车轮比较合适时，车子的颜色、材料、车灯的位置都不重要。

④ 当利用原型向别人展示你的问题解决方案时，要确保你自己来设定场景。你不是给他们一张破纸，而是向他们展示改变游戏规则的方案！你会让他们参与进来，而不只是评价你绘画的技能。他们需要知道这个话题对他们和你都很重要！

有关速描的更多信息，请阅读丹·罗姆的《餐巾纸的背面》。

具备了相关技能，你练习得越多，就会变得越好。但是要知道：要解决问题你不必成为达·芬奇。

检查清单

- ☐ 你制作了20多个不同的原型；
- ☐ 你能够展示自己的素描。

下一步

- 收集其他人关于原型的反馈；
- 在实验中应用原型。

登录www.designabetterbusiness.com网站下载视觉思考实例。

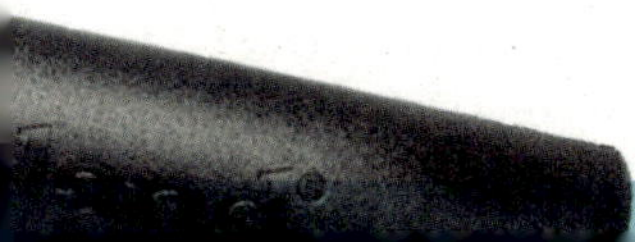

素描就是建模

视觉思维与素描就是利用我们能够用眼睛与大脑观看的能力，来发现不可见的想法，快速利用直觉建立想法，并用简单易懂的方式与他人进行分享。

欢迎利用一种全新的方式来看待商业设计。不管你是在白板上描绘新的组织架构图，还是坐在桌子旁在便利贴上绘制简单、有趣的图画，素描都是非常有力并且有效的用来与别人交流想法与意见的方式。

如果你会画一些简单的形状，例如，正方形、三角形、圆、直线，你就可以通过这些形状将你的想法描绘出来。

丹·罗姆
《餐巾纸的背面》的作者

工具：纸上原型

有形的

建立纸上原型

±30分钟

会议对话

最多5人

每组人数

有四种方式可以通过纸上原型赋予你的想法以生命。

1 为过程建模

制作一张游戏板

将过程描绘成一张游戏板。不要忘记将陷阱、死胡同、能量增强剂等其他必要的步骤包括在过程中。

体验过程

在每个部分放置一个兵卒。基于每天的过程展现不同的场景，记录发生了什么。

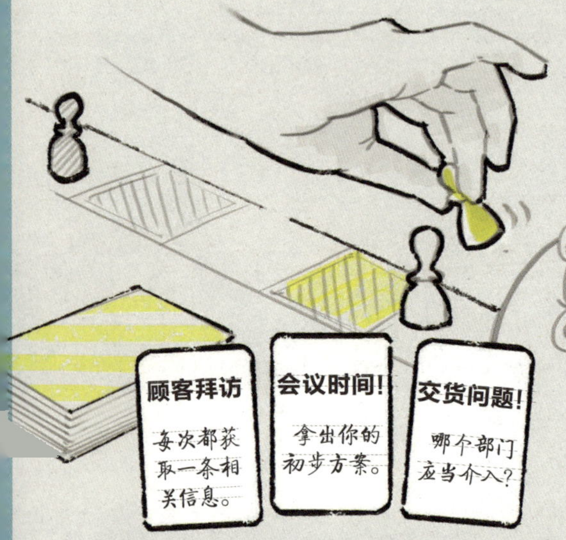

为了增添乐趣，使用机会卡

为意料之外的情景制作卡片以加强真实性。

2 为产品建模

利用竞争

利用现有产品，例如，竞争者的产品来为产品制作原型。

仿造品牌

仿造品牌的设计并将其打印出来。

将设计粘贴起来

将你的世界放在现有的产品盒子里。

你可以感觉到吗

拿起盒子看看它怎么样，摸起来如何，听听别人的反馈。

将其放在架子上

为什么不把原型放在商店里，看看顾客的反应，以及它放在其他产品旁边的情况

3 为App或者网站建模

在你着手制作线框之前

如果你需要先看看自己的App或者网站在小屏幕上是否可行，就不要急着制作线框。

不要展示所有的元素

在向实验对象进行展示时，省掉细节以及不需要进行测试的东西。

要有选择性

要总结你真正想验证的东西。

不断迭代

不断进行工作，直到你觉得正确了。

将其粘贴起来

将其粘贴在智能手机或平板电脑上。

看看它是否可以引起共鸣

把它带出公司或者能够用到这个应用程序的环境中进行实验。

进行触摸

它摸起来太小？太大？太窄？可以轻松触到按钮吗？

4 交互原型

利用网上工具

需要测试更多的互动性吗？你可以利用网上模拟工具让自己的素描更加栩栩如生！

- [x] 确定优先次序
- [x] 创作并审核草图
- [x] 建立线框
- [x] 按逻辑排序
- [x] 对10到15个人进行测试
- [x] 审核反馈
- [ ] 建立真正的版本

搜索“在线建模工具”

检查清单

- [ ] 你建立了交互原型，并展示给其他人；
- [ ] 人们给出了对你的原型的反馈，这让你获得了新的洞察。

下一步

> 向别人收集关于原型的反馈；

> 在实验中利用原型。

原型小结

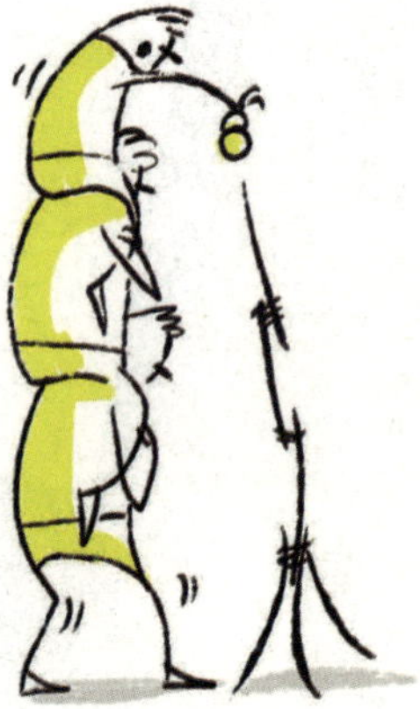

与团队成员共同建模

一起建模就像将想法可视化一样：多次迭代，让大家参与进来，这样你就为自己的想法与原型找到了支持者。

每一个人都可以从别人的想法获得和启发。制作原型要记住：小组不能多于五个人，五个人是保持小组活力、让每个人积极起来的最多人数。

与顾客一起制作原型

如果你想走出舒适区并获得意料之外的见解，就让顾客帮你解决问题吧！

确保你与顾客在设计标准与范围上达成一致。可以肯定的是：顾客永远不会从公司的角度看待问题，由外而内的方式能够帮助公司看到盲点。

竞争者侵入

使用竞争者的产品或包装，用你自己的产品名重新命名。

这种方式可以节省你模拟公司未来产品所用的时间。

在为品牌、颜色、维度、重量建模以及了解顾客对现有产品的想法中，这种方式非常有效。

展示出想法

有创意的人会画出自己的想法而不是将它写出来。你可以让他们画出自己的或是他人的想法。这个过程非常有趣，尽量画具体些，不要太抽象。

如果人们对自己的绘画技能没有把握，那么可以使用“乐高认真好玩”这一工具。

使用你最喜欢的办公工具

在杰克·克纳普（Jake Knapp）、约翰·泽拉茨基（Braden Kowitz）与布拉登·科维茨（Braden Kowitz）合著的书《冲刺》（*Sprint*）中，设计团队只用 Keynote 这一普遍的展示软件就为机器人模拟了交互场景。

这个原型看起来非常真实，可以得到顾客的反馈，而且制作原型只需花费几个小时的时间，不需要投入很大的成本，因为团队已经拥有了 Keynote 的使用权。

视觉畅饮

哪里才能激发最有趣、最开放的头脑风暴？是在咖啡厅与酒吧！在公司外面，人们往往较少受制于规则、日程与猜测。

引入视觉畅饮最佳的地方在工作场所之外。确保你一直随身带着马克笔。用小杯托、餐巾纸、桌布、菜单卡进行头脑风暴，你的下一个好想法可能就在小杯托上！

如今，你已经……

- **了解如何通过素描赋予想法以生命** P164
- **至少制作一个纸上原型** P166
- **体验利用原型获得顾客的反馈** P168

下一步

- **验证原型的有效性** P194
  设计并开展实验
- **跟踪你的发现** P198
  了解你的进展
- **反复建立原型** P166
  基于发现重新建立原型

回顾

原型不等于解决方案。做你自己的豚鼠并将你的想法进行碰撞测试。

光靠脑袋想不出来。制作原型就是在解决**（未知）问题**。

采用制作者思维。散乱不等同于劣质。**大胆开始吧！**

尽量将原型做得简单些，**并就地取材。**

你可以通过故事为未来**建模。**

记住，别去嗅胶水！

REMEMBER, DON'T SNIFF THE GLUE.

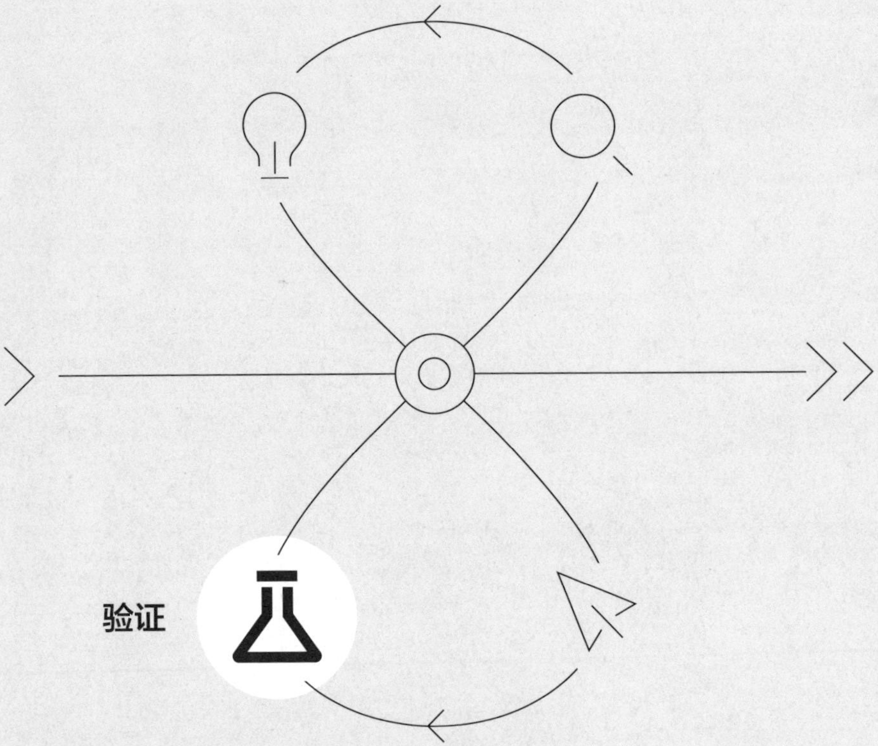
验证

第6章 验证

找出自己最大胆的假设

进行实验

寻找垃圾

引子：放弃你的得意之作

我们每个人都有想法。有时候突然出现在我们脑海中的那些点子会让我们睡不着觉，“这个想法一定要贯彻到底”，我们一定要将其付诸实践。当然，这可能是有史以来最好的创意，但事实是，创意再好，也不过是一个想法。只有当我们对创意进行扩展和丰富时，它们才会产生影响。创意越丰富越好。

世界上最棒的创意

面对眼前的商业问题（或商业机遇），所有人都有自己的想法。每天我们都能看到其他公司发布自己的杀手锏应用、主打产品和服务，或是采用了能让它们的业绩直冲云霄的战略。

> **最好的创意在验证其实用性前也是一文不值。**

你也许会想：“我们有一个绝妙的点子，这一点一定不会错。我知道，我们的公司和我们的产品一定比其他任何企业及其产品都好，不是吗？”

事实可能恰恰相反。我们的创意在经过现实验证之前就只是一个想法而已，是我们基于假设得出的想法。就像著名的叠叠乐游戏一样，任何一个关键假设（在游戏中指那些在底部支撑的木条）是错误的话，整个建筑都要轰然倒塌，你的创意也就站不住脚。我们总是忘记我们的创意只是众多可能性中的一种，在设计和创新的道路上没有唯一的标准答案，只有可能性。通过验证找到其中最佳的解决方法并提升创意的可行性才是正确的做法。

不再提供 DVD 服务

2011 年，流媒体巨头奈飞公司决定将其流媒体业务和 DVD 业务分离，创建两个名称不同的网站。流媒体服务仍然称为奈飞，DVD 业务更名为快斯特，主营 DVD 网上邮购业务。这项创意表面看起来很好，二者采取截然不同的商业模式，公司可以采取针对性的运营和营销策略，这很合理。

但事实上，对于消费者而言，这里的逻辑完全不通。奈飞公司的许多服务都是为了迎合消费者的需求，公司能够发展到如此大规模也是由于其能够满足消费者独特的娱乐需求。将公司一分为二的决定并不符合消费者的利益。在此项决定执行不久后，公司首席执行官里德·黑斯廷斯（Reed Hastings）就发表了如下讲话：“显然，分割公司的做法损害了大多数会员的利益，使他们的操作更加烦琐，今后奈飞公司将一如既往地在统一的网站上提供流媒体服务和销售 DVD。”

最终，由于缺少验证，奈飞公司在一项不利于消费者权益的决定上耗费了大量的时间和资源，最终还是不得不撤销了这项举措。

验证你的假设

通过验证假设，你将每天都获得新知识。而且，你的初步假设可能如往常一样是错的，随后的实验和检验都将失败。但这实际上是好事。这说明你在前期就将加深对自己创意的认识，并在争取投资和冒更大的风险前就对创意进行完善。

对自己狠一点

验证也说明你的创意需要改进。你所有的初步设想，包括那些你引以为豪的“宝贝”都不能幸免于难。信任是不够的，只有证据才能说明一切。你要像严谨的科学家或侦探，要在搜寻证据的过程中铁面无私，只认准证据所指的方向钻研。更重要的是，你要学会“杀死自己的宝贝”，这才是设计和创新的真正意义。

因此，下一次你再想到什么能够扭转乾坤的创意，在行动前要先进行验证。这不仅可以节省时间和资源，还会让你根据实际情况想到更好的方案，更好地满足顾客的需求！

最初的想法糟透了

我们见证了 500 多家新兴公司的发展，没有一家最终实现了它们最初的目标。只有那些成功转向的公司才最终实现了目标。

对初创公司而言，“垃圾”是最热的词汇之一，这一概念由埃里克•赖斯（Eric Ries）提出，描述了新兴公司如何根据对消费者的观察，或是通过建模验证等方式收集的科学技术或背景资料，在短时间内转变公司的发展方向。

利用新发现，创业团队能够将自己现有的产品在新的顾客群体中进行实验，为同一顾客群体提供全新的服务，验证过去的创意，提前测试，绞尽脑汁重新开始新的创意，抑或是大刀阔斧地向前迈进。

转向的重点是，创业企业家必须迅速行动，立足于自己的观点，并坚持推广，在进行转向时保持灵活性。否则，转向将带来更大的风险，机械地更换公司的愿景，最终可能使公司走向死循环。

如果新兴公司故步自封，不愿意改变自己的发展道路，其成功的概率会大大降低。

要了解更多的背景信息，详见埃里克•赖斯的《精益创业》一书。

技巧：掌握验证方法

1 失败早一点，失败多一点

你最初的想法极有可能在刚一接触顾客的时候就宣告失败。此时，你需要吸取教训，适应新情况，动作要快！如何在转向成本还不高的时候尽可能多地了解消费者、了解自己面临的问题，做出可能的决策呢？在创意早期失败正好能够实现这一目标。

从某种意义上讲，这种失败并不是真正的失败。当然，你需要告别自己最初的想法，进行转向。但这样做，正使你向成功之路又迈出了一步。

在验证中，实验能够帮助你加快学习速度，使你在“可控”范围内尝试失败。

2 垃圾

如果实验结果表明，创意的某一个基础假设出现了错误，那此时你就需要转变方向，找到垃圾。

垃圾可以相对简单，例如，修改产品的价格；也可以相对复杂，例如，实验结果也许表明你需要应对一个完全不同的顾客群体，为消费者解决一个

四种转向方式

顾客需求转向

验证反馈显示产品解决的问题并非消费者真正关心的问题。找出顾客关心的问题，设计出他们心甘情愿购买的商品。

顾客群体转向

当前的顾客不在乎这一产品，但调查显示这一产品在另一个顾客群体中较受欢迎，转变你的目标群体。

收益模式转向

你改变的价格方式好像没问题，试试换成另外一种更适合的收益模式。“免费”模式并不能创造利润，总有一部分人需要付费。

环境转换

这一市场并不接受你的价值定位，或许市场已经饱和，或许相关法律法规不允许你进入市场。换一个目标市场吧。

完全不同的问题，或是你的目标群体有着截然不同的消费需求。

3 坚持不懈

相反，实验结果也许会告诉你假设是正确的。此时，你应当继续前进，处理下一个假设。要坚持自己的观点，不断前进。

针对不同的结果，我们在此提示：你也有可能在实验过程中出现了差错，也许是调查对象选择错误，或是调查问题有误。在进行任何转向或是坚持原意的重大决策之前，先排除实验出错的可能性。

4 从头开始

那么，验证过程何时才算结束呢？说实话，作为设计师，验证工作应当永不停息。你会不断发现顾客身上的新事物，驱使着你不断改进自己的产品。

你会不断进行最终可能错误的假设。不过，每一次失败的实验都意味着你在向好的结局靠近。

验证工作的经验

马克曾经创办、转手、关闭了多家公司，他一生接受过 22 场手术，四次重新尝试行走。毫无疑问，马克是一个创业大家，下面他将向我们分享一些关于验证工作的经验。

马克说：“有时候，创业者一开始就想要打造一辆劳斯莱斯，但我不这么想；我只想从 A 到达 B。问题是，创业者到底是会明白这一点，还是会坚持他们自己的想法。

“那些沉浸在自我陶醉中的创业团队只会验证出他们想要的结果，他们只是不停地兜圈子要证明自己的想法是对的。你需要将自己视为企业家，注重全局。

“我们从验证中认识到，能够做出自我转向的团队才最有可能取得成功。”

马克 · 韦塞林克（Marc Wesselink）
创业者训练营（Startupcamp）招募官与校友

验证的故事

便利贴的黏度

我们喜欢3M公司的便利贴，只是因为它黏性最好。实际上，目前以便利贴闻名的3M公司能够发现这一创意实属意外。1968年，3M公司的一名科学家在研制一种有超强黏性的黏着剂时意外地创造出了一种低黏度的、可重复粘贴的物质。

五年后，3M公司的另一位员工使用这一黏着剂将一张黄色纸张贴在书上作为书签用。这一做法后来在3M公司广为流传，促使公司发明了一款崭新的产品，找到了全新的目标群体。

口香糖的奇迹

美国最负盛名的口香糖公司箭牌糖果一开始根本不生产口香糖。起初，威廉·瑞格理（William Wrigley）只是将口香糖作为其香皂产品的赠品配送出去。但随即他发现，口香糖在顾客群体中比香皂更受欢迎，公司很快转变发展方向，开始了生产口香糖。

忠实观众

如今，Twitch.TV已经成为在线体育爱好者在打游戏之余收看自己喜爱的体育节目实况转播的最佳选择。在线体育爱好者是一群极其忠实的观众，他们每年在在线流媒体上观看节目的时长达数百万小时。Twitch.TV是Justin.TV的副产品，原网站是早期的流媒体网站，面向范围更广的观众群体。

转向。过去它曾一度被人称为“垃圾”。

马克·安德森，发明家、企业家、工程师

PAYPAL

PayPal 一直专注于支付领域，但其实该公司曾经历过一系列的彷徨和转向。PayPal 软件最初在 1999 年由一家叫康菲尼迪的公司研发，最初被人们用于在自己的掌上电脑上（PDA，便捷式数码电脑，是智能手机的雏形）进行支付。

随着公司与 X.com 金融服务公司合并，PayPal 成了最受易趣卖家欢迎的支付方式，其名称也被写入了支付方式发展的历史中。

游戏的转向

目前价值 20 亿美元的办公聊天软件 Slack 最初的功能与现在南辕北辙：软件开始是一款叫作 Glitch 的社交电子游戏。Glitch 在市场上不被看好，于是该公司迅速转向，修改了名称重新推出。

有趣的是，Slack 的创始人斯特瓦特·巴特菲尔德之前就做过一次转向。在 2004 年，他设计了一款叫 Neverending 的游戏，但最终却发展成了图片分享网站 Flickr。

分享转向大师的故事 》

GOSPARC 转向

千面转向

埃马努埃莱·弗兰西奥尼
（Emanuele Francioni）
GOSPARC共同创始人

大师

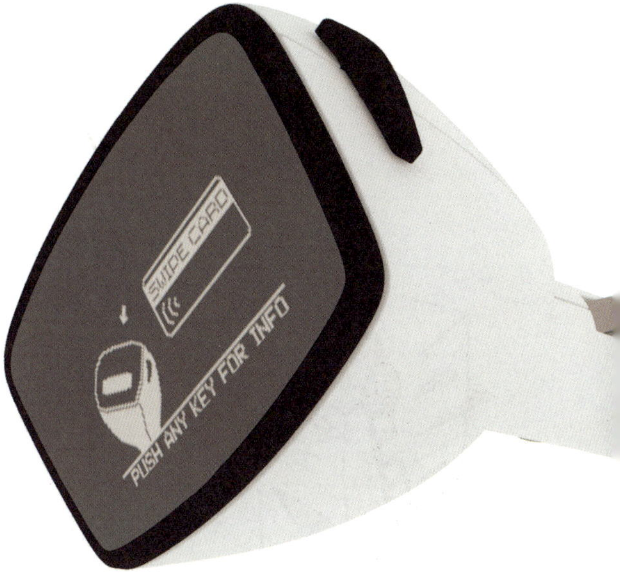

任何企业都需要发展，否则就会走向灭亡。康懋达（Commodore）公司在电子产品领域为全世界的顾客带来了便捷和欢乐，但就因为故步自封，没有转向，公司没有得到长足的发展。

如果你问我们是如何进行转向的，我会反过来问你什么是转向。在我看来，“转向”一词在创业者中有不同的理解。我确信转向是公司发展生存必不可少的过程，我们要满足顾客不断变化的需求。

我们的团队来自车载导航系统公司 Tom Tom，很显然，团队成员对地理定位十分感兴趣。我们最初的设想是建立世界上最好的地理定位产品。经过一年半的潜心研究，我们研发出了自认为最优秀的户外定位技术。现在，我们只需要找到合适的消费群体和相应的商业发展模式。

案例：Gosparc的千面转向

1

第一次转向 = 官僚主义

我们发现自己的软件在英国的教育领域存在需求。在英留学生经常上课缺勤，为应对这一问题，学校花费了大量的财力购置设备。相比而言，我们的产品经济实惠，技术过关。我们发现了顾客的需求，也有自己的解决方案，而且我们能够预测到未来更为广阔的市场前景。但我们还是需要转向。为了将产品销售出去，我们必须向每一所大学进行投标申请，这将耗费三年的时间。鉴于此，我们决定迅速转向。

2

第二次转向 = 缺乏数据头脑

我们尝试着进入其他市场。体育领域听上去不错，我们可以为运动员提供位置信息，帮助他们更好地发挥，这就是我们寻找的下一个顾客群体。然而，这一顾客群体并不成熟，我们正在解决问题，但是却不知道如何确定解决方案。我们需要大量的前期信息数据才能收集到顾客反馈的相关信息。换句话说，我们要在一个自己完全不熟悉的领域花费大量的精力。如果你并不擅长某一领域，那么就放弃吧，你根本无法理解其中的奥秘。我们开始寻求下一步转向，应该说，我们算是进行了半转向，因为后来我们将这一创意卖给了加拿大合作商。

第三次转向 = 不同的优先推广方案

通过转向，我们为相关利益群体提供了专利许可，以获得合作研发的机会。在这一方式下，我们采取了收益共享的商业模式：我们可以继续进行产品研发，同时由其他合作方进行销售。这减轻了我们自己的市场调研负担，合作方获得了利润，我们也将共享利润。

3

更妙的是，这一方案最初来自我们的合作方。一时间似乎所有问题都被解决了：我们能够创造利润，有合适的合作方愿意执行这一方

即使已经顿悟了，你还需要了解自己的顾客。虽说顾客需求客观存在，但不经过一番调研，你永远也无法获取。

案，我们有良好的顾客基础，销量也稳定。我们相继与四家合作厂商采用这一合作模式进行合作。但这其中存在着问题：我们完全无法控制销售和产品战略。一旦合作方有了其他销售方案，他们就不会再考虑你的意见了，有可能我们提供了成熟的技术，合作方却有了新的优先推广方案。合作方也许依靠良好的顾客基础、雄厚的资金和合适的产品市场，成为真正的市场主导者。我们必须再次转向，掌握市场的主导权。

4

第四次转向 = 一系列小而精的微转向

目前，公司正在进行一系列微小的转向。我们决定用自己的技术，销售自己的产品。最初的设想是开发一种停车计费器，解决人们日常都会遇到的这个问题。我们的创意是这种计费器可以直接插入汽车，直接支付停车费。这一创意导致了一个全新的问题：这款产品到底是面向消费者，还是面向商家的呢？

面向消费者

如果产品面向消费者，就要做到物美价廉。个体消费者的需求不同于商家，其中一种就是要求产品酷炫有型，相应地，我们的产品就必须满足酷炫的要求。通过调查，我们还发现了两种消费者需求：一种是能够检测停车位置，避免重复收费；另一种则是不用硬币支付停车费。目前我们的价值定位是：便宜节约。这并不能满足消费者真正的需求，也不够酷炫，但

切实可用。调查还显示，早期的一些应用者通常是科技发烧友，他们希望这一产品能够与其他设备通用。这是一个新的发展机遇。但我们需要用一个全新的方式去支持这个发展环境。在这个阶段，我们需要寻找更多的消费者进行调查评估，以便规模化。

面向企业

企业的关注点不在节约，但它们同样需要向员工征收停车费以控制车流量。为满足企业需求，我们在软件中添加了实时车流量追踪的应用。一时间，这款产品成了商用畅销产品。起初，卖出十台仪器我们就觉得成功了，但这款产品太火爆了，连税务机构也发出了订单。但这还远远不够，有了验证成果，我们就可以放心大胆地进行转向了，但故事还远远没有结束。

当前：我们拥有了一款广受欢迎的App

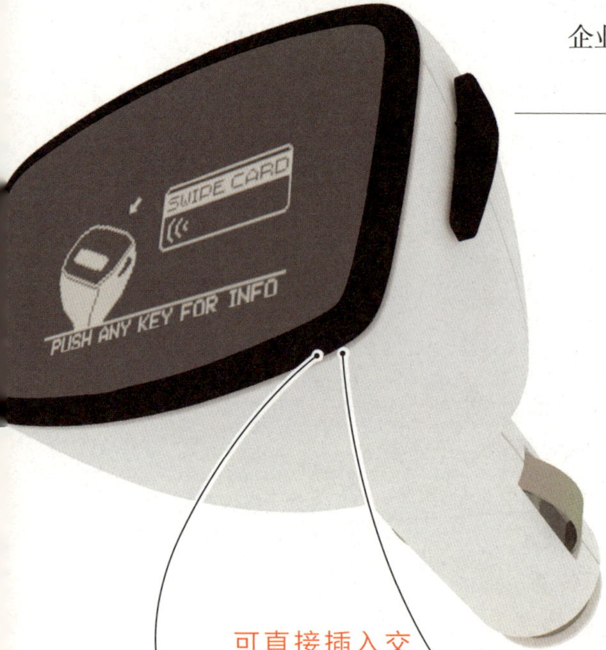

可直接插入交通工具，使用OV芯片即可进入系统。

系统能够兼容各种车辆内置系统。

现在，我们手上有了一款热门 App，在转向实验期间，我们与多家公共交通企业进行了洽谈，大家不约而同地提出了同一个问题：我们应该如何监测乘客的上下车？

乘客能否将仪器插入公共汽车？荷兰 OV 芯片系统安装费需要 8000 欧元，每年每辆车又需要 15 000 欧元进行养护。我们的产品能够提供更加可测量的数据结果吗？相较之下，我们的产品似乎更能满足消费者的需求。

如今，我们正在向卓越的方向发展……抑或这仅仅是我们的想法。

嘿！你们可以试试追踪宠物！

我们能不能尝试追踪宠物或孩子？

我们曾经构想过这一领域。这一领域会有一些人感兴趣，但狗主人或是家长们最终并没有表现出极大的需求，也没有购买此类产品的热情。这条路走下去只会验证出我们是多么地幼稚。

软转向与硬转向

转向分两种：软转向与硬转向。硬转向指的是公司由内到外完全转变，从核心科技到产品销售全部脱胎换骨，另一种则是转变服务的顾客群体。

如果是小规模的软转向，你甚至意识不到公司正在发生转向。公司已经在不知不觉中前进到了一个新的领域，而这都是软转向带来的。

做一名摇滚歌手

商业模式画布和精益思考的过程就像弹吉他，你需要不断拨弦才能演奏出和谐的乐曲。

然后一切又要从头开始。最终，你将能够在舞台上边弹边唱，不知不觉迎来一整个团队与你一起合唱。

如何通过转向走向成功 »

案例：OneTab成功转向

如果你想在澳大利亚的酒吧里像在其他国家那样付账单，首先必须交出自己的信用卡。这很麻烦。斯科特和保罗两人由此产生了灵感，为他们最喜欢的酒吧茶茶查儿（Cha Cha Char）设计了一款解决这一问题的应用程序。

三杯酒下肚，我们已经“准备好发布这款……”

1 信用卡业务公司

斯科特·克罗斯（Scott Cross）和保罗·怀亚特（Paul Wyatt）坚信，使用App支付账单一定能够省去许多麻烦，它既能避免等待，防止信用卡丢失，还能防止人们结账时忘记签名，甚至忘记取走自己的信用卡。

2 这不是我的问题

它们按照自己的设想开发了App，以为总会有顾客为了解决问题而购买这款应用。事实证明它们错了，问题根本不在于这款应用针对的方面。

3 店长的困扰

真正的问题在于酒吧店长：他们面临着假货、工商管理部门、信用卡丢失或忘记取回信用卡、未偿账单等种种问题。如果有一种便利的方式能够解决这些问题，他们很愿意付钱。

4 绝妙搭配

在 OneTab，他们认识到，客人所需的更大便利以及店主减少纠纷的需求通过一款多边平台就能得到解决。客人点的酒水越多，店主也就越乐意为这一系统付钱。

5 访问知识库

将 POS 供应商作为渠道，酒店能轻松地获取知识。另一个优点是 OneTab 能够记录行为和用户数据，这也成了店主争相购买系统的原因之一。从 App 到多边平台：成功来自四次转向。

进行实验

如果说，建模是将创意付诸现实，使人们能够具体看到、感知到，并能够迅速辨认出自己的设想，那么验证则能够让设计过程更加精确。验证要求我们设计实验，对假设进行测试并观察结果。

你的情报准确吗

如果你过于相信自己的创意，以至于忽略了其实消费者并不喜欢这一产品，或者更糟，他们根本没有相应的需求，此时的你正在走上一条危险的道路，就像以往千千万万个失败的创业者一样。要记住，你的创意不过是一些没有经过验证的假设，需要经过筛选，在现实中进行验证。只有通过实验才能说明一切。

在进行任何重大决策或是投资之前，你应当冷静下来，理智地考虑一下现状。

实验

你需要学习，而且速度要快，就像小孩子通过摔跤学会走路一样，你也需要进行多次实验找到最合适的解决方案。要验证自己的假想，你需要设计实验、进行实验并对实验结果进行分析，所得数据将成为你设想的支撑材料或反面证例。事实、证据和数据会使你保持清醒理性的头脑，认清自己当前的发展方向是对是错。

最高风险假设游戏

现在，我们可以开始进行验证和实验了。首先应当怎么做？还是用我们的叠叠乐游戏做类比，把你的创意想象成一座木塔，所有的木条就是各种各样的假设。如果在底部的一个假设被证明是错的，它所代表的那根木条被抽走后，整个建筑就会轰然倒塌；但是如果被抽走的是上方的木条，对整个木塔的影响就不大。本书将介绍一个可视化模式，以便团队找出最危险的那个假设。

如何开始实验

找出最危险的假设后，就可以开始实验了。接下来我们将介绍实验的各个步骤，利用实验图快速设计开展实验。

证假与验真

实验的目的不是为了验证你的假设，而是试图指出它是错误的。只有经过一系列努力，不可能通过实验证明假设是错误的时候，才能够接受这一假设的准确性。

甚至到了那一刻，你也不能完全相信自己的想法。事实上，如果你还能想到其他可能得出不同结果的实验，就应该马上执行。积极地寻求不同的实验结果。毕竟获得实验数据成本低廉，但最终却可以为你节省一大笔开支。

转向还是坚守

实验结束后，就是得出实验结论的时候了。一般而言，实验有三种可能的结论：实验结果与预期相吻合、实验结果与预期相对立、你不能确定实验结果与预期的关系。

如果实验结果与预期相吻合，在实验过程中，你也竭尽所能试图指出自己假设的错误，那么则能证明这一假设是可靠的，你可以保留这一假设并接着进行下一步验证。如果你不能确定结果与预期的关系，就应当回顾自己的实验步骤。你的调查问题准确吗？实验对象合理吗？最后，如果实验结果与预期相对立，你很有可能需要转变自己的发展方向，即需要转向。

下一步实验

有一点可以明确的是：不经过几次实验和转向，你是不可能到达终点的。为帮助你更好地进行实验回顾和规律观察，本书将《精益创业实战》(*Lean Startup*) 一书中的检验表附在内容中，便于读者参考。

欲知更多详情，请阅读《精益创业实战》。

掌握精益实验

2010 年，为帮助创业者更容易取得成功，我发明了精益创业画布这一工具。精益创业画布基于创意验证，以进行实验和假设验证为主。从那以来，这一工具已经引发了一场全球行动，开创并发展了精益创业这一方法。

虽说实验的确是检验假设和猜测的好方法，但仅仅进行了实验步骤是远远不够的。实验结果的准确性与你的假设情况息息相关。

因此，找到最有可能出问题的那一个假设，在此基础上准确设计实验，以获取所需数据就变得尤为关键。

这也是我在书中附上自己设计的实验报告书的原因。

阿什·莫瑞亚（Ash Maurya）
“精益创业”创始人，
《精益创业实战》的作者

最高风险性假设

我们都遇到过类似的情况：你觉得自己的创意十分精彩，想要马上付诸实践，有时甚至恨不得当天就开始执行。我们都曾感受过这种兴奋之情，但你如何知道对自己的创意的判断是对的？你的判断正确的概率有多大？事实上，这些都是你的最高风险性假设，需要进行进一步检验。

你对自己的创意真正了解多少

荷兰人喜欢奶酪，荷兰国内任何一家奶酪店都能排起长龙，尤其是在阿姆斯特丹市内。针对这一现象，阿姆斯特丹的一支创意团队开发了一款应用程序。消费者能够使用这一应用程序预订三明治，避免排队。事情看起来很简单，在消费者调研后，创意团队发现了他们的最高风险性假设：消费者不愿意排队。

带着这个问题，创意团队走上街头，与 50 多名消费者进行了谈话，发现他们几乎不将排队等待视为一种问题。消费者愿意等待新鲜出炉的三明治，同时还可欣赏柜台后店员忙碌的身影。

创意团队证实了其最高风险性假设是错误的，成本仅仅为牺牲中午的休息时间与人们聊聊天。无论你的企业是大是小，都必须尽可能迅速、低成本地验证自己最危险的一个假设，避免将宝贵的时间和资源浪费在无用功上。但实际操作总是比理论要复杂。

最高风险性假设往往不容易被发现

如果你的创意是在市区的主要商业街开一家定做牛仔裤的商店，很明显，人们喜欢穿牛仔裤，而且也愿意为一条舒适美观的牛仔裤花钱。但，这真的是你最具风险性的假设吗？

如果你能认真地思考消费者购物的前提、取舍以及购物前的心路历程，就能发现更多假设中出现的问题：消费者真的愿意支出这笔费用吗？他们能够等待定制牛仔裤的成衣吗？他们几周后还能再次回到店里取回自己的牛仔裤吗？

通过分析商业模式和经营环境画布，你会发现更多有意义的问题：我们有哪些资源能用来制造人们所需要的商品？我们的主要供应商能否按时按价地将原材料运来？牛仔裤定价多少我们能实现盈利？

提示！ 在验证假设时，注意选对合适的问题。欲了解更多背景，请阅读罗布·菲茨帕特里克的著作《母亲测试》。

> **企业创始人一旦沉醉在自己的产品之中，他们就只能检验出自己想要的结果，而非真正有益于企业发展的结果。**
>
> 马克·韦塞林克，创业者训练营

确定自己的风险假设的第一步就是将整个团队集中起来，分析创意，进行头脑风暴。如果团队成员都没有分析商业模式或经营环境方面的经验，可以邀请一些企业专家作为外援。

发现自己的假设

作为设计师，你的首要关注点就是消费者，最初的那些假设集中于消费者的特定需求也无可厚非。但初期假设并不是唯一的，与消费者相关的假设也不都是最高风险性假设。你可以利用本书第 108 页的商业模式画布排查更多的假设，除了完成画布上的消费者分区和部分价值定位外，你还可以综合考虑收入流与消费渠道。这四个方面为你提供了四种假设：（1）潜在的消费者；（2）你的产品；（3）产品定价；（4）特定销售渠道。这些同属于商业模式画布的右侧，同时也是保证企业创造价值所需验证的假设。

画布左侧包含了所有的运营性假设，例如主要合作商以及生产价值所需的资源。同时，还有生产销售不能忽视的成本。

召集整个团队，运用设计工具（便利贴、马克笔和一面空白创意墙）为这些假设排序，找出必要条件，排除错误预估。越早找出错误假设，就能越早决定公司是要坚持航向还是进行转向。

工具：最高风险性假设画布

焦点
确定最高风险性假设

±15~30 分钟
高压模式

3~5人
每组人数

在你所有的假设中，最具风险性的那一个往往是你前进的第一道屏障，如果在验证过程中，这一假设总是显示“错误”，你的创意就无法继续推进，无法创造价值。运用风险假设画布这一工具，你能够在实验前轻松地对自己的假设进行排序，便于排查。

找出最高风险性假设

要做到这一点并不容易，需要与团队成员共同商讨确定。试试可视化方法，既能直达结果又能事半功倍。

叠叠乐游戏

在游戏中，玩家轮流从木塔中抽走木条，每拿走一根，木塔就多一分倒塌的风险，底部的木条在木塔的建立中起着至关重要的作用。

将你的创意想象成一个大大的叠叠乐木塔，堆积成塔的木条则是你的众多假设。如果关于底部的一个假设没有通过验证就被拿走了，那么整个木塔都有倒塌的风险。如果拿走的是木塔上方的木条，情况会有很大的不同。

我们必须保证木塔下方的基础稳固安全，因而需要从底部出发，从最高风险性的那些假设出发。此时，不能对所有的假设都一视同仁。

毕竟，如果这一假设不正确，那么创意中其他所有的考量就都没有意义了：也许有了新的信息，你的整个创意都要全盘推翻。

回顾你的商业模式画布、价值定位、设计标准以及你之前所有的信息，找出这一假设。

你为这一创意做过哪些假设？你有哪些不确定的信息？与团队成员共同在墙上描绘出你们自己的叠叠乐木塔。那些决定你的创意是否可行的假设可作为基础假设，而其他不太重要，需要依赖其他假设才能成立的假设则位于上方。

倒塌实验

这一过程的目标是尽可能使木塔倒塌！尽量选择位于最底部的最高风险性假设，这些假设才是你最需要关注的。如果这一假设正确，接下来就进行下一个假设的验证；一旦假设错误，创意之塔倒塌，你就需要返回画板，重新设计新的创意方案。

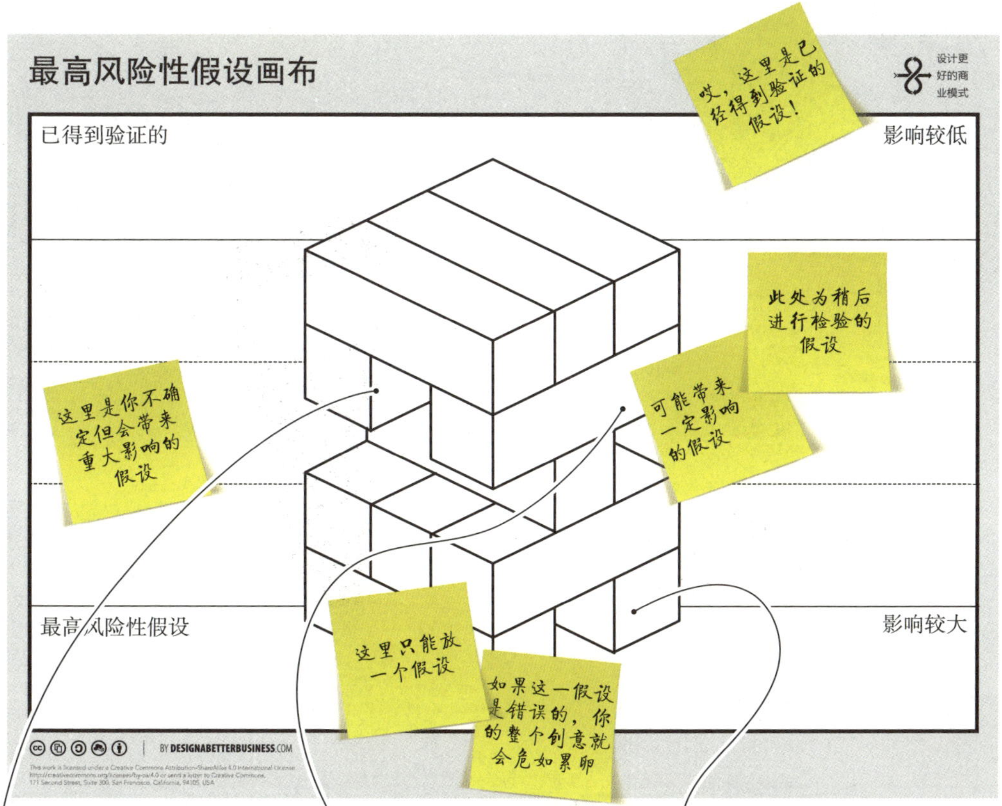

写下自己的假设

与团队成员一起，将所有假设写在便利贴上，但暂时不要贴在墙上。时时回顾自己的创意寻找灵感。

然后，将假设放入量表，每个成员都将假设放入自己认为最合适的格子里。先不要互相讨论。

重新组织假设

现在，团队成员轮流移动便利贴，找出其中最具风险性的假设。如果有一些假设大家不确定，就将其暂时放在中间。

决定性假设

最后，重新检查一遍所有的空格，看看哪些假设必须依赖其他假设才能成立（将这样的假设向上移动），哪些假设是具有决定性的（将其向下移动）。

大约15分钟后，底层只剩下少量假设，团队内部进行投票决定哪一个假设是最关键的。

登录www.designabetterbusiness.com.网站下载风险假设画布。

检查清单

- ☐ 你已经判断出了一个最高风险性假设；
- ☐ 你对这一假设的描述全面完整。

下一步

› 使用实验画布设计实验验证自己的假设。

图表的科学性

这些实验、量表、矩阵听起来很科学。它们的确是具有科学性的。

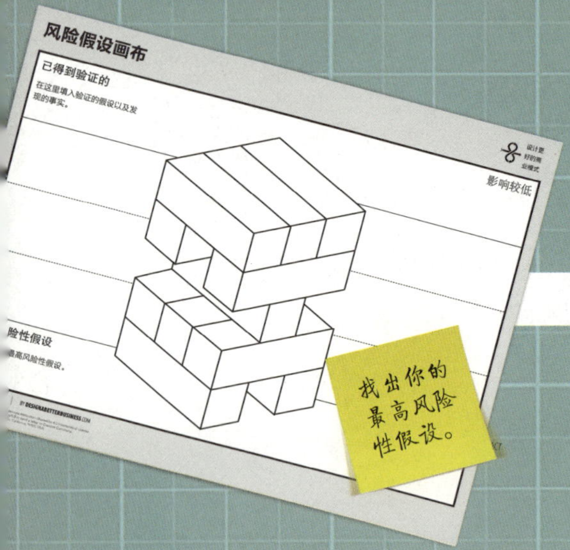

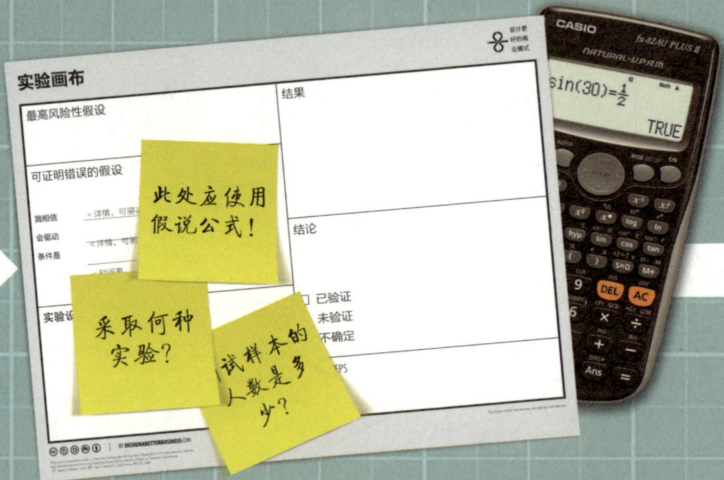

预估一下实验结果。你需要进行多少次实验才能得到结果？需要实验样本采取什么行动？

详见192页
风险假设画布

详见196页
实验画布

1

最高风险性假设

首先，找出自己的最高风险性假设，找出一旦出错就会导致自己满盘皆输的假设。

2

假说

接下来，为你的假设提出一个假说，详细解释这一假设，并提供衡量标准。

3

测试样本

选取具有代表性的消费者群体作为检验样本，注意样本至少要达到20~30人。

4

建模

参考建模章节的内容，建立一个尽可能简单的原型测试自己的假说。

通过笔记记录下自己的实验结果以及实验步骤，确保自己的结果真实可证。

进行实验的意义不在于证实自己的假说是正确的，而是要尽可能指出其错误。如果无法证实假说错误，则证明自己的假设是正确的。

即使实验显示自己的假设是正确的，其结果仍然要进行进一步验证。实验问题是否准确？实验是否足够客观？过早就完全肯定自己的假设可能带来灾难性后果。

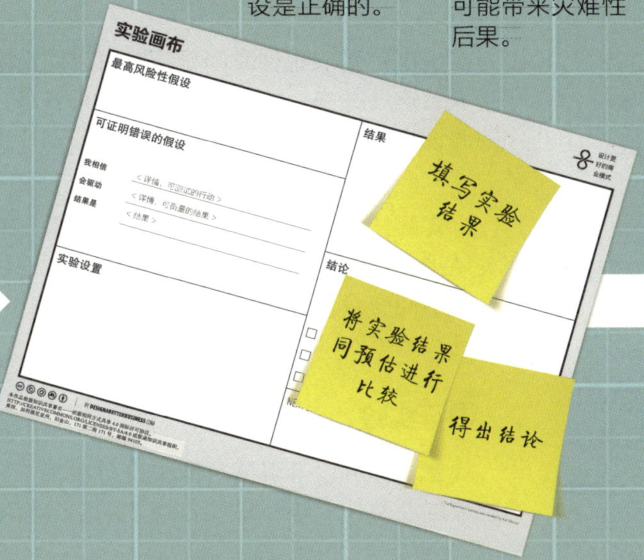

5 进行实验

着手进行实验，即使出现计划外的结果也不要担心，实验的意义在于获得经验。

6 收集数据

将自己收集到的数据与预估进行比较，两者是相距甚远，相差无几，还是有一定偏差，但结果相近？

7 做决策

根据所得结论，你现在可以决定转变方向、坚持下去，或继续实验。

相差无几

坚持创意

寻找下一个风险性假设，进行新一轮实验。

相距甚远

转向

回到画板，重新审视自己的观点，设计不同的解决方案。

结果相近

重新进行实验

我们可能在实验过程中出了差错，检查自己的实验设置、实验对象以及建立的假说。重新得到新的实验结果。

工具：实验画布

本工具由阿什·莫瑞亚设计。

找到最高风险性假设后，就要运用合适的方法对其进行定量实验。运用实验画布直接将假设分解为可测、可查的实验步骤。

有形项目
实验与创造

±15~30分钟
高压模式

3~5人
每组人数

正确的实验方法

实验画布工具旨在帮助创意团队在合适的时间使用正确的实验方法，增强实验可靠度。利用实验画布，团队能够轻松设计出最佳实验：从自己的风险假设出发，建立清晰、可推翻的假说，并建立清楚明晰的实验步骤。实验后，比照自己的实验结果，进行下一步规划。

建立优秀假说

假说指的是根据具有风险假设做出的自认为其属实的声明。假说要在实验前写出，实验过程中很容易就能更改实验条件让数据符合标准，但这样做你就得不到真正有价值的信息了。

对预估结果进行量化

对假设进行量化，有多少个消费者参与实验？一共参与多少次？采取哪种时间框架？可以用精确的频带带宽来表示这一频率。使用的矩阵应当具备可执行性（与你的假说直接相关）以及可实现性（可以让人观察到结果）。

将实验结果与你正验证的假设想联系，为什么十次相关结果才能证明假设是正确的？详细说明所有量化的结果与不同变量。你期待得到哪一种结果？你将如何对结果进行分类？

进行实验

现在，你可以带着这一假说进行实验了。随时记录实验数据及其他结果，以便在接下来的分析中取得正确结论。

实验画布最初由阿什·莫瑞亚设计，本书稍微进行了调整。

假说公式

我们认为 某一特定可测行为 在 一定时间框架内 将会 带来具体可测量的结果。

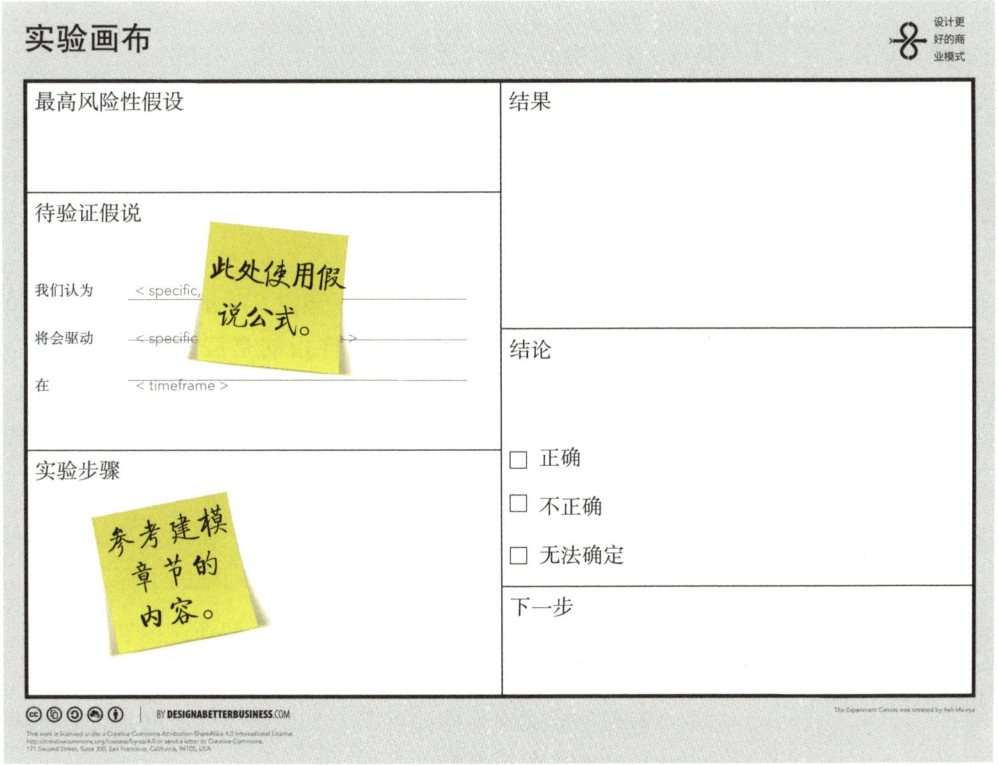

登录www.designabetterbusiness.com网站下载实验画布。

最高风险性假设

你想要验证的最高风险性假设是什么？为什么这一假设如此重要？

待验证假说

提前预估可能出现的结果，尽可能做出准确推测，而非胡乱猜测。

实验步骤

你在测试时使用哪种模型？有哪些重要的变量和指标？这些变量是定量的还是定性的？

结果

将实验的定量与定性结果填入表中。

结论

把实验结果进行汇总，结果是否支持假说成立？实验是否没有得出结论？

下一步

根据结果，选择进行转向、坚持创意或者重做实验。

检查清单

- ☐ 你为验证风险假设设计了合理的假说；
- ☐ 你的假说与实验结构相匹配；
- ☐ 你的实验结果可查可测；
- ☐ 你的实验数据具有显著性。

下一步

- 建模以支持自己的实验；
- 进行实验，收集数据；
- 转向、坚持或是重做实验。

工具：验证画布

这一概念最早由阿什·莫瑞亚提出。

焦点
检查自己的进度

±15分钟
会议对话

团队
整个团队一起进行

有了实验设计，就可以随时开始测试并记录下测试结果。有时测试结果为正值，有时为负值。在检测过程中可能会进行几次迭代——不断地进行添加和修改。验证画布这一工具有利于你随时跟进自己的进度。

追踪转向

仅仅靠一个实验无法知道自己的创意正不正确。有些创业者在找到合适的市场定位前经历过多次转向，每一次转向，都要有所记录，避免重蹈覆辙带来资源和时间的浪费。勤回顾有助于自己进一步分析制定过的决策，避免在接下来重复做出错误决策。

验证过程

检验的目的是为了学习，吸取经验教训，因而这一过程要尽可能节约时间和精力，使成果最大化。实验需要反复多次进行，验证画布是其中枢神经系统。

最佳预测

它始于你当前的价值定位。它是目前你针对顾客是谁、问题是什么以及解决策略提出的“最佳预测”。不用将这一预测复杂化，从最简单、最细微的方案开始测试，随着实验的进行，团队的转向将会改变这一最佳预测。

实验

当前的最佳预测是基于假设产生的。找出自己的最高风险性假设。最高风险性指的是假设一旦出错就会完全推翻原先的设想。为这一假设设计一个检验方法，划定成功的最低标准，将这一验证方案编入实验环节，进行实验。

可供选择的实验方法包括调研、游说，甚至守门人式模型。调研可以加深对所要解决问题的了解。

通过游说，创意团队能够更清楚地认识到消费者认为这一问题到底有多重要，是生活必需还是锦上添花？管理员模式则为你提供了一个亲自检验自己是否真的满足了消费者需求的机会。

验证画布是由阿什·莫瑞亚在其发起的精益创业运动中提出的，出版时略作修改。

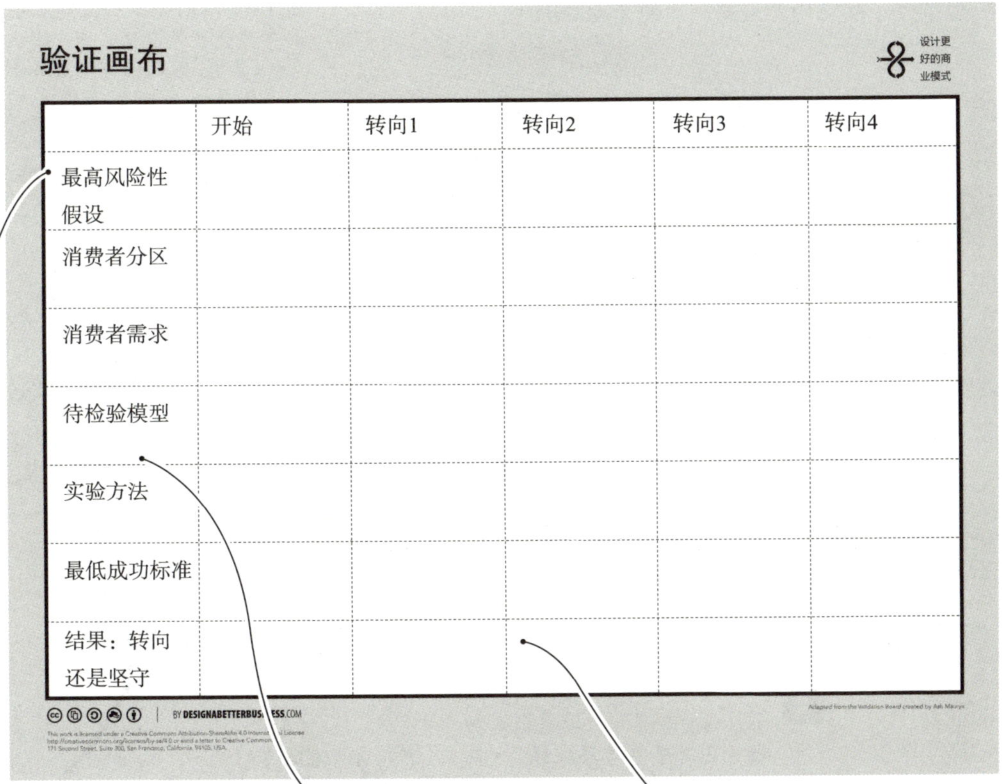

验证画布

设计更好的商业模式

	开始	转向1	转向2	转向3	转向4
最高风险性假设					
消费者分区					
消费者需求					
待检验模型					
实验方法					
最低成功标准					
结果：转向还是坚守					

BY DESIGNABETTERBUSINESS.COM

登录www.designabetterbusiness.com网站上下载验证画布。

最具风险性假设

在实验中，你要验证的最具风险性假设是什么？

消费者

明确你的价值定位，将其分为几个类别：目标消费者、目标消费者的需求、你为满足这一需求给出的解决方案。

验证

描述你的实验过程。该实验属于哪种类型？

判断成功与否的最低标准是什么？

结果

保留实验记录，实验是否验证了自己的假说？实验有何发现？团队采取了转向的方针，还是坚守创意？

随着实验的进行，你可清晰地看到自己的进展。

检查清单

☐ 你保留了实验记录。

下一步

> 转向，坚持创意，或是重做实验。

案例：阿贝拉的创业之路

三年前，安德里亚斯·瑟高（Andreas Sogaard）在中国台湾度假时偏逢雨季，这激发了他的灵感，之后他创办了社交创意公司阿贝拉（Abrella）。

1 安德里亚斯在中国台湾度假时适逢雨季。他在街头发现了一个雨伞的失物招领处，于是决定拿走一把伞，在雨停后再送回来等丢失伞的人。

2 这件事让他突发灵感。安德里亚斯的祖国丹麦终年多雨，一年有171天都在下雨，要是有一个雨伞借取的社交工具，雨天人们的心情也会变好吧。他最初的设想是：这项创意会受到杂货店老板的欢迎。阿贝拉便应运而生。

3 回到丹麦后，安德里亚斯进行了第一次实验：与店主攀谈，了解其雨天的销售情况。他得知，在雨天，杂货店的收益会减少75%。

4 安德里亚斯的下一个假设：消费者下雨天不愿出来购物是因为不想弄湿衣服，一把雨伞就能解决这个问题。

5 为检验自己的想法，安德里亚斯进行了试点。他同时还想了解，人们会不会直接扔掉雨伞或是将其据为己有。他找了8位店主，这八位店主后来都成了阿贝拉雨伞的最佳加盟人。

6 试点取得了巨大的成功，同时我们最大的发现是并不会有很多消费者将雨伞丢弃或是据为己有。能够正确传达商业故事的店主在雨天也迎来了更多的回头客。对这些店主而言，这是一种新的与顾客建立长期联系的方式。加盟人很重要。

安德里亚斯在奥尔胡斯街上随机调查了200人，惊讶地发现其中52%的行人都表示自己了解这一服务，人们很喜欢这个故事，并乐于向其他人传播。

9 在转向期间，团队发现最需要雨伞的人往往是外地旅游者。当地人很容易找到躲雨的地方，但外地游客却别无选择。如今，他们将不少旅店和其他落脚点吸收进来作为加盟店。

这1000把雨伞储存在十分明显的自动售货机中雨伞上滴落的雨滴浇灌了自动售货机上的花卉。

随着企业规模的不断扩大，团队开始关注其他问题。比如物流：有的地区雨伞流失十分严重，有时甚至到了库存完全枯竭的程度。最后，团队进行了转向，加大了消费者的参与程度。他们只向真正的品牌大使店提供雨伞，通过自行车人工运送雨伞。

7 实验结束后，马蒂亚斯·埃德斯特隆（Mattias Edstrom）加入了阿贝拉雨伞公司成为合伙人，公司开始做大做强，加大宣传力度、增加店面数、增加雨伞数等……2015年，公司获评丹麦最具创意创业奖。一切看起来都很美好！

8

验证小结

提示！ 下次再进行实验时，先用几位同事做个实验，解决任何可能出现的问题。毕竟，贸然出去向上千个人提出错误的问题可是很糟糕的。

定量与定性

虽然定量的问卷很容易进行汇总分析，但是实验的第一步还是要先弄清楚自己想要测试什么问题，这就要用到定性的实验来确定。人们在这种情况下一般会怎么做？为什么会做出这类行为？要知道，定性的问卷不一定得不到量化数据。

如果想要收集消费者更为丰富的数据信息，定性问卷会有意想不到的效果。确保自己的问卷真的调查了人们确实会做的行为，而非他们宣称自己会干的事情。同时还要避免询问涉及未来的问题，未来的事情并不确定，被试可能只能提供自己的猜测，多关注他们当下的行为。

定性调查结束，最好再加上一份定量研究作为支撑，看看有多少消费者在现实中会采取同样的行为。定性实验可作为标尺，用来判断自己的定量实验能否真正测量想要测量的。

如果你要检验的是消费者对一处微小变化的反应，定性实验可能不太适合。例如，如果你测试的是消费者对一款在线按钮两种颜色的喜好，定性研究往往得不到有意义的数据。

还有一点，人们也许会很乐意告诉你他们愿意（或不愿意）购买你的产品，但这一信息是完全没有意义的。只有在人们真正购买该产品的时候进行测试，这一数据才有效。

进行小规模测试

实验耗时耗力，所以在进行大规模实验调查之前，先进行小规模的测试以排除实验设计方面的问题。

在探索频道的《流言终结者》（*Mythbusters*）节目中，主持人往往先在小范围内进行测试，观察可能的结果，增强大规模实验的准确性。

避免对结果产生干扰

在进行实验时，确保自己的言行举止不会对实验结果带来潜在的干扰。不要向被试“推销”你设计的原型，让他们获取最真实的感受。

在线调查情况下，要做到这一点很容易，但线下调查则不然。尽量用一种自然的方式进行实验。

一种方法是让被试用照片或是事先

提供的记事本将自己的体验记录下来。

竞争者测试

如果你自己还没有原型供测试，或者想先看示范，可以尝试以下方法：让被试试用某一款竞争产品或服务，调查消费者对该产品或服务的看法。

即使自己的创意还没有任何直接的竞争者，也可以得到有价值的信息：你对自己的产品所做的某些设想同样适用于其他同类产品。

业内曾有家用电器公司应用这一方法。该公司选择了一个类似的厨房用具，并证实了团队几个关键假设是错误的。他们只花钱买了一个食物粉碎机和用了一个下午的时间，便发现自己需要进行大幅度的改革和转变。

线下对照实验

在线对照实验操作起来十分便捷。只要向用户提供同一广告或同一网站的两种不同的版本，考察哪一个点击量更多。实验数据将带来可靠的实验结果。

线下实验可以采用同样的方法。你不需要向每一位被试展示同样的原型，用 Keynote 或 PPT 软件制作产品介绍，调整产品的价格、颜色或改变其他变量，观察这些改变会带来什么影响。

实验过程中确保每次只改变一个变量，避免对结果产生影响。

变量取不同的值，同时进行多项实验，能够大大节省时间。

提示！ 在实验样本中选取几个超乎寻常的值。如果你的实验对象是价格，加入一个不可能作为价格的数值。消费者不一定觉得这个价格不可理喻。

你现在已经……

- **发现了自己最高风险性的假设** P190
- **至少完成了一个实验** P196
- **验证了自己的最高风险性假设** P198

下一步

- **开始下一个实验** P192
  验证下一个最高风险性假设
- **回顾自己的观点** P40
  你对自己的愿景有了足够的批判吗？你是否需要调整自己的观点？
- **回顾双回圈** P8
  回顾双回圈
- **准备好了吗** P234
  查看你的投资就绪水平

回顾

世界上最好的创意在未经验证前都**一无是处**。

初期创意往往糟透了；**失败要趁早**，成功要经历多次失败。

失败是成功之母。**放弃自己的得意之作**。

不要证实自己的假设，而是要尽可能地**挑错**，尽量让其失败。

转向还是坚持。转向曾经可能被人称为垃圾。转向没有唯一的标准模式，所有的转向都是独一无二的。

这不是演习。

THIS IS NOT A DRILL.

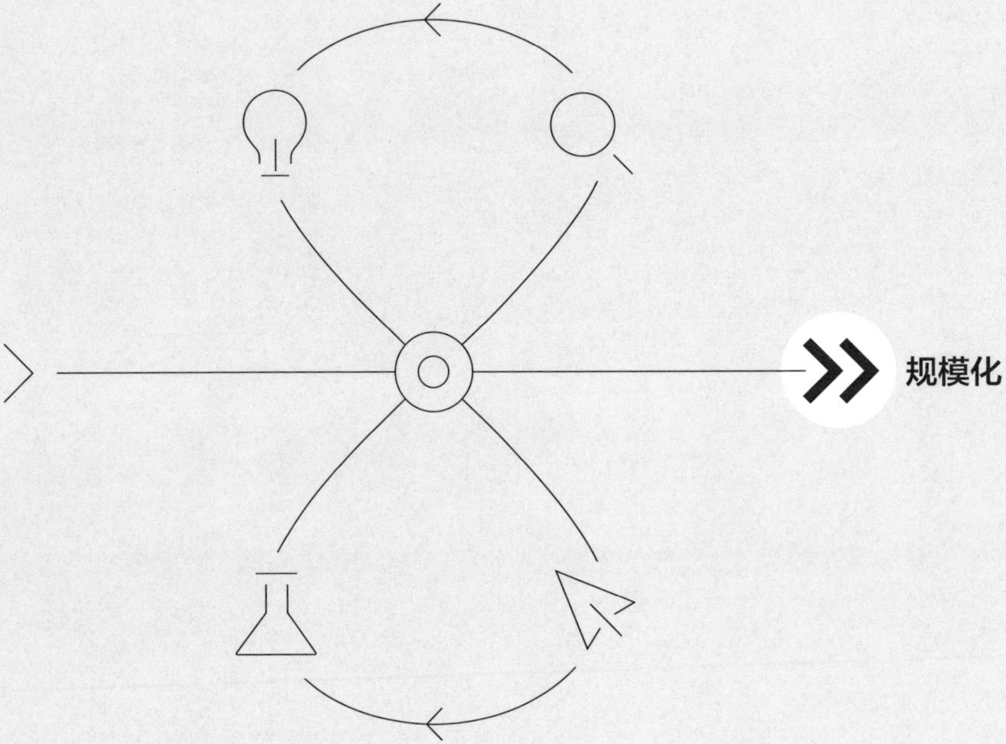
规模化

第7章 规模化

了解规模化的时机

了解规模化的不同方式

投资就绪水平（IRL）

简介：规模化的时间

不管是刚创业的公司还是成立已久的公司进行设计，有一件事是确定的：设计像过山车一样，不是在你有了想法之后就结束了。设计是一场旅行，不管是设计的过程还是想法的实施都需要规模化。

设计的最后一步

已经到设计之旅的最后一步了……经过双回圈检验，设计更好的商业模式，在向顾客、世界与自己了解信息之后，你应该为自己庆祝一下，你做到了！至少做到了一次。

缺乏信任扼杀创新。

现在系好安全带，该继续这一旅程了。

进行一次创新设计是不够的，这不是一次性的事情。不管从事什么工作，设计都需要不断练习，这样才能熟练掌握，商业模式设计才会成为一种思维方式。

操纵游戏

操纵游戏对你有利，利用设计程序建立更好的商业模式能提高商业成功率。促进团队成员相互理解、构思、建模与验证的设计思维有助于想法的实施与规模化。最好是，当你形成这种设计思维并透过这种思维看世界时，你不仅会发现自己的运气变好了，而且能够一次性下不同的赌注。

企业的发展史让我们知道，勇于探索并不断学习的企业能够将不确定性转化为机会。这些使企业获得成功的游戏，不管企业什么时候开始这样做，都为时不晚。

向别人学习

如何将设计的一次成功转化为永久的企业文化？最好的方式就是从别人的成功与失败中学习。在本章中，我们将会探索并评估将设计规模化的方式。

我们将会看到一个特别的共同工作室、成功的加速器、一家大型银行设立了自己的创新实验室以及一家大型能源公司通过并购打造自身的设计能力。我们也会看到许多使用设计程序的大型软件公司将这一思维融入各自的企业文化中去。

提示！ 不仅要将设计规模化，还要将团队成员的人际关系规模化，以便得到更好的问题解决方案。

因素

在企业内部将设计规模化有四个影响因素。

第一，不要一个人去设计。设计规模化需要建立人际关系并找到方法利用这种关系，你需要接近顾客、有才能的人、志趣相投的人、反馈者、专家，甚至是投资者。每个人都可以披上印有大大的“D”的披肩。如果没有这些人际关系，你只是个拿着一堆便利贴、一支马克笔、披着披肩工作的家伙。

第二，你的设计需要得到支持。正如欧特克的康提所说，在进行设计时，你必须与管理层有直接的联系，这能够让你得到所需的资源，例如，时间、空间、资金、人力等。

第三，你需要快速接触到实用的知识。经过验证的方式，像本书中提到的那个，会让你得到别人的支持，向前发展。你还需要向那些通过这种方式犯了很多错误的人学习。

第四，最重要的因素是信任。你需要信任设计流程，也需要别人相信你，这样你才敢于犯错、承担风险与失败。对很多公司来说，这种信任很难获得，但是获得这种信任是值得的。为什么呢？不信任会扼杀创新。不信任会引起过于烦琐的预算检查与出勤记录。

你的投资准备好了吗

我们利用斯蒂夫·布兰克的投资就绪水平（Investment Readiness Levd，IRL）来衡量公司目前所做的正确的事情以及下一步计划，从而实现公司的可持续发展。

有关投资就绪水平的详细信息，请参考第234页。

提示！ 为了实现设计规模化，你需要与管理层建立直接的联系，这样才能获得他们的支持。

甲骨文公司

规模化的连续系统

Eneco Quby P218

初创企业训练营 P215

欧特克 P156

马特 P220

苏格兰皇家银行（RBS）P216

人员推动

通过提升员工技能实现设计规模化。

从外向内

指在不影响公司核心文化或流程的情况下，对外投资初创企业。

流程推动

通过宏观层面引入规模化，集中创建核心设计流程。

设计的最后一步

规模化是在简单的想法准备投入实施阶段时要做的事情。对成立已久的公司来说，执行意味着设计过程的结束；初创公司仍然在探寻可持续的商业模式，规模化对这些公司来说就是开发更大、更好的产品，从而使公司盈利。

规模化闭环可以用以上2×2矩阵表述，描述了不同的公司如何应对规模化设计流程的问题。

设计的规模化

我们讨论规模化的时候，往往更多地指向初创公司，为什么呢？规模化就是要解决不同的问题、下赌注并继续设计之旅（作为企业文化）。规模化就是通过本书提到的设计过程弄明白如何将这个过程规模化，让整个企业的人都意识到从不确定性

1871 P214
DMBA P224
谷歌
赛博实验室 P217
优步
亚马逊
沃尔玛
Adobe P219

从内向外

指设计变成了企业文化，重塑了公司团队的每个人。

中找到更好的方式创造机会。

公司有很多方式可以将设计过程规模化。虽然这本书介绍了许多有关商业设计与创新的工具，但是规模化不是指特定的工具，而是指企业的思维方式。因为不同的企业都有自己独特的文化，都会面临不同的挑战与机会，所以规模化没有十全十美的流程与工具可以利用。但是，规模化让设计程序融入企业文化中，使得设计工具可以得到很好的使用。

加速器。为规模化找到合适的新市场。

案例：规模化的不同方式

加速器、孵化器与初创公司工作室专门为规模化提供服务。在这些项目中，初创公司通过设计围绕核心业务不断转向，直到找到规模化的时机或者破产。如果你想在公司将设计规模化，就要了解成功的企业是如何做到这一点的。

加速器简介

如果在网上搜索加速器项目，你会在世界范围内找到 2000 多个结果，因为这种项目需要投入的资金较少，而且有许多做得比较成功的加速器企业，例如，YC 孵化器、科技新星（Techstars）等，这个领域近几年实现了爆炸式的增长。随着越来越多的加速器项目的成功实施，许多大型公司，诸如苏格兰皇家银行、丝芙来、耐克、塔吉特、谷歌与洛杉矶道奇等公司都开始着手建立自己的加速器。

加速器既可以为初创公司服务，也可以为大公司服务。大公司往往通过巨大的人际关系网络以及众多资源，利用加速器赞助初创企业、鼓励创业并培养创业家。

初创公司加速器项目是什么

初创公司加速器项目是集中式的商业与个人发展项目，旨在为少数创业家提供服务，这些创业家雄心勃勃，渴望个人成长，是具有影响力的人物。

这些服务可以以导师制的形式、价格合理的办公室或者给予初始资本的形式进行。简而言之，项目包括下列核心元素：

- 面向所有人的竞争激烈的申请程序；
- 先前种子投资的相关约定，通常是一个普通股；
- 集中在人数较少的小团队上；
- 时间有限的服务，由程序化事项与集中的辅导组成；
- 在最后的“演示日”，初创公司展示自己的想法以进行第一轮融资。

过去往往是投资管理公司寻找最有前景的早期公司进行投资，以期初创公司成功获得下一轮融资，最终被收购或者上市。如今，大家的想法则不同，也有了许多不同形式的加速器项目，每个项目都有不同的愿景与目标。

加速器概况

工作场所

为初创公司或者正在成长的公司提供的办公场所，里面有桌子、工作空间与设施。

初创公司周末、编程马拉松以及训练营

为期48~72小时的活动，旨在组建新的创业团队，在有限的时间内想出好的商业计划。

初创公司加速器

以盈利为目的（基于主题）的项目，接受公开参加课程的公司申请，这些课程是面向由小型创业团队创立的初创公司的。在这个项目中，创始人已经有了商业计划。

企业创业加速器

不以盈利为目的的项目，接受参加课程的公开申请，这些课程是面向由小型创业团队创立的初创公司的。这个项目的目的是建立人际关系网络与生态系统、改变企业文化、获得商业计划与技术、创造就业机会以造福社会。

初创公司工作室

小型的需要亲身实践私密版的加速器：初创公司工作室会同时接待几家初创公司，工作室的领导会投入个人时间与精力帮助每家初创公司实现规模化。

合适的地点、合适的时间

我们的初创公司训练营成立的正是时候。我们见证了许多新的加速器如雨后春笋般在世界范围内出现，看到大家这么有兴趣帮助创业家，我们非常兴奋。

经营加速器并不是单一靠努力就行，还需要有长远的眼光以及耐心与资深的投资者建立生态系统，需要有能力定位商业模式。我们最重要的发现是：创始人需要为商业模式投资，大部分商业模式需要其他的收益来源，例如，创新项目或者企业创新教育。

大多数初创公司在短时间内不会退出，我们是为了让它们长期存活下来。

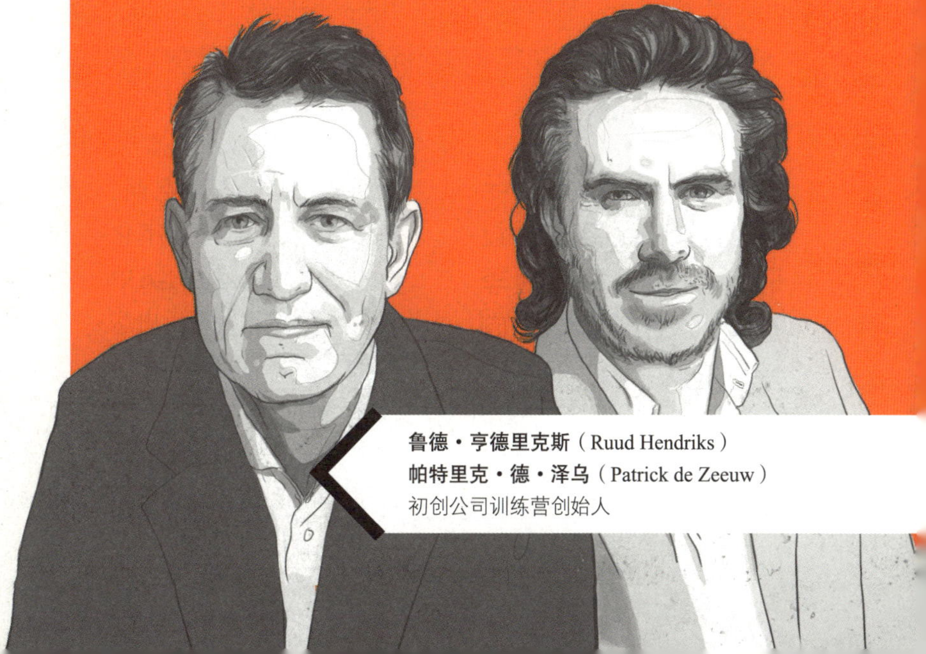

鲁德·亨德里克斯（Ruud Hendriks）
帕特里克·德·泽乌（Patrick de Zeeuw）
初创公司训练营创始人

1871公司：扭曲的联合办公空间

1871 公司在美国伊利诺伊州成立，是为设计师、编码员与企业家建立的非营利利性社区，在这个社区中，他们互相学习，互相鼓励，互相分享初创公司的学习曲线。

回到 1871 年

1871 年，芝加哥发生的大火灾对当时繁荣的经济造成了巨大的冲击。重建该城市的直接需求催生了巨大的创新、互授精华与实际独创性。2012 年，芝加哥的科技支持者想重新点燃这股激情，这就是 1871 公司成立的原因。

繁荣的经济是怎样的？繁荣的经济既要为创业家与创新创造适宜的环境，又要给予大公司增长的空间。1871 公司是经营数字化业务的初创公司的集中营，坐落在芝加哥历史悠久的建筑商品市场大楼（Merchandise Mart）的 12 层，这里为创业家营造了一种倡导合作的、灵活的工作环境，让他们可以设计自己的梦想。

> **面对现实吧：车库创业的故事早已过时。严冬过冷、夏季过热，余下的时间里，无人问津。**
>
> 霍华德·涂黎曼
> 1871公司首席执行官

1871 公司最有趣的地方在于它是帮助创业家将关系网规模化的草根公司。

通过这种关系网，初创公司有机会接触到潜在客户，这些客户可以验证他们的想法的有效性。刚刚成立的公司或者个别创始人能够通过这种关系找到合作者帮助他们进一步发展自己的想法。所以，1871 公司就是帮助初创企业做规模化的事情：通过规模化关系网络实现设计机会的规模化。

启示

打造成功的企业并非易事，要是没有很多人帮助就更难了。1871 公司会帮助公司创始人组建自己的团队，提高他们的抗逆能力和韧劲。

以人为中心

由内而外

工作空间

startupbootcamp 初创公司训练营：加速器

帕特里克·德·泽乌去美国的时候就对科技新星的商业理念着了迷，他想帮助更多的初创公司，但是自己一个人无法实现这个想法。于是，他与他的朋友鲁德·亨德里克斯成立了初创公司训练营，下面是他们学到的东西。

以人为中心

由外而内

初创企业加速器

我们组建团队的方式

关于申请标准，我们斟酌了很多年。如果你的公司符合 4-M，就可以加入初创公司训练营。

市场（Market）：你能清楚地定义市场吗？

模式（Model）：你来这里是为了赚钱吗？

管理（Management）：你有三个合作伙伴吗？它包括中端、后端、前端的产品发起人？

时机（Momentum）：这是合适的时机吗？

嗯，最后一点有些不确定。

启示

经营加速器并非经营房地产，而是通过关系网和知识为顾客增加价值，迫使团队走出公司去发现顾客需求。

不能害怕失败。商学院与企业可能让你对失败有种恐惧感，但是在这里，失败意味着学习。

不要害怕说："我不知道。"这句话完全可以说出来。我们也不知道。要了解自己不知道的东西。

创始人总会遇到麻烦。有些公司因为内部争斗而走了下坡路。要确保及时调停：在内部问题变成大麻烦之前就要解决好。

> 团队成员多样化虽会导致难以组织，但是能够提高团队的能量
>
> 帕特里克·德·泽乌
> 初创公司训练营联合创始人

苏格兰皇家银行：企业创业加速器 RBS

英国西敏寺银行（NatWest）、苏格兰皇家银行与阿尔斯特银行（Ulster Bank）是专注于未来的三家银行，它们的加速器中心提供免费的工作场所，为创业家提供与同业者尤其是那些经过培训的银行职员与发展成熟的商业合作的机会。

加速器中心

英国西敏寺银行、苏格兰皇家银行与阿尔斯特银行与创业火花（Entrepreneurial Spark）合作在英国成立了免费的加速器中心，各行各业的申请者都可以享受它们的服务，该中心提供免费的工作场所，为创业家提供与同业者，尤其是那些经过培训的银行职员与资深的商业导师合作的机会。

在项目结束之时，每个人都会举办一场“毕业”活动，所有的创业家与商业导师都会参加，这让从加速器项目毕业的创业家有机会找到潜在的投资者。

我们助力他们的业务拓展。

罗斯·麦克尤恩
苏格兰皇家银行首席执行官

苏格兰皇家银行商业与私人银行业务执行官阿里森·罗斯（Alison Rose）说：“我们致力于帮助英国的创业家，希望他们能为英国经济带来积极的影响。因此，我们在英国创造了创业生态系统，让初创公司集中在自己的业务上，不会有办公设施不足等方面的忧虑，从而有机会取得成功。”

启示

英国西敏寺银行、苏格兰皇家银行与阿尔斯特银行创业部门的主任高登·迈瑞里斯（Gordon Merrylees）说：“我们要在五年内里免费为7000名创业家提供服务。通过我们的合作伙伴企业创业火花（Entrepreneurial Spark），我们将教授这些创业家新的思维方式、行为、商业模式以及如何吸引人学院，公司的同事可以学习并培养创业理念。这意味着他们可以与顾客进行更好的交流，更好地了解并解决商业问题。

过程导向

由外而内

公司加速器

北欧斯安银行创新实验室：内部孵化器

北欧斯安银行创新部门的主管马特・马希克（Mart Maasik）将这个实验室描述一个优秀的平台，合作促成“非专业性”的商业开发者与多元化团队。我们起初用外部合作伙伴的学生们做实验。

以人为中心

由内而外

企业加速器

我们的目标

我们的目标很简单：我们想鼓励并激发人们去创新。人是最重要的。我们想组建许多关键的“灯塔”，他们经验丰富，因作为实验室的一部分提供解决问题方案而受到鼓励。有时候我们把这个实验室称为大本营，大家可以为了个人发展以及系统上不会过时的组织来到这里。

启示

成立创新实验室以来，我们学到了很多的新技能。首先，要学着了解顾客，把他们的体验作为设计过程的一部分。他们也培养了联系不同点的能力。如果服务有问题，那就需要重新设计或者需要简化，最好先看看整个系统，而不是让工程师过来直接解决技术问题。如果我们面对的是一个新的服务概念，要学会建立愿景，并收集支持愿景的论点。最后，对于大多数人而言，领导团队都是一件需要花很长时间学习的事情。在多元化的团队中，成为有多种技能的领导者是很有帮助的。

我们也了解到要是有安全的环境，大家很愿意做实验。我们也发现一开始，与顾客访谈对大部分人来讲是很困难的，但是他们带来的洞察与故事是非常有说服力的：当验证加速时，学习速度也会提升。

> 对于每天都疲于奔命的人来说，创新过程难免显得晦涩不明。
>
> 马特・马希克
> 赛博实验室创新主管

Quby与Eneco：合作伙伴

Quby

伊沃·德·拉·赖夫·保克斯（Ivo de la Rive Box）在 2005 年加入 Quby 帮助初创公司做规模化的时候，还不知道自己是在做什么。经过五年的多次转向，Eneco 的多古·音特·费尔德（Tako in' t Veld）说服他们一起合作，成功建立了恒温器系统。

我们处在雷达下

为了不扼杀加入的初创公司，多古让它们避免了大公司的审查力度与官僚做派。当这家初创公司团队被纳入母公司以后，董事会才会考虑下一个高风险的阶段。

启示

如果你向董事会介绍一家文化不同、工作方式不同的初创公司，不要指望董事会会毫无保留地将这家公司纳入现有的公司体系。

而你也不想让这件事情发生。不是初创公司团队适应你，而是你要适应他们！要成为他们团队中的一员，在他们周五的欢乐时刻带一箱啤酒过去，了解是什么让他们如此与众不同。

在初创公司逐渐走上正轨之后，要让公司其他成员参与进来，但要循序渐进地开展这个过程。大公司快速变化的团队、员工忠诚以及可轮换的工作要求对小型初创公司来讲都是遥不可及的。

在 Eneco 公司中，原 Quby 员工的精力与激情不断扩散，公司的所有人都为新的产品感到自豪。初创公司的加入也转变了企业的思维模式。Eneco 并不把自己看作大宗商品市场的能源公司，而是看作以数据为驱动、以服务为基础，为支持能源销售与能源节约而提供高质量产品的公司。

> **当大企业预见风险时，初创企业往往会看到机会。两者的结合可以更安全地挖掘市场机遇。**
>
> 多古·英特瓦德
>
> Quby智慧能源负责人

以人为中心

由外而内

收购初创企业

ADOBE：创新蜂巢

奥多比（Adobe）公司的加速设计与创新团队高级经理安·里奇（Ann Rich）最初加入公司的时候，发现公司的蜂巢（HIVE）运用的设计程序对于找到问题解决方案很有帮助，她觉得这种方式需要规模化。

以流程为中心

由内而外

公司项目

规模化解决问题

奥多比是一家软件公司，拥有 14 000 多名员工，与其他大型公司并无很大的区别。公司的员工来自世界各地，产品满足从普通消费者到专业人员的不同市场的需求，因此，对公司来说，规模化合作与解决问题是一个很大的难题。

实验阶段

2014 年，首席技术官斯塔夫·乔伊·德林（Staff Joy Durling）与规划和业务运营部门主管金·梅因斯（Kim Mains）提出了新的愿景，以促进公司创新，解决公司面临的挑战。通过与咨询公司 8Works 合作，他们进行了实验并将公司总部的一处场所改造成了现在的蜂巢。德林和梅因斯想通过实验看看，公司是否能将设计者的思维方式规模化，利用设计找到解决商业难题的方案。

公司有 400 多个人利用蜂巢方法解决问题，这种方法有利于促进大家相互合作。蜂巢非常成功，规模化的时机到了。2015 年，创新与设计战略家安·里奇受聘审查整个公司蜂巢方法的规模化。

启示

这里给我们最重要的启示是，为员工提供很多帮助与辅导会使经验难以与日常工作相联系。蜂巢要想实现规模化，就要提升员工的能力。安·里奇得到的最好反馈是来自班加罗尔的一名员工的提问：“你什么时候教我们怎么做？”

> 方法永远比你看到的多得多。
>
> 安·里奇
>
> 加速设计创新中心高级经理

案例：马特的设计驱动的加速器

马特（马特）公司管理合伙人合作伙伴管理经理科里·福特（Corey Ford）说："马特是设计驱动的加速器项目，旨在为那些想为社会创造福利的创业家提供服务，就是创业加速器，让你快速达到目标，这个过程很紧张，但是一定会有所收获。"

创业加速

马特就是做创业加速的事情，就是让你快速达到目标，而不是为你提供工作场所。马特能够帮助拥有多种产品的公司进行产品与市场的匹配，比这些公司本身的运营、资金支持与顾问网更高效快速。

马特为期五个月的加速器项目首先是一个星期的训练营，然后是连续四个为期一个月的设计冲刺。这个过程高度紧张，但是一定会有所收获。

设计思维是所有事情的催化剂

设计思维适用于公司的任何发展阶段。我们的项目是设计思维、创业精神与未来媒介的混合。设计思维非常重要，因为它是受以人为中心的观点驱动的。设计思维不仅适用于科技，还适用于销售战略、筹资、市场扩张与招聘。

是什么让马特与众不同

马特创造了一种以体验为目的的文化，我们致力于为创业家与合作伙伴创造体验，这些人的公司往往受限于传统媒体，通过我们的服务，他们能够发现自己的潜能。我们不仅仅为创业家提供工作场所与资金，还是让他们获得很高的财务回报。

独特的思维方式推动我们的工作

我们都很清楚，公司有独特的思维方式。在诸如

我们如何在20周内得到一个可行的想法？

“勇于突破”“讲故事”等思维方式的背后，我们清楚地制定了相应的行为和提示，这些举动是在提醒我们如何向投资者、战略合作伙伴、创业家、导师以及社区需要展现想要的风貌，它们是我们企业文化的展现，你需要在任何一件事情上体现企业文化。

反馈非常重要

常规的反馈循环对我们的工作非常重要。每个月我们的创业家都要进行电梯游说，在不同专家与庞大的导师团队面前展示产品，这个被称为“设计回顾”。它可以让创业家从不同角度和新鲜的视角得到建设性的意见，发现商业中未知的事情。每个设计都会涉及挂在墙上的九个问题，这九个问题所有人都看得到。例如，“你的兴奋多于犹豫吗？”我们向所有的听众（包括队列里的其他企业家）提问，并给他们反馈，这个过程既让他们成了更好的信息发送者，也成了更好的信息接收者。

我认为创业的旅程是孤独的。大多数人为了得到反馈都等得太久了。当他们得到反馈的时候为时已晚，这些反馈会变得好像过于尖锐。对我们来说，反馈是最重要的。

世上勇于摒弃自我想法的企业家都是一流的企业家。

一页商业计划书

通过直觉与清晰的问题，一页商业计划书让我们了解了相关业务，这是讨论商业计划可行性问题的前提。

在这个商业计划书中有许多商业问题，它将商业表达转化成“我们如何做”的问题，这让我们无须费力理解很多商业术语。

例如，如果问我的创业家是否知道“可持续的竞争优势”，90% 的人会说他们听说过，但是他们不知道这个词是什么意思。

我们需要的

我们需要可以摒弃自己的想法与计划的团队。我们的团队 GoPop 公司之前被新闻网站 BuzzFeed 收购，现在在试行它们的移动设备，这是个很好的例子。如果很多团队长期一意孤行，这会浪费时间。≫

有一些团队会有顿悟的时刻，他们会放弃曾经对他们来说很珍贵的东西，满怀自信地做自己的事情，而不知道接下来会发生什么。有这样做事的先例，这些先例给了他们敢于赴汤蹈火的勇气与信心。

共情与人的因素

采用设计方式的美妙之处在于，所有的事情都与人有关。整个发现的过程都是基于人的需求。如果你的企业不是基于人的需求，你就是在沙地上打造自己的商业大厦。

当你开始了解那些使用并购买你的潜在产品的顾客时，建立并验证合适的原型，最大化合意性、可能性和可行性就会变得很容易。要是没有这种重要的同理心，很多初创公司在创业时期，就会尽最大努力创造想创造的东西，而并不清楚他们应该创造什么。最重要的是，精益创业是使利益最大化的最好方式，但对跨国公司来讲未必是好方式。

速度是最重要的，而不是发展阶段

当我们为加速器评估公司时，我们根据相关技能、团队表现以及我们对其产品与服务的喜爱度来评判。

最重要的是，我们想看看他们是否具有创业的思维与驱动力，创业精神是指他们有统一的使命、高度的合作精神、以顾客为中心、以原型为驱动，并为了社会谋福利做好征服一切困难的准备。

他们会抓住珍贵的机会，充分利用生态系统中的人力资源，例如，导师、媒体合作伙伴、投资者等。把反馈看作馈赠。他们想以比目前更快的速度来让自己的业务增长。

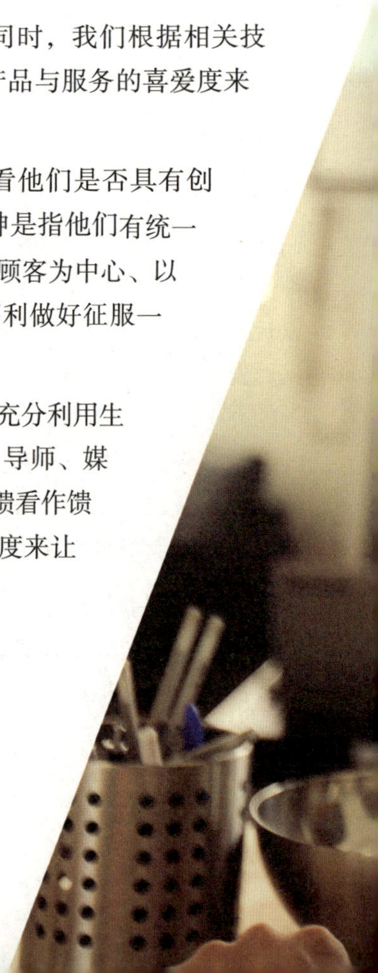

给自己留出一定的时间，与愿意给出反馈的企业和个人进行充分互动。

如今，为了实现企业设计规模化，未来的领导者不仅都掌握了设计工具与技能，也培养了设计思维，他们不仅仅是毕业于艺术学院的学生。

世界上的 MBA 项目、商业管理教育越来越提倡设计思维。在有些情况下，设计与商业完全融为一体。

随着世界的不断变化和对不同的技能与新的思维方式的需求，MBA 项目也在不断变化，以确保领导者具备相应的技能与思维方式。不管你喜不喜欢，公司未来的领导者都是设计师。设计就要来了，你准备好了吗？

未来的领导者就是设计师 »

案例：掌握商业模糊技能

我们传授给商业领导者合适的技能来应对不断变化、不可预测以及让人兴奋的外部环境了吗？

问自己问题是什么而非答案是什么？

如果你在五年前获得了工商管理硕士学位，你可能通过课堂、课本、案例分析与小组作业学了市场营销、金融、运营、组织行为、领导力等规定课程。你可能学到，市场营销围绕 4P 展开，竞争由五力组成，战略有三种：市场领导者、快速跟随者或者低成本运营者。领导者能够与别人交流公司的整体战略，经理利用运营技能管理监督项目与人力。从那时起，事情已经发生了很大的变化。如今，持续不断的变化带来了新的颠覆，让之前的战略望尘莫及。

CCA DMBA
CALIFORNIA COLLEGE OF THE ARTS

南森·谢德罗夫（Nathan Shedroff）是加利福尼亚艺术学院设计战略项目 MBA 班的创始主席，他建立了完全不同的硕士商业项目，使有潜力的领导者获得新的思维方式，学习不同的学科，参与实践，让他们能够为自己的公司想象并设计更好的未来，使公司可以获得更多的利润，并实现可持续发展。

“设计师知道不需要等待任何人来做出改变。在可持续发展与资源匮乏的前提下，我们需要 60 多亿人有这样的想法来做出积极的改变。让我们将设计程序引入教育中，从幼儿园开始。从幼儿园到高中，我们要告诉他们不能再继续这样做下去了。”

MBA课程设计副教授
南森·谢德罗夫

促进创新

竞争不再基于谁可以获得（固定）顾客需求的最大份额，而是基于谁能以全新的方式、实时满足顾客不断变化的需求。只要一点击，顾客就可以找到任何需要的服务或产品。如果他们不喜欢某个产品或服务，他们可以通过 Twitter 宣泄自己的不满，可让产品或服务迅速遭受损失。

驱动创新是当今世界的发展规则，无一例外。可行的商业模式有多种表现形式，持续的成功远比传统 MBA 课程中的案例来得复杂。

未来的领导者需要知道什么、体验什么才能在不断变化、不可预测、令人兴奋的环境中提高领导力？

直觉

10 年前，作家丹尼尔 • 平克大胆提出“MFA，或美术硕士是 MBA 的新形式”。平克的著作《全新思维：决胜未来的 6 大能力》中提到，未来的世界将会越来越自动化、外包越来越普遍、产品与服务会越来越多。作者认为教育与组织应该把重点放在高感受、高度概念性的技能上，例如，共情、故事、游戏与意义等。简而言之，他敦促经过科学训练培养创造性、直觉技能以及以过程为驱动的量化技能。

平克预测了我们如今无法离开的东西，例如，智能手机、优步等。他的预测很准确，只是预测错了这些东西到来的时间。

模糊性

DMBA 认为是时候将平克的 MFA 作为 MBA 项目的新标准了。我们首先可以改变这些项目的名称。“掌握商业管理”已经是过去式了，如今，我们要教的东西称为“掌握商业模糊性”更为贴切。

近六年来，丽莎 • 凯 • 所罗门一直是设计战略部门 MBA 项目的一员，该项目旨在整合创造性、分析问题的技能，从而通过可持续、具有积极影响的方式创造、获取价值并实现价值规模化。DMBA 作为加利福尼亚大学艺术学院 13 个突破性硕士项目之一，是受到了具有 109 年历史的艺术与设计学院教育方式以及旧金山湾区的创业家精神的启发。

> 最近一次你不知道所有问题的答案但并未感到不适是什么时候呢？
>
> 埃米莉 • 罗宾
> DMBA 2016届毕业生

> 在被证实之前，一切都是假设
>
> 史瑞巴克瑞什那 • 巴蒂尔（Shribalkrishna Patil）
> DMBA 2016届毕业生

高喊“掌握工商管理”，这样的日子已经一去不复返了。

适应性问题

在 DMBA 的四个学期中，每个学期都包括工作室制的课程，将理论、最佳实践、动态工具与实际参与顾客接触或解决现实问题结合在一起。课程旨在帮助学生考虑自己的商业对社会、社区与环境的影响，而不只是赢取利润。“创新工作室”中的学生会解决很多复杂的、适应性问题，例如，资金的未来、工作的未来、投票者参与的问题等。这些挑战在他们毕业的第一天就会接踵而来，也是他们在项目中要体验与实践的。

团队组建

正如许多商业挑战一样，这种方法需要勇气，也需要处理问题的意愿，这些问题往往具有多种复杂的解决方法。学生通过运用本书提到的工具与技能找到解决问题的方式。他们学习诸如视觉与设计思维、换位思考、共情的开放式等启发性技能，还学习通过不同的交流方式促进具有不同观点的团队之间的合作。他们有机会直接与许多行业专家与领导者合作，这些专家与领导者经常来到课堂，除了上课，还与学生们一起学习，成为学生的共同创造者、导师与关系网建立者。»

公司里有谁可以将设计规模化？

塞巴斯蒂安·伊勒
DMBA 2016届毕业生

因为……

> 在团队里工作与以团队的形式工作同样重要。
>
> 詹妮弗·穆勒（Jennifer Muhler）

把想法变为实践

DMBA 的学生在每个学期都有机会设计问题解决方案，他们运用动态框架与工具对现有的商业模式提出疑问，并开发新的商业模式。他们需要成为充满好奇心的调查者与方法论研究者，还要培养自己的直觉与战略判断能力。他们需要找到新的具有说服力的方式，将其见解转化为有假设可依的实验，并将想法变为实践。他们了解到，要通过有说服力的故事与经过多次练习的展示来分享自己的想法，展示要满足人的情感需求，而不只是注重想法带来的财务收益。在这个过程中，学生们要坦然接受不确定性与模糊性，他们敢于承担风险，跳出自己的舒适区，培养新技能，即便这可能意味着失败。

DMBA 学生是我们新的领导者

更重要的是，DMBA 的学生学到了一种关于可能性、乐观、多种解决方案的思维方式。他们变得越来越自信，认为自己作为一名领导者，不是在向别人说明一种“正确的”解决方案，而是创造空间、条件与团队，实现创新与突破。他们具有新语言、新工具、新技能以及不断从变化中发现机会的能力。如果你想在以后做出改变，这就是你需要具备的思维方式。

// 设计MBA
的书架

DMBA校友
掌握现实的模糊性

你想解决哪些棘手的问题？

亚当·多尔（Adam Dole）
DMBA 2010届毕业生
设计便民的健康医疗系统

一结束DMBA课程，亚当就被命为“总统创新学者”（Presidential Innovation Fellow），与美国卫生部合作，促进私企之间的合作以及美国私人健康医疗的发展。

苏·波洛克（Sue Pollock）
DMBA 2013届毕业生
设计可持续发展的星球

苏作为美国大自然保护协会中保护项目发展部门的项目经理，利用设计为科学家、自然资源保护家、倡导者、投资者以及非营利机构提供服务，让他们为共同的目标努力。“我们的工作就是解决不道德的问题。召集利益相关者并相互建立信任是我们工作的核心。”

穆罕默德·比拉勒，（Mohammed Bial）
DMBA 2014届毕业生
设计跨文化社区

穆罕默德·比拉是一位迷人的演说家、作家与电视名人。作为非裔美国人艺术与文化综合部的常务董事，比拉勒的工作是监督一个机构，该机构通过以非洲为中心的艺术与文化表现形式、各种媒介、教育以及计划，赋权社区鼓励青少年成为变革者为社区提供服务。

召唤变革

企业的生存之不断突破现有

贾斯汀·洛凯茨
策略设计师

如果让我为之前效力的公司提一点建议，我会说：从现在开始设计吧，开始为顾客设计，开始设计商业模式与价值主张，开始设计未来的战略，从现在开始吧。虽然我并非一开始就这么想。

开始

在参加加利福尼亚艺术学院设计战略MBA项目之前，我曾为诸如甲骨文六边形（Hexagon）、欧特克等大型B2B软件公司工作了近15年。在这些公司中，我从事过各种工作，做过销售工程师、产品经理与战略家。这些以产品为中心的公司往往注重市场营销须知（MRD）、产品须知（PRD）和产品的发展计划。例如，我在欧特克做高级产品经理的时候，很多事情都是围绕一年产品

道
模式

周期来做的，而一年的产品周期往往是基于公司五年的发展规划。

随着欧特克做出巨大的战略调整，将业务聚焦在云计算方面之后，公司需要通过不间断的产品更新获得发展。我个人感觉非常沮丧，觉得这是个看不到尽头并且没有结果的做法。我知道会有更好的方法来开发软件。

我刚开始考虑读 MBA 的时候，诸如精细化以及敏捷开发等的设计实践越来越普遍。就连欧特克的团队也开始接受敏捷开发方法。在我不断推进几年的发展规划实施时，我了解到利用设计思维可以开发更好的产品。我也知道，我不仅仅是想开发产品，我是想开发有意义的产品。

变为设计思考者

大多数人是为了找到工作机会才读商科，我也一样。作为欧特克公司内部的企业家，我的确想为自己赢得名声；但是作为创业家，我也对公司外部的各种可能性充满好奇，特别是在旧金山与硅谷的科技迅速发展的时期。

在寻找以创业为主题的 MBA 项目时，我了解到了加利福尼亚艺术学院的 DMBA 项目。这个项目吸引我的地方在于，学生可以带着战略眼光实践设计思维，而不仅仅是流行术语背后的理论。

每个小组需要用两年的时间为至少六个真实的顾客或项目建立商业模式、制定战略，他们在这个过程中不需要害怕失败。我完全被吸引住了。

> **在职业生涯中，我看到过大公司面临的挑战与机会。对于这些挑战与机会，很多人是看不到的。**

在欧特克公司，我主要负责某个软件，因此就没有机会同时接触不同的项目，当然也承担不起很多失败的风险。因此，我报了 DMBA 这个项目。

顿悟时刻

我在 DMBA 的经历跟我的同学有点不一样。我比 99% 的同学年龄都大，大部分人都是 25 岁左右，我已经 30 多岁了，我已经不再年轻了，也不再像以前那样具有创造力了。由于在规模较大、以产品为中心的公司工作时间很久了，我仅有的一些设计技巧都已经变成了我的潜意识了。但是跟同学年龄的差距不是让我最惊讶的事情，让我最惊讶的是有很多有才华、有创造力的设计者也加入了 DMBA 项目。不用说，在这样一个以设计为中心的项目中，我觉得有点害怕，但是我知道我也能带来同样有价值的东西，那就是经验。

经过一些顿悟时刻，我逐渐适应了，并能够以全新的方式重新建立应对工作与生活的方式。在项目的第二个月，我的思维方式就完全转变了，我能够看到大公司面临的挑战与机会，对于这些挑战与机会，很多人是看不到的。

范式转换

为什么会发生这样的事情呢？为什么设计思维能够让人看到别人不会注意的东西？前面提到过，任何事情都可以设计，这是加利福尼亚艺术学院的 DMBA 项目建立的核心思想。我们知道产品、网站、服务可以设计，创新、商业甚至是未来也可以用同样的工具、技能与方法进行设计。设计程序提出了重要的框架，这个框架的重点是顾客需求、在产品生产之前为假设建立原型并加以验证。现实中有很多公司采用这种方式，例如，爱彼迎（Airbnb）、优步、亚马逊、宝洁等公司，这些公司都进行过根本的商业模式范式转换，有了这些公司的做法，你很难视而不见，不向它们学习。在这个项目第二个月的时候，在丽莎·凯·所罗门的“创新工作室”课上，我开始改变。

我逐渐用新的工具、技能与思维方式更新了我的商业知识，随之我意识到自己的经历对我将设计思维应用到现实工作中具有很大的帮助。回到欧特克公司以后，我运用了全新设计方式工作，这促使了我从零开始，与团队进行以人为中心的创新。我与设计部的同事一起工作，不断利用原型、提出问题等方式测试我们的假设。我也摒弃了之前展示的方式，创造了新的视觉化语言。这种语言可让我有效地进行战略性对话（不会用许多“等”之类的词）。每天我都会增加一种新的工具。

我对之前管理的产品进行的创新（利用以顾客为中心的设计原则）也有很大的变化。许多技术性创新在申请专利，这是采用以顾客为中心的设计带来的附加效益。

我看到了人们~~固化~~的思维方式

2015 年我从欧特克公司离职，在旧金山开了一家名为商业模式有限公司（Business Models Inc.）的公司，近一年来，我与许多顾客建立了合作关系，例如，大型汽车制造商、非营利性大数据公司等，通过接触，我发现他们非常需要帮助。

我自己的设计模式从根本上进行了转变，因此我的工作就是帮助别人改变他们的思维模式（与过程）。他们不再专注于两个阶段的产品开发——从创意到执行，而是采取以设计为中心、以顾客为先的思维方式。我跟他们一起发现顾客需求、一起建立想法、验证假设并不断进行实践。

要相信设计工具与程序。项目不会一直都是顺顺利利的，但是有了正确的思维方式并且时刻以顾客为中心，你就会知道以后该怎么做。我给顾客最重要的建议就是：现在就开始设计吧，开始为顾客设计，开始设计商业模式与价值主张，开始设计以后的战略吧！

开始行动吧！

投资就绪水平（IRL）简介

不管你是投资者、经营孵化器工作、初创公司的创始人，还是大型公司的经理，你都想了解能够在项目早期或者在发展过程中辨别好坏的方法。

光靠直觉并不够

很久以来，投资者与公司经理都依靠直觉来判断项目与初创公司的好坏，这需要很强的能力。他们的标准往往是定性的，例如，产品演示、幻灯片与项目团队。虽然有些人的直觉会比别人的强，但是斯蒂夫·布兰克说过：“没有客观的判断方法。”

投资就绪水平（IRL）

如今，几乎每个项目、产品与公司都建立在大量数据之上。要是我们可以利用这些数据定性或者定量评估项目、产品或公司的进展，结果会怎样？事实上，我们可以这样做。

由斯蒂夫·布兰克提出的投资者就绪水平（IRL）让每个人都可以以简单直接的方式对不同的项目、产品与公司进行比较。

点球成金

本书中我们提到设计好的商业就是在合适的时间组建合适的团队、获得合适的技能、培养正确的思维方式并运用合适的工具与程序。这些要求都是无形的，除了公司最后的成功与失败外，还有别的方式可以衡量吗？

有趣的是，美国棒球经理在 2002 年以前都采用这种标准。根据迈克尔·刘易斯 2003 年同名非虚构作品改编的备受赞誉的电影《点球成金》讲述了奥克兰棒球经理比利·比恩利用分析法来预测球员表现，他所支持的球队成功击败了具有雄厚实力的球队。

利用统计方法，比恩统计了击球与占垒的比例，利用这种方法，他证明了数据是预测球队守卫成功率的更好方式，比其他团队看重的定性指标，例如，速度以及与球的接触有效得多。因此，通过公开招募球员，他节省了上千万的成本。这种方式在当时闻所未闻，但是听起来很熟悉是不是？奥克兰棒球队在 2002 年以前一直惨败，2002 年与 2003 年却节节胜利。

亲自动手做

为了从规模化设计中有所收获，你需要合适的人、技能、工具、思维方式与程序。投资就绪水平（IRL）通过用特定标准衡量项目、产品与公司的进展，会让你点球成金。

下一页我们会介绍如何用简单、以特定标准驱动的方式，借助投资就绪水平（IRL）来评估你的设计项目。

欲了解更多信息，请阅读斯蒂夫·布兰克的著作《初创企业手册》（*The Startup Owners Mannal*）。

是时候点球成金了！

许多投资决策都是基于快速的判断，例如，“很棒的展示”“展示让我们眼前一亮”“很棒的团队！”等，这种判断方式是在 20 世纪缺少初创公司数据以及不同投资组合比较数据的情况下采用的，现在已经过时了。

现在我们有了工具、技术与数据来进一步发展孵化器与加速器。初创公司可以通过向投资者展示他们的可循环、可规模化的商业模式来证明他们的能力。我们可以通过投资就绪水平（IRL）为投资者提供评判标准。

投资者是时候点球成金了。

斯蒂夫·奥克兰

作家、演讲家、连续创业家

工具：投资就绪水平（IRL）

焦点
定义水平

±15分钟
会议对话

团队
每组的人

不管你是团队领导者、经理还是投资者，你可以利用投资就绪水平（IRL）定量评估产品、项目与公司的进展，以帮助你更好地进行投资决策。

将你的想法进行分类

项目、产品与公司处在其生命周期的哪个阶段？投资就绪水平像这本书中的工具一样，旨在利用有关项目、产品与公司的商业模式的评判标准作为根本，促进战略性的交流。

我下一步该做什么

投资就绪水平（IRL）也是一种规范工具。不管你的项目、产品或者公司处在设计程序中的哪一步，下一个转向已经很清晰了。

许多项目负责人、产品经理与创业家只关心推出下一个产品或者准备很好的演讲与产品展示，可是，要运用设计程序，他们就应该专注于最大化学习。

他们经历了多少次交流、迭代、转向、重新开始、实验？多少次推出最小可行的产品？他们从中学到了什么？这些经历如何影响他们的决策？他们下一步计划清楚吗？

无论他们是否利用投资就绪水平（IRL）向投资者更新项目或展示，重点都是如何搜集证据，这些证据如何影响他们对商业模式的理解。

启示

- 投资就绪水平（IRL）提供了“我们如何做”的标准。
- 这种方法也建立了投资者、企业创新团队与创业家都可以理解的语言与标准。
- 这种方法非常灵活，不同行业可以根据各自的商业模式进行调整。
- 这种方法是管理企业创新、加速器与孵化器的更大的工具集中的一部分。

从Steveblank.Com访问斯蒂夫·布兰克的博客文章，了解投资就绪水平更多背景信息。

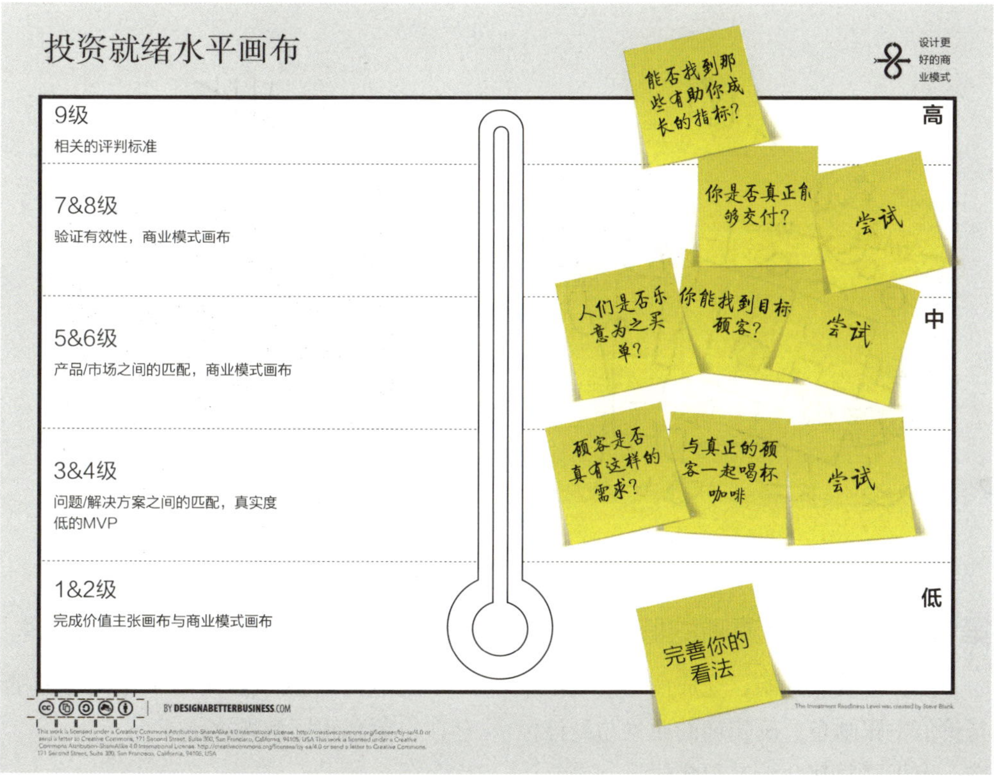

第1&2级

确定你想开始做什么，想做出什么改变，要在商业模式画布中体现出来，并阐明你的假设。

第3&4级

走出办公室并了解你的顾客。说明你的发现与洞察。

第5&6级

匹配你的产品与市场，了解客流、分销渠道以及如何吸引并留住顾客。

第7&8级

了解你的商业模式左侧的部分，你将如何处理资源与成本等关键的部分？

第9级

将你的商业与所做出的改变规模化，要注意相关的评判标准。

小贴士

你的学习经历是什么？要具体化有投资意愿的公司与行业。看看数字游戏：假设与访谈的数量。

登录www.designabetterbusiness.com下载投资就绪水平画布。

检查清单

- ☐ 确定了投资就绪水平；
- ☐ 不断回顾并更新投资就绪水平。

下一步

- 想想下一步需要做什么；
- 寻找投资者。

投资就绪水平（IRL）实例

你有了一个想法……

当你只有一个想法的时候，可以运用投资就绪水平（IRL）来跟踪自己的进展。或者如果你刚刚创立了公司，就用投资就绪水平（IRL）确定下一步要做什么。要做好克服困难的准备！

第1&2级：做出清晰的假设

从你的观点开始，完成商业模式画布与价值主张画布。确定你的愿景与设计标准。由于这些都会涉及很多假设，需要运用发现最高风险性假设（第 192 页）确定风险最大的假设。做出清晰的假设！

第3&4级：匹配问题与解决方案

通过与潜在顾客交流确定问题是否存在，要真正了解顾客需求。

制作一个最小可行性产品的原型，这个原型只具备所有的产品特征（粗略展示），以此收集有效的发现（让顾客给你带来惊喜）。

第5&6级：验证商业模式画布右侧

验证商业模式画布右侧的部分。通过最小可行性产品验证产品与市场是否匹配。通过试验以及最高风险性假设测试验证你的价值主张、顾客群和分销渠道的有效性。

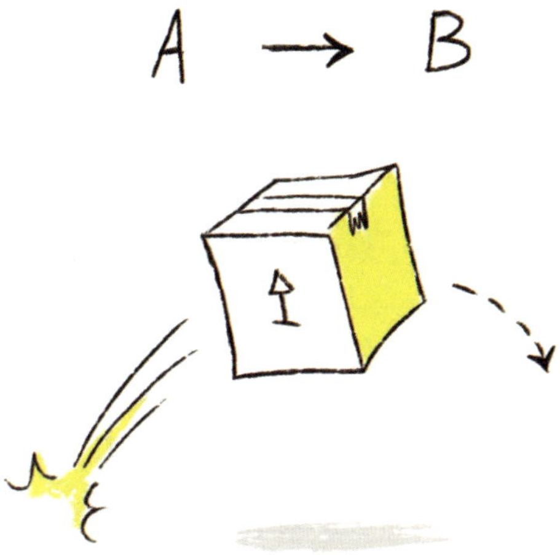

第7&8级：验证商业模式画布左侧

最后，要制作真实度高的最小可行性产品，与真正的产品很像。我们现在需要验证商业模式画布左侧的部分：你能实现、运作并传递你承诺的价值吗？

验证关键资源、关键活动与成本，并对合作伙伴做尽职调查，以确保他们是合适的。

第9级：相关的评判标准

为你的初创公司、行业界定相关的成功或投资标准。正确的评判标准会让你知道自己是否在做正确的事情，而错误的评判标准会让你有一种错误的安全感。找到那些与你的公司增长、商业规模化最相关的评判标准！

如今，你已经……

- 确定**投资就绪水平** P234
- 清楚了解**下一步**要做什么 P240

下一步

- **重复同样的过程** P41
  继续投资者就绪水平（IRL）下一步
- **分享你的经历**
  在网上告诉我们你的经历

回顾

不信任会**扼杀创新**。

加速器是有效的**规模化**方法。

未来的领导者是设计者。

开始设计吧！

成熟的企业看到风险，而**初创公司则看到机会。**

对执行计划的人来说，**创新的过程有点模糊。**

要么壮大，
要么回家。

GO BIG OR
GO HOME.

崭新的未来。崭新的公司。崭新的人。

世间万物瞬息万变，大学生毕业以后，他们学的知识可能就用不上了，他们接触过的案例可能也过时了，这就意味着知识与经历不再是主要的商品，而学习并将知识应用到实践中的能力才是最有价值的。

雅各伯·摩根，《未来的工作》（*The Future of Work*）

谁都想不到，用来交流、合作、连接并跟踪信息的数字媒介，以及诸如便利贴、马克笔等简单工具，还有设计技能与思维方式，能够让我们从容应对不确定性，从而设计出更好的商业模式。

如今，不同的公司都在不断地竞争，希望能跟上周围环境的瞬息万变。世界变化的速度只会越来越快。大型公司在根据以前的商业模式执行计划时，初创公司与以设计为中心的公司在不断地给这些大型公司施加威胁。因此，整个行业都在发生着天翻地覆的变化，让止步不前的公司走到末路。

不只是学历

近 10 个世纪以来，商科学历与商业精英一直是大型公司增长、开发新市场的基础。但是，随着互联网让人们分享知识、获得知识越来越方便，让人们联系起来越来越方便，传统的学历就变得不再那么重要了。如今，通过教育获得商业知识的观点也将受到挑战。每个人都可以通过 YouTube 上的视频学习设计、开发、营销并销售产品，传统的学历与商科背景已经不那么重要了。时代已经变了：如今那些具备实用的设计技能的人比那些只掌握商业理论的人更抢手。

随着世界的联系不断紧密，人们越来越会用全新的方式去解决问题并实现人类的目标，这种全新的方式就是合作与设计。世界的变化不是由单个精英或是知识渊博、经历丰富的人就能完成的，而需借助过群众的智慧。毕竟，这不是关于努力工作的，而是关于明智地工作的。

像设计者一样思考与工作

全新、明智的工作方式就是要像设计者一样。提倡设计的公司知道，公司不想止步不前，就要不断降低成本，提高收益。培养员工形成以人为中心的观点，并以顾客为中心，这样小型团队能完成更多。这些公司在不确定性情况下会发现巨大的商机。设计团队有很多各具才能的设计者会开发新产品与服务，这些产品与服务可以改善人们的生活，甚至造福整个地球。做出这些改变的设计者会看重彼此之间的交流，而不是办公室里的桌子，他们看重快速、周期性迭代的过程，这个过程就是了解顾客、产生想法、制作模型、验证模型有效性并实现规模化，最后制定统一的、线性的战略。

一切从你开始。

一切从你开始

你的公司、产品、服务与思维方式的变化都是从你开始的。要真正实现变化，你就需要做变革者，要跳出自己的舒适区。你可以从大处着手，也可以从小处着手。但是不管你做什么，要让你想做出的变化具体化，只有这样，才会做出改变。■

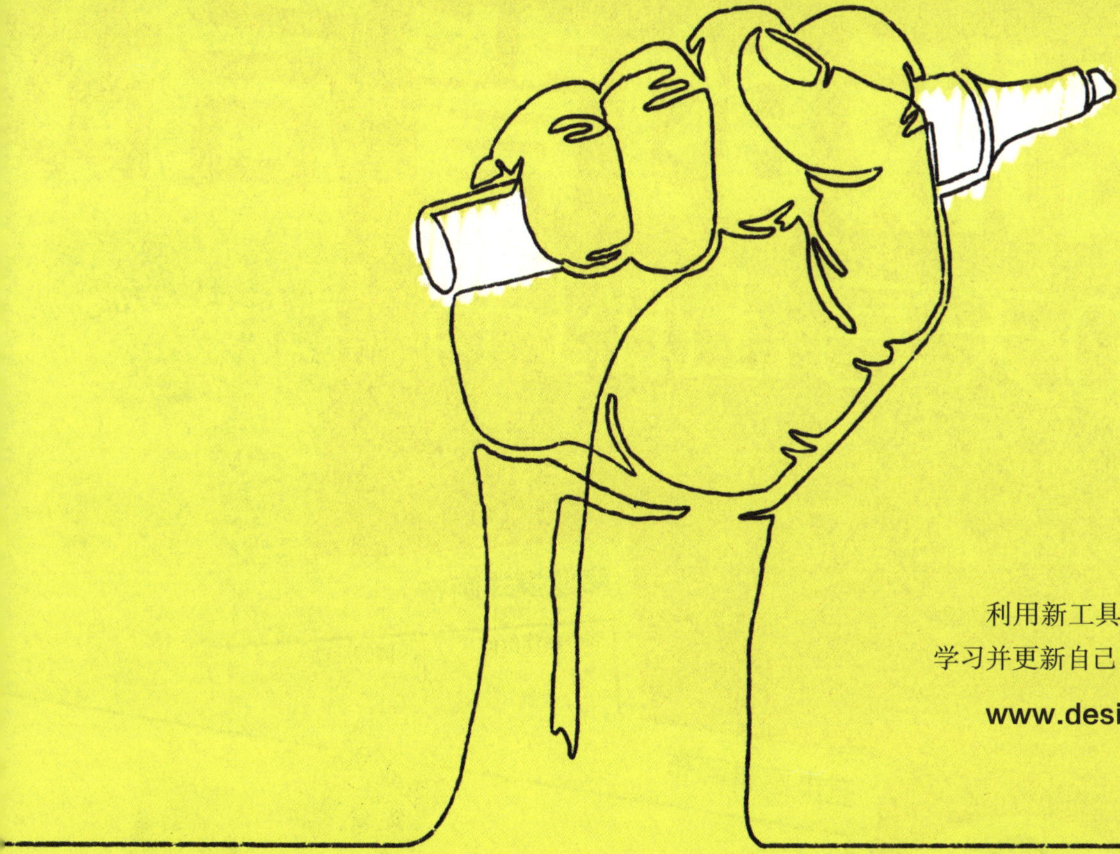

利用新工具、新技能与新的思维方式不断地搜寻、学习并更新自己的观点。与我们分享你的改变：

www.designabetterbusiness.com

本书出版的背后故

100天写出的书

我们在阿姆斯特丹“地牢”中待着写的这本书，书写的过程以及书籍本身都是一次设计旅程。我们想与你们分享我们经历的散乱无章的过程：遵循我们自己的双回圈，拒绝了许多好的东西。回顾过去，我们清晰地看到双回圈在我们自己的设计过程中体现出来，也应该体现出来！

为了描绘我们的愿景，我们开了小团队的会议，并运用了五步大胆愿景画布。

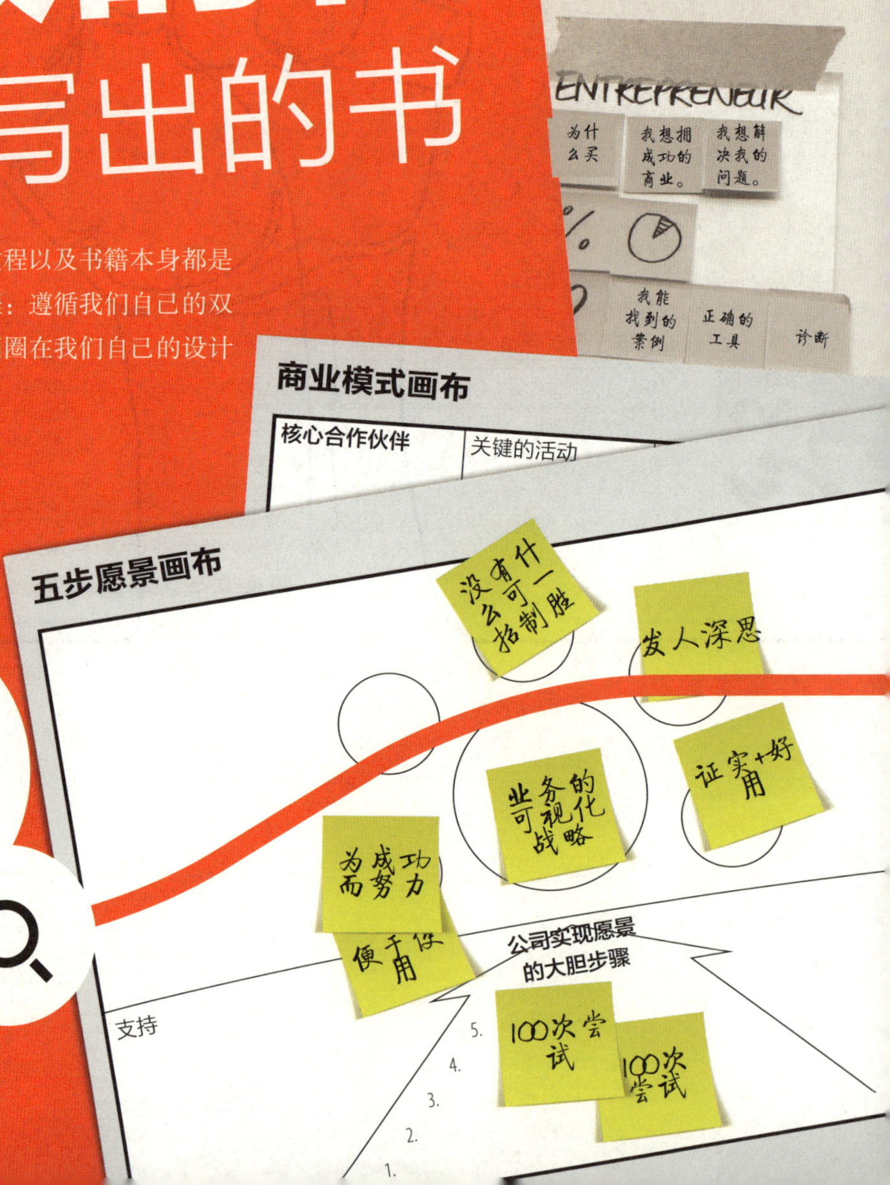

设计标准

必须	应当	可以	不会
成为思想产物	与现有理论相联	有额外的内容	成为“银子弹”
证明的实例驱动	有用的教材		完美的
人类/个人经验	吸引早期领导者		理论方法
具有实用性	工具-技能个人的R.O.V.		
吸引大众	获得更多的出发点		

设计为先

这本书是关于设计的，所以我们把设计作为本书的主要部分。我们运用了非传统的方式，并展现设计为先的概念。本书都是围绕整个团队利用写着内容与想法的便利贴展开叙述。

我们都让自己的工作成果可以看得到，将所有的工作内容都张贴到办公室的墙壁上，这样团队就能看到工作进展，将自己的评论与想法写在便利贴上贴在墙上。从这些粗略的描绘出发，我们在 Indesign 排版软件中做了设计原型。在这之后我们开始写文本，文字都与页面的空间相适应。然后我们会在这些样本中选择，要么自己选择，要么听听别人的反馈。

视觉畅饮！

没有什么可以一招制胜

设计与内容交替进行

10天
用便利贴在墙上写出章节

15天
设计之初（字体设置、颜色配置、情绪板）

28天
完成48%，并进行校对

在设计中，想错了是正常的

第一印象

我们做了30个不同的封面样本，将它们贴在书店图片墙上，与其他题目做比较。黄色的最清晰，我们也将样品书放在了实体中，以观察人们的反应！

救命啊！这种岛屿结构太花哨了！

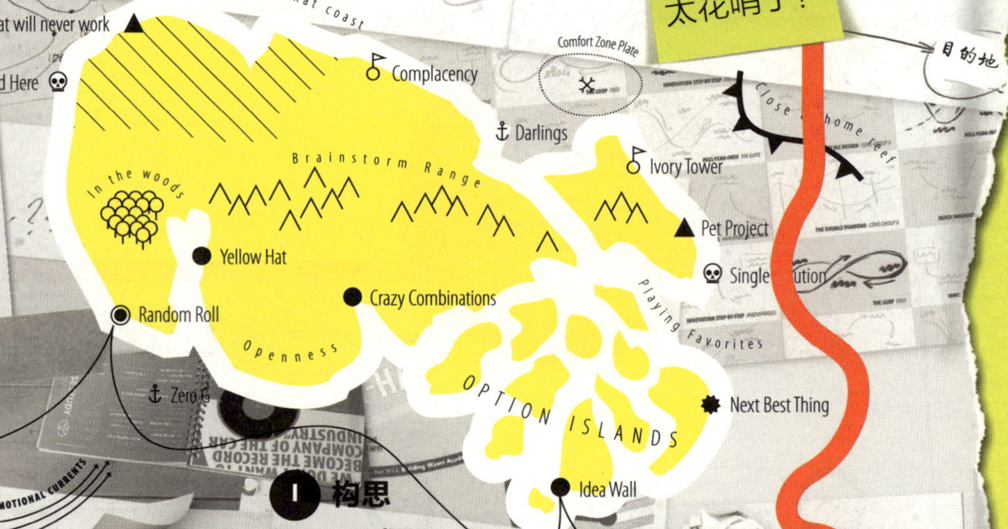

岛屿

为了解释我们的设计过程，我们从岛屿的隐喻开始，大家似乎很喜欢这种做法，于是我们就开始做更具体的设计。

但是当我们利用岛屿结构写出样本书时，校对者又觉得太做作，用这个隐喻叙述太复杂了。

决策工具

I 构思

29天

校对：
对导航设置进行大刀阔斧的修正

拒绝好的东西

我们想写出一本易于阅读、结构清晰的书，为此花了大量的精力，或者只是我们自己觉得。校对者对我们讲了三次，他们读这本书的时候很迷惑。我们就改了三次结构。每次我们都学到很多东西，不断改善我们的想法。要达到好的效果，我们要丢掉很多好东西。

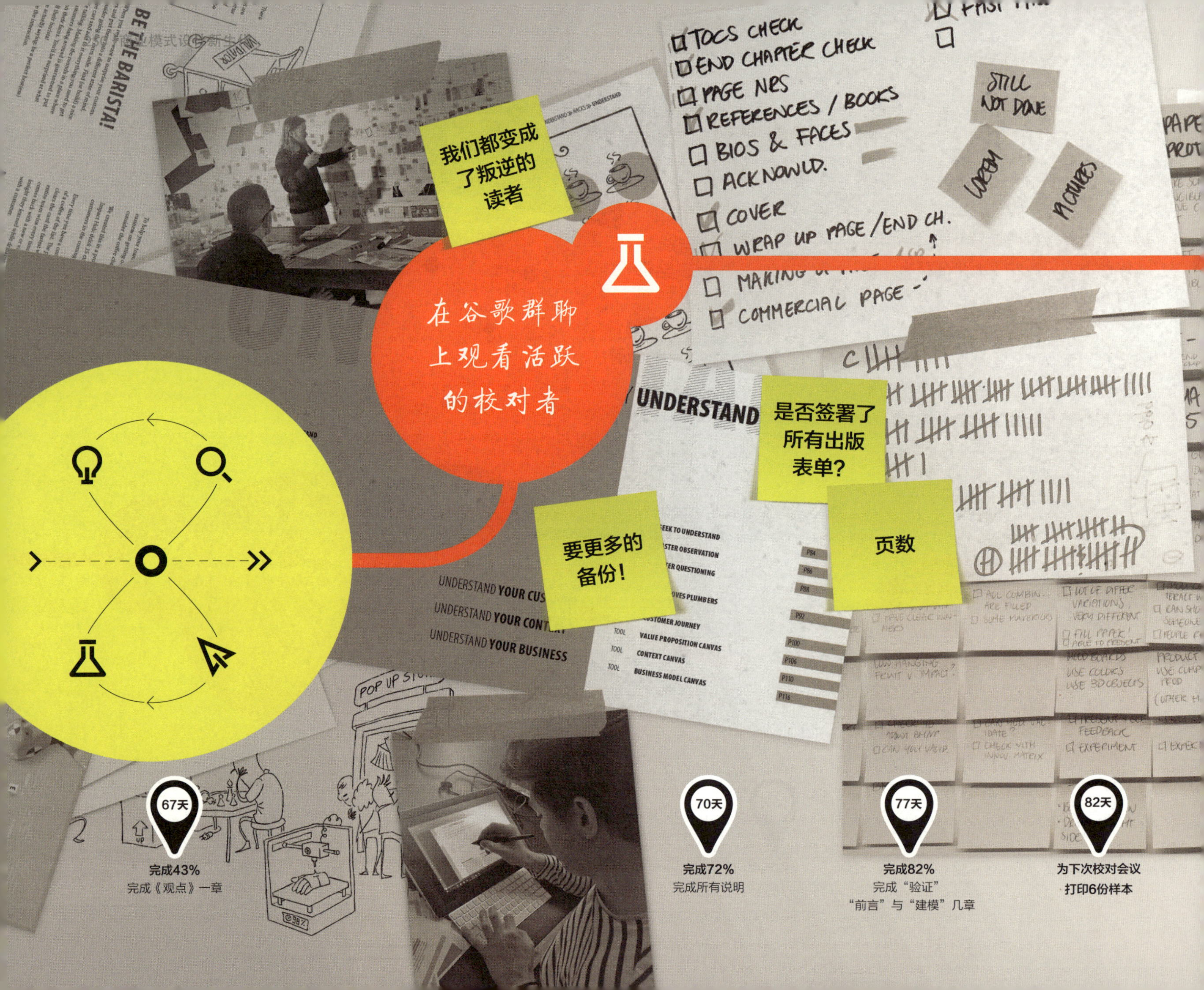
我们都变成了叛逆的读者
在谷歌群聊上观看活跃的校对者
是否签署了所有出版表单？
要更多的备份！
页数
UNDERSTAND
UNDERSTAND YOUR CUS
UNDERSTAND YOUR CONT
UNDERSTAND YOUR BUSINESS
TOCS CHECK
END CHAPTER CHECK
PAGE NRS
REFERENCES / BOOKS
BIOS & FACES
ACKNOWLD.
COVER
WRAP UP PAGE / END CH.
COMMERCIAL PAGE
STILL NOT DONE
67天
完成43%
完成《观点》一章
70天
完成72%
完成所有说明
77天
完成82%
完成“验证”
“前言”与“建模”几章
82天
为下次校对会议
打印6份样本

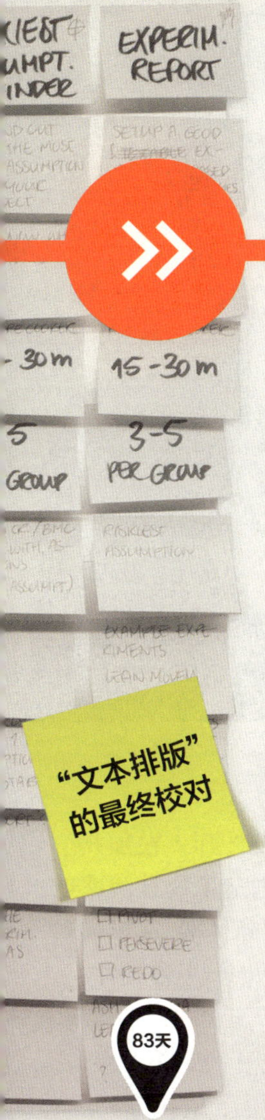

规模化

最后的阶段更多地注重细节以及努力工作，我们主要是基于检查清单，确保前后一致性，最后确定文本与图片，让每个细节都做到完美。

这不是线性的过程

不管设计什么都不是线性的过程，迭代、转向、找到正确的方向以及规划、进展等都不是线性的。

我们的速度是呈指数增长的：第 1 章用了整整一个月，第 2 章的速度快了两倍，到了最后冲刺阶段，我们用一周的时间重新编写了整本书。开始的时候，我们花了很多时间进行决策与探索，到最后，我们的规划已经很清晰了。因此，我们可以规划我们的设计过程，并按时完成了整本书！

83天
完成94%
完成“构思”一章

92天
完成96%
完成“规模化”一章

93天
完成98%
确定/删除多余的页面

98天
完成98.5%
整理附录

100天
完成99.9%
最后检查

出版！

作者介绍

帕特里克·范德皮尔

Business Models Inc. 公司的 CEO，全球畅销书《商业模式新生代》的制作人。他热衷于帮助创业者、商界领袖、叛逆者以及企业打造创新型商业模式，设计公司未来的发展战略。

贾斯汀·洛凯茨

经验丰富的战略设计师，Business Models Inc. 公司驻旧金山常务董事。他将自己的商业经验广泛应用于各行各业，帮助企业设计创新型、可持续的商业模式和未来发展战略。

丽莎·凯·所罗门

充满激情的战略设计师，在加州艺术大学和奇点大学创造了设计战略 MBA 课程的浸入式领导体验。《影响力时刻》（*Moments of Impact*）合著者。

Design a Better Business: New Tools, Skills, and Mindset for Strategy and Innovation by Patrick Van Der Pijl, et, al.

ISBN: 9781119272113.

图书在版编目（CIP）数据

商业模式设计新生代：如何设计一门好生意 /（荷）帕特里克·范德皮尔（Patrick van der Pijl),（美）贾斯汀·洛凯茨（Justin Lokitz),（美）丽莎·凯·所罗门（Lisa Kay Solomon）著；丁晓松，宋冰玉，李凤清译. -- 北京：中国人民大学出版社，2018.9

书名原文 : Design a Better Business: New Tools,Skills, and Mindset for Strategy and Innovation

ISBN 978-7-300-25393-0

Ⅰ.①商… Ⅱ.①帕… ②贾… ③丽… ④丁… ⑤宋… ⑥李… Ⅲ.①商业模式—研究 Ⅳ.① F71

中国版本图书馆 CIP 数据核字（2018）第 006117 号

商业模式设计新生代：如何设计一门好生意

［荷］ 帕特里克·范德皮尔

［美］ 贾斯汀·洛凯茨 著
丽莎·凯·所罗门

丁晓松 宋冰玉 李凤清 译

Shangye Moshi Sheji Xinshengdai：Ruhe Sheji Yi Men Hao Shengyi

---

出版发行 中国人民大学出版社

社　　址 北京中关村大街 31 号　　**邮政编码** 100080

电　　话 010-62511242（总编室）　　010-62511770（质管部）

010-82501766（邮购部）　　010-62514148（门市部）

010-62515195（发行公司）　　010-62515275（盗版举报）

网　　址 http：//www.crup.com.cn

http：//www.ttrnet.com（人大教研网）

经　　销 新华书店

印　　刷 天津中印联印务有限公司

规　　格 240mm×190mm 16 开本　　**版　次** 2018 年 9 月第 1 版

印　　张 16.25 插页 1　　**印　次** 2022 年 11 月第 6 次印刷

字　　数 300 000　　**定　价** 99.00 元
